合浦大浪古城
2019～2021年考古发掘报告

广 西 文 物 保 护 与 考 古 研 究 所
北 海 市 博 物 馆 编著
合浦县申报海上丝绸之路世界文化遗产中心

文物出版社

图书在版编目（CIP）数据

合浦大浪古城：2019～2021年考古发掘报告/广西
文物保护与考古研究所,北海市博物馆,合浦县申报海上
丝绸之路世界文化遗产中心编著. -- 北京：文物出版社,
2022.9

ISBN 978-7-5010-7766-3

Ⅰ.①合… Ⅱ.①广… ②北… ③合… Ⅲ.①古城遗
址(考古)—考古发掘—发掘报告—合浦县—2019—2021
Ⅳ.①K878.35

中国版本图书馆CIP数据核字(2022)第151506号

审图号：桂S（2022）05-7号

合浦大浪古城：2019～2021年考古发掘报告

编　　著：广 西 文 物 保 护 与 考 古 研 究 所
　　　　　北　海　市　博　物　馆
　　　　　合浦县申报海上丝绸之路世界文化遗产中心

封面设计：王　梓
责任编辑：彭家宇
责任印制：张道奇

出版发行：文物出版社
社　　址：北京市东城区东直门内北小街2号楼
邮　　编：100007
网　　址：http://www.wenwu.com
经　　销：新华书店
印　　刷：北京荣宝艺品印刷有限公司
开　　本：889mm×1194mm　　1/16
印　　张：17.75　插页：2
版　　次：2022年9月第1版
印　　次：2022年9月第1次印刷
书　　号：ISBN 978-7-5010-7766-3
定　　价：420.00元

Dalang Ancient City, Hepu
Report on the Archaeological Excavation, 2019-2021

by

Guangxi Institute of Cultural Relic Protection and Archaeology

Beihai Museum

World Cultural Heritage Application Office of Hepu

Cultural Relics Press

内容摘要

　　大浪古城位于广西壮族自治区北海市合浦县，2013 年公布为全国重点文物保护单位，国家文物局连续列为"十三五"和"十四五"时期大遗址。2002 ～ 2003 年和 2011 ～ 2012 年曾先后两次发掘大浪古城，共发掘面积约 690 平方米。2019 ～ 2021 年，广西文物保护与考古研究所等单位再次发掘大浪古城，发掘区位于城址西北部，发掘面积 632 平方米，本次发掘对城址年代和性质有了新认识。

　　大浪古城坐落在相对平缓的河边红土台地上，方正规整，方向 355°，从外到内由城壕、城墙、城内等功能区构成，面积约 5.9 万平方米。北、东、南三面环绕城壕，西临古河道，城壕与古河道相通，城壕宽约 14、深 4.4 米。北、东、南三面及西面南、北两段围筑城墙，城墙边长约 215 米、底宽 15 米，堆筑而成，偶见夯窝，堆土中未见遗物。南、北城墙居中各辟一门，形制一致，门两侧墙体向城内凸进约 18 米。城壕和城墙是一对组合遗迹，城壕在原地面直接下掘而成，挖出来的土堆在内侧筑为城墙，城壕内壁与城墙外壁连为一体，从城壕底部到城墙顶部，原垂直高度约为 7.7 米。城内地层堆积分为 5 层，其中第④层是城址的主体文化堆积，出土原始瓷、印纹陶、石器等遗物，原始瓷可辨器形有碗和杯等，陶器可辨器形有釜、鼎、瓮、匜、碗、杯、网坠等。第④层叠压的遗迹主要有城墙、灰坑和柱洞。城壕 G1 堆积分为 6 层，底下两层即 G1 ⑤和 G1 ⑥层是城池使用期间形成的淤积，与城内第④层堆积同时形成。

　　从遗存特征及空间位置看，大浪古城及其北面 750 米的双坟墩遗址应是同一聚落的两个重要组成单位，两地遗物均以几何印纹硬陶和原始瓷为显著特征，几何印纹以广义"米"字纹为主，遗物风格与浙江、广东一带的战国越文化遗存有诸多共性，属于学界习称的"米"字纹陶文化遗存。综合历年考古发现及历史文献判断，大浪古城—双坟墩聚落应是战国中期浙江地区的越人南下合浦所组建的一处活动场所，并连续使用到战国晚期。大浪古城—双坟墩中心聚落及其周围"米"字纹陶文化圈，是汉代合浦设郡的基础，也是合浦成为汉代"海上丝绸之路"重镇的基础。大浪古城是岭南地区已发现的最早城址，是战国中晚期岭南先进文化的代表，为重新认识岭南先秦文明史提供了新视角，对岭南文明化进程研究具有重要意义。

Abstract

Dalang ancient city is in Hepu County, Beihai, Guangxi Zhuang Autonomous Region. This site has continuously been included in the National Cultural Heritage Administration's 13th and 14th Five-Year National Great Ruins Protection Plans since it was designated the National Key Cultural Relic Protection Unit in 2013. In 2002-2003 and 2011-2012, an area of approximately 690 square meters was excavated there. A subsequent excavation, on the northwest of the site covering an area of 632 square meters, was conducted by the Gangxi Institute of Cultural Relic Protection and Archaeology and other institutions from 2019 to 2021. The recent excavation provided new information about the date and characteristics of Dalang ancient city.

Located on a relatively gentle laterite platform near the river, Dalang ancient city is oriented at 355 degrees and has a regular square plan. The entire city is nearly 59,000 square meters, consisting of the moat, city wall, inner city, and other zones. The moat, with its width of about 14 meters and depth of 4.4 meters, surrounds the inner city to the north, east, and south, and connects to an ancient river in the west. Alongside the moat, the city is embraced by a wall that encloses it on three sides: north, east, and south, while protecting the sections of the west that are on the north and south sides. This city wall is approximately 215 meters long and 15 meters wide at the bottom. Since stacking technology is applied in constructing the wall, rammed pits can occasionally be observed, but no artifacts are found. Two gates of the same shape are in the center of the south and the north city walls, and the walls on both sides of the gate concave 18 meters into the city. One discovery is that the moat and the city wall appear to be a combined group of relics: Initially, ditches were dug into the ground to create a moat, and then the excavated mounds were used to build the city walls inside. As a whole, the moat's inner wall integrates with the outer wall of the city wall, with an original vertical height of approximately 7.7 meters between the moat's bottom and the top of the wall.

In the inner city, the stratigraphic accumulation is divided into five layers. Layer ④ is the major cultural accumulation, containing artifacts such as primitive porcelains, stamped potteries, and stone tools. Bowls and cups are identified from primitive porcelains, while kettles, tripods, urns, *Yi*, bowls, cups, and pendants are found in the potteries. Under Layer ④, most of the relics uncovered are city walls, ash pits, and pillar holes. Outside the city, there are six layers of the accumulation of the moat G1. Two layers at the bottom, namely G1 ⑤ and G1 ⑥, are deposited simultaneously with Layer ④ of the inner city during the urban service period.

According to the characteristics and spatial distributions of nearby relics, Dalang ancient city and the Shuangfendun site, which is 750 meters away from the north, should be part of the same settlement. These two sites are particularly notable for the unearthed geometrically stamped pottery and primitive porcelain. Particularly, the geometric pattern from the stamped pottery is primarily of the generalized "米" shape, resembling those potteries from Yue cultural relics in Zhejiang and Guangdong during the Warring States period. It indicates that both Dalang and Shuangfendun belong to what academics have referred to as "米" pattern pottery cultural relics. Based on early archaeological discoveries and historical documents, the Dalang-Shuangfendun settlement should have been built by the Yue people in Zhejiang, who had moved south to Hepu in the middle Warring States period and constantly used it as their living settlement until the late Warring States period.

Centering on the Dalang-Shuangfendun settlement, the "米" pattern pottery cultural circle constitutes the basis of Hepu County during the Han Dynasty. It is also the precursor of Hepu's significance as a portal city on the "Maritime Silk Road". In this context, Dalang ancient city is the earliest city site discovered in the Lingnan area. This site represents the advanced culture of Lingnan during the Middle-to-Late Warring States period, provides a new sight into the pre-Qin civilization history of Lingnan as well as facilitates our studying the civilizing process of this area.

目 录

插图目录

第一章　概述

第一节　自然和人文环境[1]

合浦县隶属于北海市，位于广西壮族自治区南部、北部湾东北岸。介于北纬 21°27′～21°55′、东经 108°51′～109°46′，东西跨度 96 千米、南北跨度 54 千米。南界东西两段临海、中段连接北海市辖三区（海城、银海、铁山港），西、北毗邻钦州市钦南区、灵山县、浦北县，东邻玉林市博白县及广东省湛江市廉江市。下辖 14 个镇和 1 个乡，县人民政府驻廉州镇，距北海市 28 千米，距首府南宁市 176 千米。行政区域面积 27.62 万公顷，海岸线长 308 千米，0～10 米等深线的浅海域 2.93 万公顷，海滩涂 2.7 万公顷。2020 年年末户籍人口 110.74 万人。主要方言有廉州话（粤方言）、𠊎话（客家方言）、海边话（闽方言）、军话、黎话、什兼话、佤话等。

合浦属亚热带海洋性季风气候区，日照较强，热量充足，雨热同季，冬干夏湿，夏无酷暑，冬无严寒。由于各季节雨热不均以及濒临北部湾，时有台风、暴雨、干旱、低温阴雨、雷电等气象灾害。

合浦，意为江河汇集于海的地方。县境北枕丘陵，南滨大海，东、南、西遍布红壤台地，中部斜贯冲积平原。境内有河流 55 条，以东北—西南走向的大廉山为分水岭，东部各小河独流入海，西部主要是南流江水系。南流江从东北向西南斜贯合浦入海，河道屡有变迁。南流江沿岸平原是广西最大的三角洲（平均每年向海进积约 1.6 米），也是孕育合浦古代文明的温床，大浪古城（战国时期）和草鞋村遗址（两汉合浦郡故城）等古代重要城址即在平原内。大浪古城和草鞋村遗址皆西临南流江的分支——西门江（上游称周江），大浪古城在上游，草鞋村遗址在中游，两者相距约 12.2 千米。西门江出海口是个天然的避风港，大浪古城距出海口 22.2 千米，草鞋村遗址距出海口 10 千米。草鞋村遗址对岸有古迹——海角亭，亭前能看到西门江的海潮涨落。

合浦古代兼有海路及河路交通的便利，海路可北上广州和浙江等地，也可南下东南亚和南亚；河路溯南流江北上转入西江水系（珠江主流），再经湘桂古道（过灵渠）或潇贺古道转入长江水系[2]。

合浦因其历史积淀及优越的地理位置，成为汉朝廷经略岭南及海外的支点，也是对外交流贸易

---

[1]　本节地理资料主要来源于合浦县志编纂委员会：《合浦县志》，广西人民出版社，1994年，第45～105页。更新的数据来源于2022年4月北海市人民政府门户网站、合浦县人民政府门户网站。

[2]　（清乾隆）《大清一统志》卷二百八十四："大廉山，在合浦县东北……东汉时，费贻为合浦太守，有廉名，去之日，百姓追送至此，遂以山为名。"南流江在大廉山北麓，可知东汉合浦郡太守费贻卸任北归时，走的是内河水路。

的窗口[1]，在地缘上是南进交趾郡、九真郡和日南郡的必经之地[2]，曾在西汉伏波将军路博德征南越[3]及东汉伏波将军马援征交趾[4]等事件中发挥重要作用，经过数百年的发展繁荣，留下了合浦汉墓群[5]及两汉合浦郡故城[6]等珍贵文化遗产，其中海外遗珍名闻遐迩。三国后期，合浦是孙吴与曹魏、西晋反复争夺的战略要地。直至明清时期，合浦的地位依然突出，清·顾祖禹《读史方舆纪要》卷一百四曰："（廉州）府南滨大海，西距交趾，固两粤之藩篱，控蛮獠之襟要，珠官之富，盐池之饶，雄于南服"。

合浦历史上是有名的珍珠（南珠）产地，东汉"珠还合浦"的廉政典故千古流传[7]。汉六朝时期，珍珠是可以贸易的名贵商品，以珠易粮是合浦郡百姓的一种生存状态，官府时有征调，如遇贪采，则珠徙民困，若为苛政，则民不聊生。三国孙吴一度改合浦郡为珠官郡，并在南境置珠官县，行严

---

[1] （东汉）班固《汉书·地理志》云："自日南障塞、徐闻、合浦船行可五月，有都元国；又船行可四月，有邑卢没国；又船行可二十余日，有谌离国；步行可十余日，有夫甘都卢国。自夫甘都卢国船行可二月余，有黄支国，民俗略与珠厓相类。其州广大，户口多，多异物，自武帝以来皆献见。有译长，属黄门，与应募者俱入海市明珠、璧流离、奇石异物，赍黄金杂缯而往。所至国皆禀食为耦，蛮夷贾船，转送致之。亦利交易，剽杀人。又苦逢风波溺死，不者数年来还。大珠至围二寸以下。平帝元始中，王莽辅政，欲耀威德，厚遗黄支王，令遣使献生犀牛。自黄支船行可八月，到皮宗，船行可二月，到日南、象林界云。黄支之南，有已程不国，汉之译使自此还矣。"（南朝宋）范晔《后汉书·西域传》云："以金银为钱，银钱十当金钱一。与安息、天竺交市于海中，利有十倍。其人质直，市无二价。谷食常贱，国用富饶。邻国使到其界首者，乘驿诣王都，至则给以金钱。其王常欲通使于汉，而安息欲以汉缯彩与之交市，故遮阂不得自达。至桓帝延熹九年，大秦王安敦遣使自日南徼外献象牙、犀角、玳瑁，始乃一通焉。"

[2] 汉代交趾郡、九真郡和日南郡，故址在越南中北部。

[3] （北魏）郦道元《水经注》卷三十七引《交州外域记》（失佚）云："越王令二使者典主交趾、九真二郡民，后汉遣伏波将军路博德讨越王。路将军到合浦，越王令二使者赍牛百头、酒千钟及二郡民户口簿，诣路将军。乃拜二使者为交趾、九真太守。诸雒将主民如故。"

[4] （南朝宋）范晔《后汉书·马援传》云："（东汉光武帝）于是玺书拜援伏波将军，以扶乐侯刘隆为副，督楼船将军段志等南击交趾。军至合浦而志病卒，诏援并将其兵。遂缘海而进，随山刊道千余里。十八年春，军至浪泊上，与贼战，破之，斩首数千级，降者万余人。援追徵侧等至禁溪，数败之，贼遂散走。明年正月，斩徵侧、徵贰，传首洛阳……援将楼船大小二千余艘，战士二万余人，进击九真贼徵侧余党都羊等，自无功至居风，斩获五千余人，峤南悉平。"

[5] 广西文物保护与考古研究所：《百年百大考古发现——广西合浦汉墓群》，《中国文物报》2021年11月5日。合浦汉墓群分布在合浦县城区及北、东、南三面的丘地，环绕汉代合浦郡城所在的草鞋村遗址呈扇形分布，分布范围近69平方千米，地表发现封土堆1056座，根据以往考古勘探和发掘的经验估算，包括封土堆已消失隐蔽于地下的墓葬，总保存量应有万座。从1957年至今已发掘墓葬一千多座，墓葬年代主要从西汉早期到六朝时期，以汉墓居多、显著，重要墓葬有望牛岭M1、风门岭M26、黄泥岗M1、寮尾M13等，出土文物种类有陶瓷器、铜铁器、金银器、玉石器、漆木器、玻璃以及琉璃、玛瑙、水晶、琥珀、玉髓、石髓、绿柱石、绿松石、石榴子石等珠饰品，其中舶来品文物及带有海外因素的器物数量众多、种类丰富，重要文物有铜凤灯、铜牛、铜马、铜仓、胡人俑座陶灯、波斯陶壶、罗马玻璃碗、玻璃杯、水晶串珠、金串珠、"阮"铭和"大"铭金饼等。其中，望牛岭M1是规格较高、随葬品较丰富的西汉木椁墓，随葬的"庸毋印"龟钮琥珀印章、"九真府"和"九真府□器"款陶提筒（唐李贤注《后汉书·张湛传》"明府位尊德重"句云："郡守所居曰府"），表明墓主庸毋生前曾在九真郡为官，死后归葬合浦望牛岭家族墓地。黄泥岗M1是东汉初的砖木合构墓，随葬的"徐闻令印"瓦钮滑石印和"陈褒"龟钮铜印章，表明墓主陈褒曾任徐闻县（县址在雷州半岛）县令。合浦汉墓群是汉代海上丝绸之路文化内涵的重要载体，是我国出土汉代舶来品文物比较集中的地方，印证了《汉书》等史籍关于汉代经海路对外交往贸易的记载，也反映出合浦在汉代对外关系中的重要地位。

[6] 广西文物保护与考古研究所等：《广西合浦县草鞋村汉代遗址发掘简报》，《考古》2016年第8期；广西文物保护与考古研究所：《广西文物考古60年》，文物出版社，2020年，第86页。

[7] （南朝宋）范晔《后汉书·孟尝传》云："尝后策孝廉，举茂才，拜徐令。州郡表其能，迁合浦太守。郡不产谷实，而海产珠宝，与交趾比境，常通商贩，贸籴粮食。先时宰守并多贪秽，诡人采求，不知纪极，珠遂渐徙于交趾郡界。于是行旅不至，人物无资，贫者饿死于道。尝到官，革易前敝，求民病利。曾未逾岁，去珠复还，百姓皆返其业，商货流通，称为神明。"

苛珠禁，西晋平吴后，交州刺史陶璜建议放宽吴时所定珠禁，晋武帝从之[1]。唐、南汉、宋、元、明等朝代均设有专官或专署监管采珠，明代严加监守珠池，珍珠贡奉宫廷。

第二节　历史沿革

先秦时期，合浦属越地[2]。

秦始皇三十三年（公元前 214 年），平岭南，置桂林、南海、象三郡[3]。

汉高祖三年（公元前 204 年）[4]，赵佗割据岭南建立南越国[5]，合浦属之[6]。汉武帝元鼎六年（公元前 111 年），平南越国，置合浦郡[7]，治合浦县[8]；元封五年（公元前 106 年），置交趾刺史部，合浦郡属之。新莽改合浦郡为恒合郡，合浦县为恒亭县。东汉复为合浦郡，仍治合浦县；建安二年（197 年），交趾刺史部升为交州[9]，合浦郡仍隶属之；东汉末，群雄争夺交州，终为孙权所据，建安二十三年（218 年），孙权分出合浦郡东境置高凉郡（今广东茂名和阳江等地）。

三国吴孙权黄武五年（226 年），分交州之南海、苍梧、郁林、高凉四郡立为广州，交趾、日南、九真、合浦四郡仍为交州，旋废广州，诸郡复归交州；黄武七年（228 年），合浦郡改为珠官郡，仍

---

[1]　（唐）房玄龄《晋书·陶璜传》云："合浦郡土地硗确，无有田农，百姓唯以采珠为业，商贾去来，以珠贸米。而吴时珠禁甚严，虑百姓私散好珠，禁绝来去，人以饥困。又所调猥多，限每不充。今请上珠三分输二，次者输一，粗者蠲除。自十月讫二月，非采上珠之时，听商旅往来如旧。"

[2]　（西汉）司马迁《史记·南越列传》云："秦时已并天下，略定杨越，置桂林、南海、象三郡。"（东汉）班固《汉书·地理志》云："粤地，牵牛、婺女之分野也。今之苍梧、郁林、合浦、交趾、九真、南海、日南，皆粤分也。其君禹后，帝少康之庶子云，封于会稽，文身断发，以避蛟龙之害。后二十世，至勾践称王。"（唐）房玄龄《晋书》卷一十五："交州。案《禹贡》扬州之域，是为南越之土。秦始皇既略定扬越，以谪戍卒五十万人守五岭。自北徂南，入越之道，必由岭峤，时有五处，故曰五岭。后使任嚣、赵他（佗）攻越，略取陆梁地，遂定南越，以为桂林、南海、象等三郡，非三十六郡之限，乃置南海尉以典之，所谓东南一尉也……广州。案《禹贡》扬州之域，秦末赵他（佗）所据之地。"先秦时期岭南地区是越国的势力范围，大浪古城即是战国时期江浙地区的越人南下合浦所筑之城。

[3]　秦定岭南后合浦的归属情况，《史记》《汉书》《后汉书》等史籍均未提及。后世文献有两种观点，一是认为属象郡（根据汉书地理志关于日南郡为秦象郡的记载推知秦象郡故址在越南中部），（唐）杜佑《通典》卷一百八十四·州郡十四·合浦郡："廉州，今理合浦县，秦象郡地"，这种观点可能受到三国时期交州、广州分治后合浦归属交州的影响，自后相关文献多因袭此说。二是认为属桂林郡（郡址在广西贵港市区贵城遗址），（清）全祖望《汉书地理志稽疑》卷二："合浦郡，武帝元鼎六年开……故属秦桂林郡"，蒙文通、周振鹤等学者认同其说，详参蒙文通：《越史丛考》，人民出版社，1983 年，第 84～85 页；周振鹤、张莉：《汉书地理志汇释》（增订本），凤凰出版社，2021 年，第 1073～1074 页。

[4]　张荣芳、黄淼章：《南越国史》，广东人民出版社，1995 年，第 64 页。

[5]　（西汉）司马迁《史记·平津侯主父列传》云："（秦始皇）又使尉屠睢将楼船之士南攻百越，使监禄凿渠运粮，深入越，越人遁逃。旷日持久，粮食绝乏，越人击之，秦兵大败。秦乃使尉佗将卒以戍越。"《史记·南越列传》："佗，秦时用为南海龙川令。至二世时，南海尉任嚣病且死，召龙川令赵佗语曰：'闻陈胜等作乱，秦为无道，天下苦之……南海僻远，吾恐盗兵侵地至此，吾欲兴兵绝新道，自备，待诸侯变，会病甚。且番禺负山险，阻南海，东西数千里，颇有中国人相辅，此亦一州之主也，可以立国。郡中长吏无足与言者，故召公告之'。即被佗书，行南海尉事……秦已破灭，佗即击并桂林、象郡，自立为南越武王……元鼎六年冬，楼船将军将精卒先陷寻陕……自尉佗初王后，五世九十三岁而国亡焉。"

[6]　合浦战国至西汉早期的历史进程情况，详见第七章第一节"大浪古城在合浦历史进程中的作用"。

[7]　两汉合浦郡故城在合浦县廉州镇草鞋村遗址，位于县城西南部。

[8]　（北魏）郦道元《水经注》卷三十六："（牢）水南出交州合浦郡，治合浦县，汉武帝元鼎六年平越所置也。"另见王文楚：《关于〈中国历史地图集〉第二册西汉图几个郡国治所问题——答香港刘福注先生》，《历史地理》第五辑，上海人民出版社，1987 年；周振鹤、张莉：《汉书地理志汇释》（增订本），凤凰出版社，2021 年，第 1073～1074 页。

[9]　胡守为：《岭南古史》，广东人民出版社，1999 年，第 55～58 页。

治合浦县；赤乌五年（242 年），析珠官郡置珠崖郡，领雷州半岛和海南岛。孙亮期间（252～258 年），珠官郡复为合浦郡。孙休永安三年（260 年），分合浦立合浦北部都尉；永安七年（264 年），复分交州置广州，合浦郡仍属交州。三国后期，孙吴与曹魏、西晋在合浦反复争夺[1]。

西晋武帝太康元年（280 年），平吴，撤销珠崖郡复归合浦郡。东晋安帝义熙七年（411 年），卢循袭击合浦[2]。

南朝时期，合浦郡经过大幅调整，析为十数个郡及数十个县，"废置离合，不可胜纪"[3]。宋泰始七年（471 年），以原合浦郡辖区为基础开置越州[4]，陈伯绍为首任刺史，镇临漳郡（宋元嘉九年即 432 年析合浦郡所置）[5]，合浦郡属越州，郡治合浦县。齐时越州领郡增至二十个。梁省临漳郡入

[1] （西晋）陈寿《三国志》卷四·魏书四·三少帝纪："（曹奂咸熙元年即264年）诏曰：'吴贼政刑暴虐，赋敛无极。孙休遣使邓句，敕交阯太守锁送其民，发以为兵。吴将吕兴因民心愤怒，又承王师平定巴蜀，即纠合豪杰，诛除句等，驱逐太守长吏，抚和吏民，以待国命。九真、日南郡闻兴去逆即顺，亦齐心响应，与兴协同。兴移书日南州郡，开示大计，兵临合浦，告以祸福……其以兴为使持节、都督交州诸军事、南中大将军，封定安县侯，得以便宜从事，先行后上。'策命未至，兴为下人所杀。"《三国志》卷四八·吴书三·三嗣主传："（孙皓宝鼎三年即268年）遣交州刺史刘俊、前部督脩则等入击交阯，为晋将毛炅等所破，皆死，兵散还合浦。"（唐）房玄龄《晋书》卷五十七："（交阯太守杨稷）与将军毛炅，九真太守董元，牙门孟干、孟通、李松、王业、爨能等，自蜀出交阯，破吴军于古城，斩大都督修则、交州刺史刘俊。吴遣虞汜为监军，薛珝为威南将军、大都督，璜为苍梧太守，距稷，战于分水。璜败，退保合浦，亡其二将。"（东晋）常璩《华阳国志》卷四："吴交州刺史刘峻、前部督修则领军三攻（杨）稷，皆为稷所败；郁林、九真皆附稷。稷表遣将军毛炅、董元等攻合浦，战于古城，大破吴军，杀峻、则……（晋武帝）泰始七年（271年）春，吴主孙皓遣大都督薛珝、交州刺史陶璜帅二十万军，兴扶严恶夷合十万伐交阯……得稷等，皆囚之，即斩稷长史张登、将军孟通及炅，并交趾人邵晖等二千馀人。受皓诏，传稷秭陵，故梧桎及孟干、爨熊、李松四人于吴，通四远消息。稷至合浦，发病欧血死，传首秭陵，弃其尸丧于海。"（清）顾祖禹《读史方舆纪要》卷一百四："又合浦故县，旧志云：在今县西南，汉初县置于此。后移而东。三国吴孙皓末，交阯太守杨稷据交阯，遣将毛炅等攻合浦，战于古城，大败吴兵，即此城云。"三国后期合浦郡城（古城）虽已遭毁弃，但从考古发现来看，两晋合浦郡县治所应当仍在今合浦县城一带，尚未徙远。

[2] （北齐）魏收《魏书》卷九十七："卢循至番禺，收众攻李高，刘蕃遣沈田子讨之，循奔走。余众从岭道袭合浦，克之。进攻交阯，交州刺史杜惠（慧）度屡战克捷，循投水而死。"

[3] 尤其是梁、陈时期，置州甚滥，且《梁书》和《陈书》又均无地志，给合浦此段历史研究留下了诸多悬疑，如合浦郡县治所何时溯江北迁、迁至何处，越州治所何时从越州故城迁到施渡坡古城等，唐代以来的文献大多忽视南朝合浦郡县迁治的史实，反而认为汉唐治所是前后相袭、没有变迁的，因而形成了误判，这种认识从唐代一直延续到现代，对相关著述和图示造成了深远影响，如2017年出版的《中国行政区划通史·三国两晋南朝卷》仍然依照南宋潘自牧《记纂渊海》卷十六"合浦，本汉合浦郡治，吴珠官、晋合浦，宋以后越州、唐廉州皆置此"的记述，将三国两晋合浦郡县的治所误标在浦北县施渡坡古城。

[4] （南朝梁）萧子显《南齐书》卷十四："越州，镇临漳郡，本合浦北界也。夷獠丛居，隐伏岩障，寇盗不宾，略无编户……元徽二年，以（陈）伯绍为刺史，始立州镇，穿山为城门，威服俚獠……刺史常事戎马，唯以战伐为务。"可见，南朝开设越州的主要目的是为了征伐和招抚那些避离郡邑、"略无编户"的人群，出镇岭南的官吏，以增加编户、扩大赋役来源为要务。（北宋）李昉等《太平御览》卷七百八十五～卷七百八十六引三国吴万震《南州异物志》（已佚）云："广州南有贼曰俚，此贼在广州之南，苍梧、郁林、合浦、宁浦、高凉五郡，中央地方数千里……交、广之界，民曰乌浒，东界在广州之南，交州之北。"可知，越州境内尚未列入编户的人群主要是乌浒和俚人，他们的礼乐重器是灵山型和北流型等"几何纹铜鼓"。随着统治者致力于岭南的开发，乌浒和俚人的文明程度也随之提高，豪酋纷纷崭露头角，酋首步入政坛并号召族人归顺朝廷，乘"侯景之乱"而兴起，"造成南朝民族及社会阶级之变动"（相关论述详参胡守为：《岭南古史》，广东人民出版社，1999年，第130～288页）。桂南、桂东南地区目前已经发现数百处六朝隋唐时期的遗址，这些遗址主要分布在北流型和灵山型铜鼓出土地点附近，其中有聚落址和冶炼遗址，粤西的茂名、湛江等地也发现了不少的同时期遗址，详参冯孟钦：《粤西发现历史时期新的文化类型》，《中国文物报》2008年1月4日；蒙长旺、花飞：《梧州市龙圩区俚僚文化遗产调查》，中国考古学会：《中国考古学年鉴·2018》，中国社会科学出版社，2020年，第353～354页。

[5] 越州故城在钦州市浦北县石埇镇坡子坪村，西南距大浪古城约36.6千米、距草鞋村遗址48.8千米。

合浦郡，越州、合浦郡皆治合浦县[1]；天监以后，置州甚滥，越州领郡和辖境大减。

隋开皇九年（589 年），平陈，废合浦郡[2]，越州治合浦县（今浦北县泉水镇旧州村施渡坡古城）；大业元年（605 年），越州改为禄州；大业二年（606 年），禄州与合州（今雷州半岛）合并，称合州，治合浦县；大业三年（607 年），罢州为合浦郡[3]。

唐武德元年（618 年），萧铣复改合浦郡为合州，仍治合浦县。武德四年（621 年），归唐，合州复为越州；贞观八年（634 年），越州改为廉州，以州本大廉洞地而名[4]；天宝元年（742 年），复为合浦郡；乾元元年（758 年），复为廉州。唐元和十一年（816 年），廉州北邻的岩州遭黄洞贼（西原蛮）屠陷[5]，州民南徙入廉，元和十三年（818 年），置行岩州于廉州南境[6]。

五代十国时期，后梁、南汉因袭为廉州，治合浦县。南汉乾亨二年（918 年），行岩州改为常乐州，辖博电、零绿、盐场三县[7]。

北宋开宝五年（972 年），废常乐州，其地并为石康县（县治即常乐州旧治），隶属廉州（亦曰合浦郡[8]），同年廉州治所往西南迁到下游 22 千米的石康县（今合浦县石康镇顺塔村石康城

---

[1]　南朝梁越州、合浦郡、合浦县治所故址在浦北县境，或为越州故城，或为施渡坡古城（旧州古城）。越州故城和施渡坡古城都在南流江北岸，二者都曾是越州治所，前后相承，约在南梁至隋期间，越州治所从越州故城往西南迁到下游10千米的施渡坡古城，具体迁治时间阙疑待考。

[2]　隋开皇三年，废郡存州，以州统县，行政区划由州、郡、县三级制改成州、县二级制。

[3]　施和金：《中国行政区划通史·隋代卷》，复旦大学出版社，2017年，第494～497页。

[4]　唐代广西地区称山间平原或盆地为洞（或峒），如黄洞（今崇左左江流域）、党洞（今玉林）等，（后晋）刘昫《旧唐书》卷十九："邕州西接南蛮，深据黄洞，控两江之犷俗，居数道之游民"，（南宋）王象之《舆地纪胜》卷一二一："（唐高宗）永淳初开古党洞置党州"。（北宋）欧阳修等《新唐书》卷四十三："廉州合浦郡，下。本合州，武德四年曰越州，贞观八年更名，以本大廉洞地。"（清乾隆）《大清一统志》卷二百八十四："大廉山，在合浦县东北……东汉时，费贻为合浦太守，有廉名，去之日，百姓追送至此，遂以山为名……大廉洞在其阴。"大廉洞在大廉山之北，而大廉山之北为南流江流域，故大廉洞即南流江沿岸平原。

[5]　（后晋）刘昫《旧唐书》卷四十一："岩州，下。土地与合浦郡同。唐置岩州，失起置年月。天宝元年，改为安乐郡。至德二年，改为常乐郡。乾元元年，复为岩州。领县四……常乐，本安乐县，至德二年改，州所治。"（北宋）欧阳修等《新唐书》卷四十三："岩州常乐郡，下。调露二年析横、贵二州置，以岩冈之北，因为名。"《旧唐书》卷十五："（元和十一年）邕管奏黄洞贼屠岩州。"《新唐书》卷七："（元和十一年）西原蛮陷岩州。"《新唐书》卷二百二十二："（元和十一年西原蛮）复屠岩州。"

[6]　（北宋）王溥《唐会要》卷七十一："元和十三年十月，容管经略使奏：'岩州为黄洞贼所陷，请置行岩州于安乐县'。从之。"（南宋）潘自牧《记纂渊海》卷十六："石康，本汉郁林郡治。隋末萧铣分兴德县置安乐县。唐□观省安乐，乾封重置，属郁林州，调露割横、贵二州地置岩州及石岩、高城、思封三县，永隆以安乐隶岩州，天宝曰安乐郡，至德改常乐郡，更安乐县为常乐。以岩州为常乐州。本朝并省置石康县。"另见郭声波：《中国行政区划通史·唐代卷》，复旦大学出版社，2012年，第637～641页；郭声波：《试解岩州失踪之谜——唐五代岭南道岩州、常乐州地理考》，《中国边疆史地研究》2000年第3期。

[7]　李晓杰：《中国行政区划通史·五代十国卷》，复旦大学出版社，2014年，第317页。

[8]　古代文人借古地名指代当时的行政地名，如南宋潘自牧《记纂渊海》卷十六云："廉州……郡号合浦"；明郭棐《广东通志》卷五十三云："宋故城，在石康县，东北濒江，宋开宝五年徙合浦郡（实为廉州）治于长沙场，即其地"。（清）顾炎武《日知录》卷十九："文人求古之病……以今日之地为不古，而借古地名，以今日之官为不古，而借古官名，舍今日恒用之字，而借古字之通用者，皆文人所以自盖其俚浅也。"

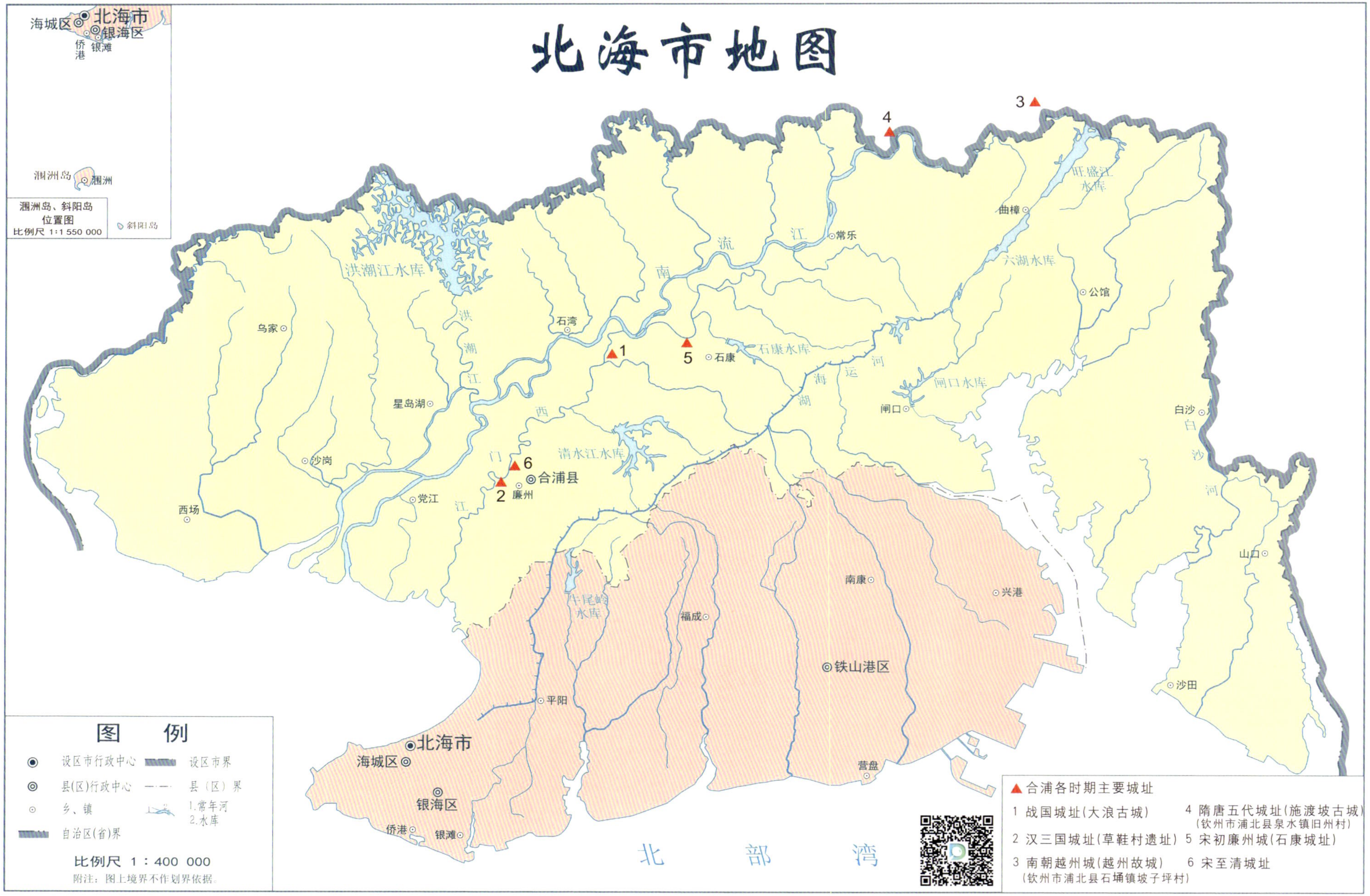

北海市地图

图 例

◉	汉区市行政中心
◎	县（区）行政中心
⊙	乡、镇
▨▨	自治区（省界）

▨▨	汉区市界
——	县（区）界
〰	1.常年河
	2.水库

比例尺 1：400 000

附注：图上境界不作划界依据

海城区◉ 北海市 ◎银海区
侨港

涠洲岛 ◎涠洲

涠洲岛、斜阳岛 位置图
比例尺 1：1 550 000   ◎斜阳岛

合浦各时期主要城址

▲ 合浦各时期主要城址

1 战国城址（大浪古城）
2 汉三国城址（草鞋村遗址）
3 南朝越州城（越州故城）
（钦州市浦北县石埇镇坡子坪村）
4 隋唐五代城址（施潭坡古城）
（钦州市浦北县泉水镇旧州村）
5 宋初廉州城（石康故城）
6 宋至清城址

北 部 湾

图 1-1 合浦各时期主要城址位置示意图

址）[1]；太平兴国八年（983 年），撤销廉州，改设太平军，治所再往西南迁到海门镇（今合浦县城），合浦县并入石康县；咸平元年（998 年），撤销太平军，复设廉州，复置合浦县为治（今合浦县城）。

元曰廉州路。明改为廉州府。清因袭为廉州府。民国元年（1912 年），撤销廉州府，合浦县隶属钦廉军政府。1952 年，合浦县隶属广西省（1958 年改为广西壮族自治区）钦州专区（1970 年改为钦州地区），同年析合浦县北部置浦北县。1987 年，合浦县划归北海市（1951 年析合浦县所置）管辖（图 1-1）[2]。

第三节　以往考古调查及发掘

一　调查

2002 年起，广西文物工作队[3] 课题组从入海口沿南流江和西门江溯江而上展开调查，在自大浪古城以北长约 1500、宽约 300 米的狭长沿江地带，地表发现数量众多的刻划纹和几何印纹陶片，于是把这个连续统一的范围统称为大浪遗址。遗址范围内有两处明显的古迹，即大浪古城及城北 750 米的双坟墩，大浪古城地表散见几何印纹和刻划纹陶片，无砖瓦残件发现，双坟墩及周围地表散见较多的几何印纹和刻划纹陶片。陶片（250 片）纹饰有回字纹（包括方框对角线纹和重方框对角线纹）、方格纹、席纹、菱形纹（复线菱格纹）、米字纹、雷纹（勾连云雷纹）、水波纹、绚纹、涡点组合纹等（图 1-2）[4]。

二　大浪古城考古发掘

2002 ～ 2003 年、2011 ～ 2012 年，广西文物工作队等单位为配合汉代合浦港课题研究，在前期调查的基础上，先后两次对大浪古城进行发掘，发掘地点位于北城墙、城中部及西门外，共发掘面积约 690 平方米，发现居址、码头遗迹等，出土了一批遗物。其中，城中部发掘面积 250 平方米，地层堆积情况为：第①层为表土层，厚 0.26 ～ 0.46 米；第②层为近代扰乱层，厚 0 ～ 0.12 米；第③层为文化层，较疏松，厚 0.08 ～ 0.22 米，出土完整器极少，多为几何形印纹硬陶片，部分为夹砂陶

---

[1]　（北宋）乐史《太平寰宇记》卷一百六十九："太平军，理海门。本廉州，皇朝开宝五年自旧州理移西南四十里地名长沙置州，并封山、蔡龙、大廉三县为合浦一县；仍（因袭）废常乐州，以博电、零绿、盐场三县并为石康一县来属。至太平兴国八年废廉州，移就海门三十里建太平军，其廉州并入石康一县。"（北宋）欧阳忞《舆地广记》卷三十七："石康县，本常乐州，南汉立，及置博电、零绿、盐场三县。皇朝开宝五年废州省县，以其地置石康县来属。"（元）脱脱等《宋史》卷九十："廉州，下，合浦郡，军事。开宝五年，废封山、蔡龙、大廉三县，移州治于长沙场，置石康县。太平兴国八年，改太平军，移治海门镇。咸平元年复……石康。下。本常乐州，宋并为县。"（明天顺）《大明一统志》卷八十二："废常乐州，在石康县治，南汉置。"

[2]　合浦县志编纂委员会：《合浦县志》，广西人民出版社，1994 年，第 7 ～ 12、46 ～ 49 页；北海市地方志编纂委员会：《北海市志》，广西人民出版社，2002 年，第 82 ～ 89 页；浦北县志编纂委员会：《浦北县志》，广西人民出版社，1994 年，第 1 ～ 3、28 ～ 29 页。

[3]　2006 年更名为广西文物考古研究所，2012 年再改为广西文物保护与考古研究所，下同。

[4]　广西文物工作队课题组：《西汉海上丝绸之路始发港——合浦港的考古学实践与初步认识》，《海上丝绸之路研究——中国·北海合浦海上丝绸之路始发港理论研讨会论文集》，科学出版社，2006 年，第 39 ～ 50 页。

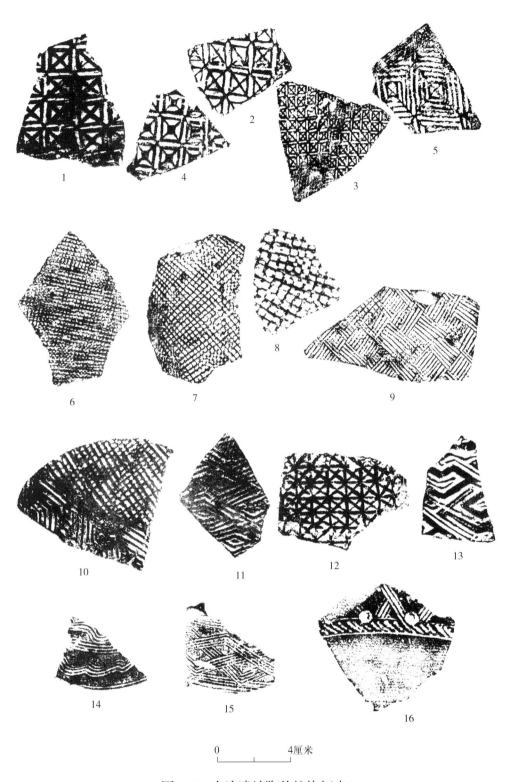

图 1-2　大浪遗址陶片纹饰拓本

1～3.方框对角线纹　4、5.重方框对角线纹　6～8.方格纹 9.席纹加方格纹　10.复线菱格纹加方格纹　11.复线菱格纹　12.米字纹　13.勾连云雷纹　14.水波纹　15.绚纹　16.涡点组合纹

片；第③层下有一层红褐色土，表面较平整，土质纯净、致密，无包含物，厚 0.14 ～ 0.22 米。第③层下的建筑遗迹，共发现柱洞 48 个，柱洞平面多呈圆形，少量为椭圆形，壁直、斜直或分级内收，平底，部分用夹砂陶片或卵石垫底，有的填土中含炭屑，直径 0.16 ～ 0.51、深 0.12 ～ 0.6 米，有些柱洞两个紧靠，深度不一，或为维修加固所致（图 1-3）。出土遗物主要为陶片和砺石，陶片绝大多数为几何形印纹硬陶（少数为夹砂软陶），可辨器形有罐、匜、釜等，仅匜可修复，纹饰以方框对角线纹（包括米字纹、方框对角线纹和重方框对角线纹）居多，还有方格纹、席纹等。此外，地表采集的一些印纹硬陶片纹饰还有网格纹、水波纹加弦纹、复线菱格纹（图 1-4、1-5）[1]。

当时选取建筑遗址和码头遗存 4 个柱洞残余的炭样和木屑，送北京大学加速器质谱实验室

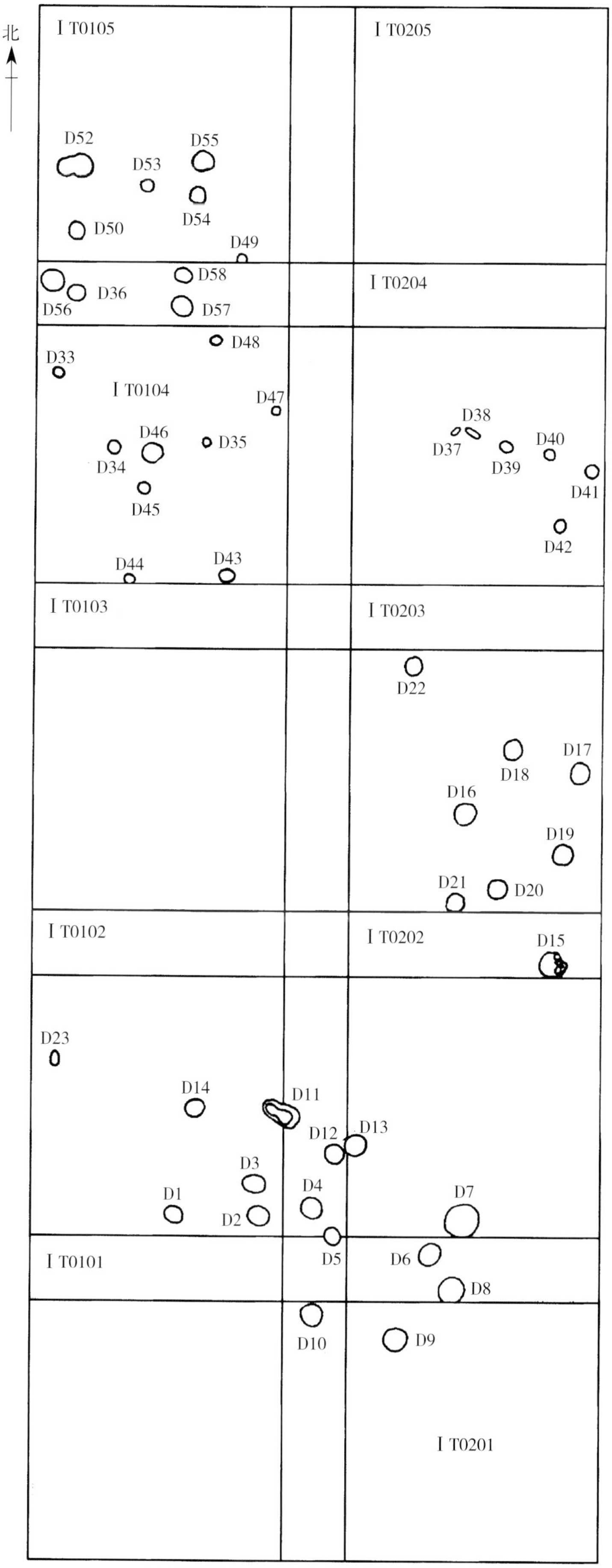

0 ———————— 2米

图 1-3 大浪古城中部建筑遗迹平面图
D1～D23、D33～D50、D52～D58.柱洞

[1] 广西文物保护与考古研究所等：《广西合浦县大浪古城址的发掘》，《考古》2016年第8期。

北

I T0105

D52 D55
D53
D50 D54
D49
D58
D56 D36 D57
D48
D33
I T0104 D47
D46 D35
D34
D45
D44 D43

I T0103

I T0102

D23

D14 D11
D3 D12 D13
D1 D4
D2
I T0101 D5

D10

I T0205

I T0204

D38
D37 D40
D39
D41
D42

I T0203

D22

D17
D18
D16 D19

D21 D20

I T0202 D15

D7

D6
D8

D9

I T0201

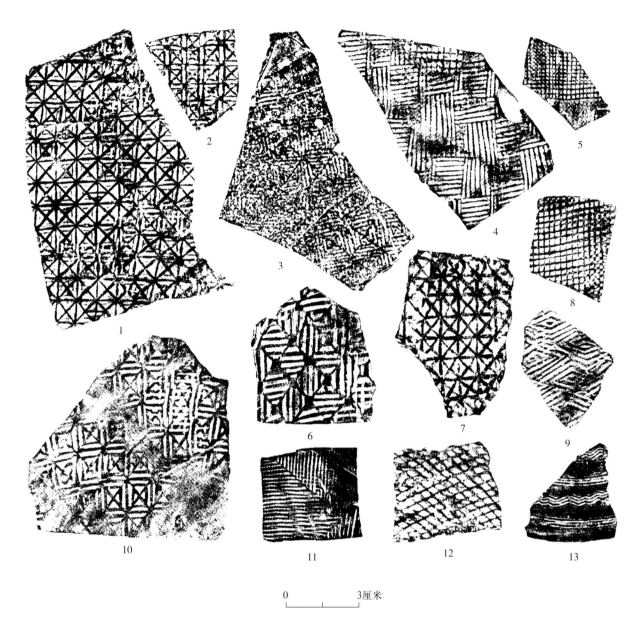

0 ├───┼───┤ 3厘米

图 1-4　大浪古城陶片纹饰拓本

1、3、6、10.重方框对角线纹（ⅠT0201③、ⅠT0105③、采：06、ⅠT0205③）　2.方框对角线纹（ⅠT0104③）　4.席纹加方格纹（采：02）
5、8.方格纹（ⅠT0101③、ⅠT0205③）　7.米字纹（采：01）　9.复线菱格纹（采：05）　11.席纹（ⅠT0204③）　12.网格纹（采：03）
13.水波纹加弦纹（采：04）

测试，碳 -14 年代（BP）分别为 2540 年、1690 年、2540 年、2330 年（未经树轮校正，误差为
60 年）[1]。

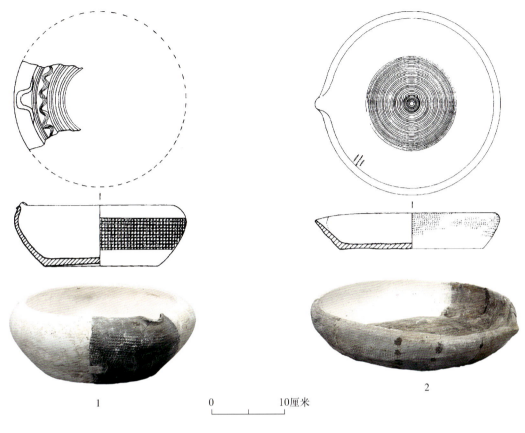

0   10厘米

图 1-5 大浪古城出土陶匜

1. ⅠT0203③∶1 2.H2∶1

三 双坟墩考古发掘

双坟墩为两墩，地处红土台地，大致呈东西向排列，相距41米，东墩编号为D1，西墩编号为D2。2004年，广西文物工作队曾对东墩D1进行清理，但由于当时误为汉墓封土堆，操作方法失当，未能判明为土墩墓，仅发现一批遗物，有陶瓮、钵、杯、网坠、碗（原始瓷碗）和铜斧等，疑为墓葬随葬品（图1-6）。

2012年，广西文物保护与考古研究所对西墩D2进行了发掘，发掘面积450平方米（图1-7）。D2外观呈馒头状，平面为椭圆形，东西长轴35、南北短轴21、中部残高1.6米。地层堆积可分五层：第①层厚0.14～0.26米，土质疏松，包含物较多，几何印纹硬陶超过一半，纹饰有方格纹、复线菱格纹、方框对角线纹、席纹、回字纹和夔纹，以方框对角线纹和方格纹居多，可辨器形有罐、钵、碗等，其余遗物为夹砂陶、泥质软陶及近代陶瓷片、瓦片等；第②层最厚0.35米，土质较疏松，包含陶片较第①层少，硬陶约占90%，余为泥质软陶和夹砂陶，陶片纹饰有方格纹、方框对角线纹、回字纹和刻划纹，可辨器形有罐等，此外还出有铜斧、砺石、近代板瓦等；第③层最厚0.4米，土质致密，无包含物；第④层近水平堆积，厚0.36～1.05米，土质致密，出土陶片数量与第②层相当，绝大多数为硬陶，少量为红色软陶，纹饰有复线菱格纹、夔纹（勾连云雷纹）、方框对角线纹（包括方框

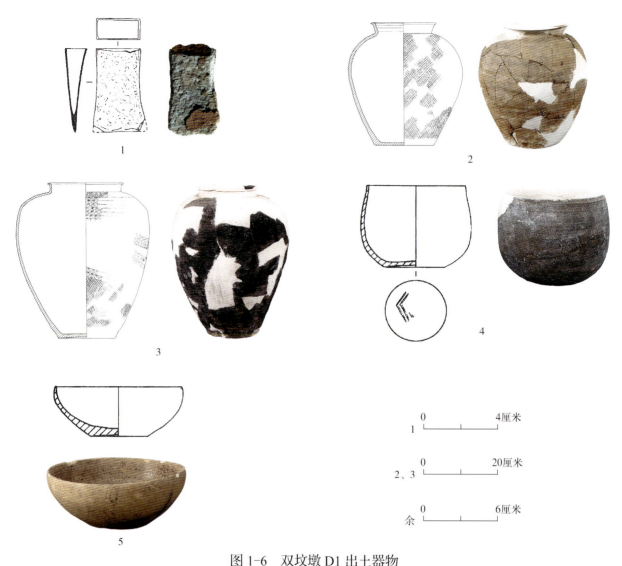

图 1-6　双坟墩 D1 出土器物

1.铜斧（D1:6）　2.陶瓮（D1:3）　3.陶瓮（D1:4）　4.陶杯（D1:1）　5.原始瓷碗（D1:2）

对角线纹和重方框对角线纹）、回字纹和方格纹等（图 1-8），可辨器形有釜、罐等，另外还出有砺石；第⑤层表面平整，厚 0.15～0.3 米，深灰褐色土，未发现包含物。发现柱洞 139 个（ZD1～ZD139），形制相近，平面呈圆形或椭圆形，直壁或斜直壁，多为平底，少部分为尖底，直径 0.1～0.36、深0.06～0.52 米，其中 ZD1～ZD112 叠压于第④层下，集中分布于墩体北侧，其中两排较规整，平行分布，间距 1.1 米，略呈西北至东南向。第 4 层下还发现灰坑和沟。发现早期熟土土坑墓 3 座（M2～M4），叠压于第②层下，打破第③层，随葬器物有陶瓮、瓿、杯（9 件原始瓷杯和 2 件陶杯）；如 M3 平面呈长方形，长 2.15、宽 0.57～0.62、残深 0.06 米，墓室一端出土陶瓮 1 件、杯 5 件（3 件原始瓷杯和 2 件陶杯），在陶瓮处先深挖圆坑，置入器物填实后在一旁摆放陶杯，瓮与杯的上部基本持平（图1-9）。发现灶 1 处（Z1），叠压于第①层下，直接打破第④层，灶内有大量红烧土和陶釜残片堆积（图1-10）[1]。

[1]　广西文物保护与考古研究所：《广西合浦县双坟墩土墩墓发掘简报》，《考古》2016年第4期。

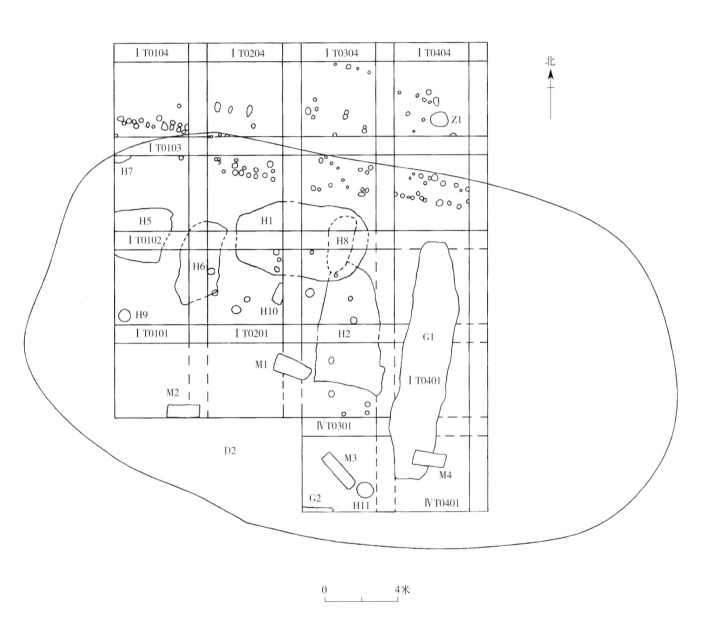

图 1-7　双坟墩 D2 遗迹平面分布图

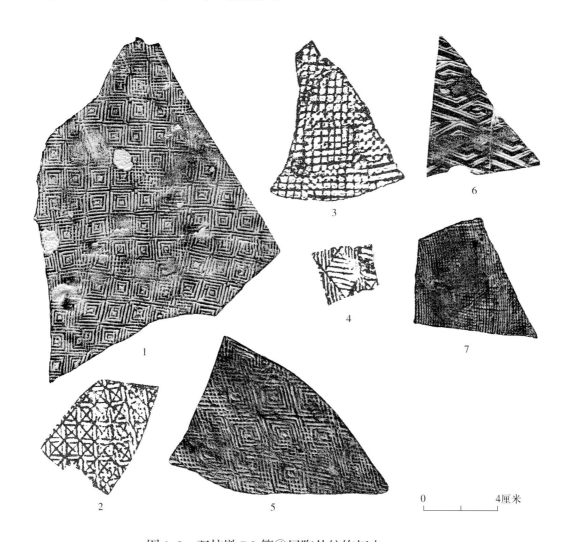

图 1-8　双坟墩 D2 第④层陶片纹饰拓本

1."回"字纹　2.方框对角线纹　3、7.方格纹　4.重方框对角线纹　5.复线菱格纹　6.勾连云雷纹

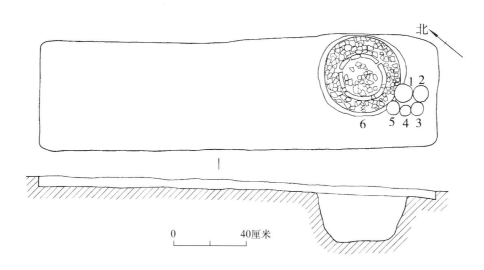

图 1-9　双坟墩 D2M3 平、剖面图

1、2.陶杯　3～5.原始瓷杯　6.陶瓮

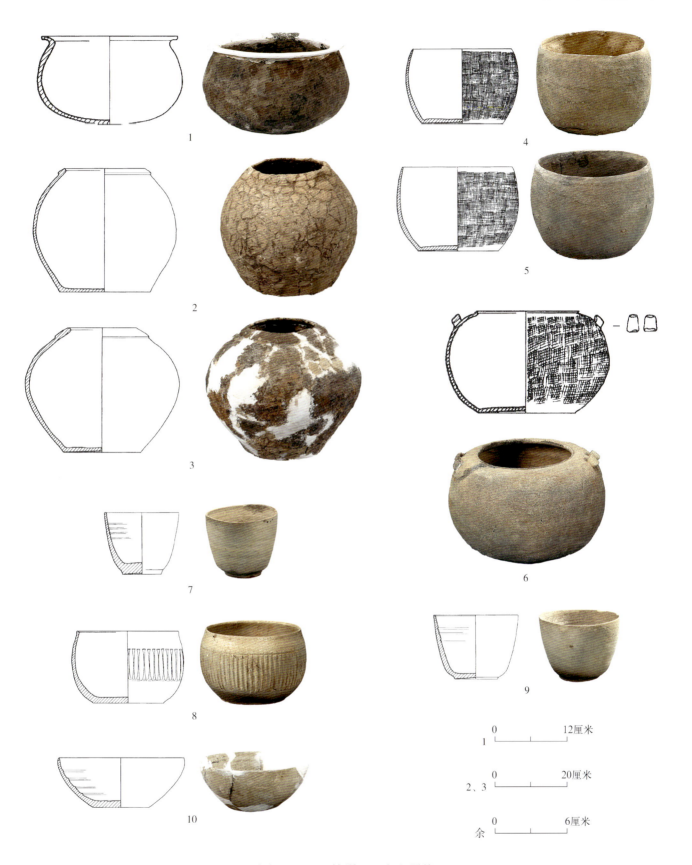

图 1-10 双坟墩 D2 出土器物

1.陶釜（D2Z1:1） 2.陶瓮（D2M3:6） 3.陶瓮（D2M4:7） 4.陶杯（D2M3:2） 5.陶杯（D2M3:1） 6.陶瓿（D2M2:1） 7.原始瓷杯
（D2M4:2） 8.原始瓷杯（D2M4:1） 9.原始瓷杯（D2M3:5） 10.陶碗（D2①:4）

第四节　本次考古工作概况

一　项目背景

2017年6月，为推进"海上丝绸之路"遗产的发掘、研究和保护利用，广西壮族自治区文化厅（今广西壮族自治区文化和旅游厅）组织编制《合浦汉墓群与汉城城址及相关遗存考古工作计划（2018—2022）》（以下简称《计划》），其中包括大浪古城的发掘。

2018年5月，国家文物局对《计划》进行了批复，指出："应将大浪古城、草鞋村遗址作为工作重点，充分利用已有航片、地图、考古资料，开展必要的考古勘探和发掘，搞清城址格局、功能分区和外围路网、水系分布状况，在此基础上扩大周边遗存研究工作"。

2019年3月，国家文物局批准大浪古城发掘项目（考执字〔2019〕第250号）。

二　工作过程

前期组建考古队，获取自1960年之后的航片、地图等资料，对大浪古城及其周边双坟墩等地开展实地调查和走访调查，以了解遗存的分布、往状和现状，并进行数字化信息采集工作。

发掘工作受到用地问题和新冠疫情影响，发掘时间主要在2019年12月至2020年4月。发掘区位于城址西北部，原计划发掘面积500平方米，在发掘过程中，为进一步明确城址的层位关系和城墙转角结构，进行了必要的扩方，实际发掘面积632平方米。

2020年4月，在发掘区搭建保护棚用于遗址现场保护和展示，并对现场预留的遗存开展进一步清理等后续工作。同时，根据发掘情况，对城壕和城墙进行追踪勘探，以明确城壕和城墙的走向、结构及城门分布等信息。另对周围区域特别是西侧古河道进行勘探，以了解城址周围的地质和地势状况。城内民居密集，且地层和遗迹相对简单，勘探效果不明显，故而未展开大面积钻探。

2020年5月，工作重心转入室内整理。工作过程中形成的文字、线图、照片、视频和数字化资料等，进行电子化存档，检查发现有遗漏的及时补充。器物整理工作内容包括出土和采集器物的清洗、拼对、修复、制卡、拍照、绘图、拓片、分类、排序、统计等。

2020年6月，召开"合浦大浪古城发掘成果专家论证会"。

2020年7月以后，考古队同时开展合浦望牛岭汉墓发掘等工作，大浪古城的资料整理和报告编写工作在兼顾中进行。

2021年5月，为增补材料，对城壕G1堆积进行进一步清理。12月，对灰坑H3预留的一半堆积进行清理。

考古工作采取传统方法与新技术相结合的方式。发掘前、中、后都进行数字化信息采集，获取三维模型、高程模型、正射影像等成果。使用无人机进行数据采集，使用RTK、全站仪、激光水平仪进行测量。挑选出土陶瓷器和木炭样品寄到北京大学考古文博学院进行测试。

第五节　编写体例

过去有关大浪古城 2019～2021 年考古工作的报道，凡与本报告有不同之处，当以本报告为准。本报告的编写体例如下：

1. 探方和遗迹编号

原探方编号按惯例由 2019HD ＋象限号＋ T ＋探方号（南北向＋东西向）组成，遗迹编号由 2019HD ＋遗迹号组成。因本次发掘跨年度，且发掘区均在第 II 象限，为避免混乱繁复，本报告有关表述均省去前缀"2019HD II"和"2019HD"等。

2. 遗迹堆积编号

根据国家文物局 2009 年《田野考古工作规程》"堆积单位的编号应纳入遗迹单位编号中"，遗迹堆积单位的编号跟在遗迹号后面，如 G1 ⑥表示城壕 G1 淤积第⑥层。若遗迹堆积只有一层的，其出土遗物的编号直接跟在遗迹号后面，省去"①"，如 H3：1 陶瓷表示灰坑 H3 填土出土的陶瓷。

3. 遗物编号

在发掘过程中，将可修复或可辨器形的器物编为小件号，如 T0810 ④：1 为原始瓷杯，另对印纹硬陶片等也进行编号（编为标本号），如 T0810 ④标本：1 为方框对角线纹硬陶片。这样区分的初衷，是为后期整理拼对出的器物预留小件号。

4. 可拼对器物的归属

不同堆积单位出土器物可以拼接的，归入其中的最早堆积单位，只留一个编号，例如 T0810 ②：1、T0810 ③：2、T0810 ④：3 这 3 件器物可以拼接，则销去 T0810 ②：1、T0810 ③：2 两号，原器物与 T0810 ④：3 合并。同一地层、不同探方出土器物可拼接的，归入相对完好的一方，或者小碎片并归大碎片。

5. 器物统计

进行数量统计的器物，为已编号的出土和采集器物，未编号者不计。有部分夹砂软陶和泥质软陶因残碎较甚未进行编号。此外，确定属于同一件器物的印纹陶碎片，有部分因空缺未能拼接上去，也不另外编号。

6. 器物描述及插图

器形可辨的器物，在描述其口径等特征时，口径均表示最大外口径，足径同理。一般的陶片，长度指其残存的最大长度，胎厚取最小值和最大值。本报告中仅线图、拓片提供比例尺以作参照。

7. "米"字纹陶

鉴于学界对"米"字纹陶（文化）已有约定俗成的认识[1]，本报告沿用这个概念。"米"字纹是个广义的称谓，包括重方框对角线纹、方框对角线纹、米字纹、三角格纹等纹饰。本报告将这些纹饰细分开来，分别进行分析和统计，在综述时，将多重方框对角线纹、三重方框对角线纹、二重方框对角线纹合称为重方框对角线纹（表 1-1）。

---

[1] 李岩：《广东印纹陶及原始瓷发展脉络》，浙江省文物考古研究所：《中国南方先秦考古学术研讨会论文集》，文物出版社，2019 年；李岩、张强禄：《考古百年视野下的岭南文明化进程》，《文博学刊》2021 年第 2 期；徐恒彬：《广东青铜时代概论》，《广东出土先秦文物》，香港中文大学出版社，1984 年；李龙章：《两广地区米字纹陶类型遗存和广州汉墓的年代》，《考古》2006 年第 4 期；余静：《再论关于两广地区米字纹陶类型遗存和广州汉墓的年代》，《江汉考古》2014 年第 2 期。

表 1-1　陶片纹饰图例[1]

本报告名称	纹饰举例	其他报告的名称
勾连云雷纹	 T0911 ④标本：60	云雷纹、变形云雷纹、勾连雷纹、雷纹、夔纹
复线菱格纹	 采：28	菱形纹
席纹	 T1011 ①标本：1	篾带纹
方格条线纹	 采：49	三角填线纹、菱格填线纹
多重方框对角线纹	 G1 ⑤：1　　采：48	菱形填线纹、大方格填线纹、方格直线纹、多重方格对角线纹、变体米字纹、回字纹、多重囧纹
三重方框对角线纹	 T0911 ④标本：13　　T0912 ④标本：1	重方格对角线纹、复线菱格对角线纹、回字网状纹、回字纹、多线米字纹、多重囧纹

[1]　同一种纹饰，各地区、各时段有不同的名称，本报告沿用其中较通用的名称。

本报告名称	纹饰举例			其他报告的名称
一重方框对角线纹	A 类（T0911 ④标本: 16）	B 类（T0810 ④标本: 2）	B 类（T0910 ④标本: 31）	重方格对角交叉纹、重方格对角线纹、复线菱格对角线纹、回字网状纹、回字纹、双线米字纹、米字纹、⊠纹
方框对角线纹	A 类（T0911 ④标本: 8）	B 类（T0910 ④标本: 39）		重方格对角线纹、双线米字纹、大米字方格纹、回字纹、米字纹、⊠纹
米字纹	A 类（T0812 ④标本: 2）	B 类（T0810 ④标本: 5）	B 类（T0810 ④标本: 47）	米字形纹、⊠纹
三角格纹	T0910 ③标本: 2			米字纹、简化米字纹

第二章　遗址概况与发掘区

第一节　遗址概况

大浪古城位于合浦县石湾镇大浪村古城头队，西北 1.4 千米处是南流江，西面 230 米处是南流江的分支——周江（图 2-1）。周江是南流江从大浪古城东北 2.5 千米处分叉出来的河流，往西南流经合浦县城，改称为西门江，再往西南连通北部湾。大浪古城所在的区域，是合浦南流江沿岸平原，地势相对平缓、开阔，南流江从东北向西南斜贯平原入海。历史上南流江河道屡有变迁，河道所过之处均淤积有深厚的泥沙。大浪古城西侧是古河道，古河道与周江之间是微隆起的沙地；东面是稍有起伏的平地，多已垦为耕作区，地势略高的地方则辟为村庄（图 2-2）。

城址坐落在古河道东岸的红土台地上，地势略东高西低。城方正规整，方向 355°，从外到内由城壕、城墙、城内等功能区构成，总面积约 5.9 万平方米（图 2-3）[1]。北、东、南三面环绕城壕，

图 2-1　大浪古城—双坟墩及周边环境

---

[1]　西城墙西缘规整笔直，显然经过人工修整，而且之前在古河道一侧发掘时也发现遗存，因此，这里估算的城址面积包括城壕及其环绕的区域，以及西城墙西侧约 14 米宽的范围（按城壕宽度计），边长约 243 米。

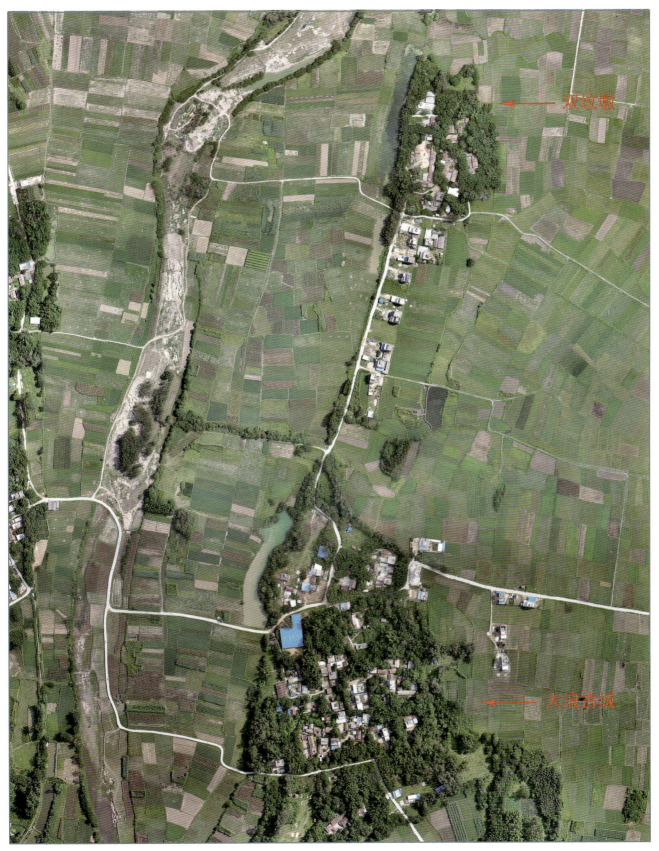

图 2-2　大浪古城—双坟墩 2020 年正射影像

审图号：桂S（2022）05-7号

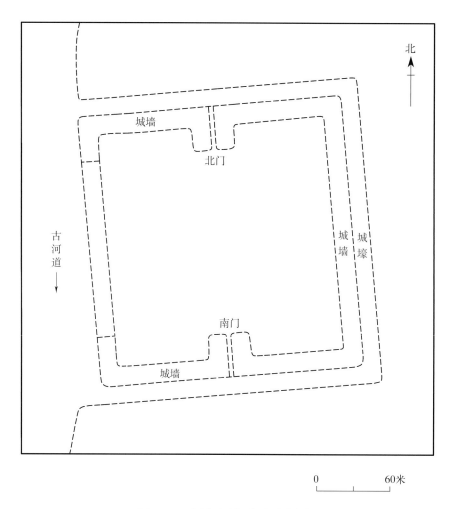

图 2-3 大浪古城平面示意图

西临古河道，城壕与古河道相通，城壕宽约 14 米、深 4.4 米。北、东、南三面及西面南、北两段围筑城墙，西面中段未见明显的城墙堆土迹象，但其边缘规整，与西侧古河道有明显的高低落差。城墙边长约 215 米、底宽约 15 米，堆筑而成，偶见夯窝，堆土中未见遗物。南、北城墙居中各辟一门，形制一致，城门进深约 33 米，门两侧墙体向城内凸进约 18 米。城壕和城墙是一对组合防御设施，城壕在原地面直接下掘而成，挖出来的土堆在内侧筑为城墙，城壕内壁与城墙外壁连为一体形成陡坡，从城壕底部到城墙顶部，原垂直高度约为 7.7 米。

根据航片及村民介绍，1976 年之前，大浪古城保存状况尚好，轮廓基本清晰，北、东、南三面城墙及西面南、北两段城墙犹存，南、北城门的两侧墙体仍耸立（图 2-4）。如今，北、东、南三面城壕已淤塞，被多条进出的小路阻隔，北、东城墙尚存，南、西城墙的地表部分多已不存，城门被挖宽，门墙被削低，城内民居密集，北城墙上面葬有明代墓（图 2-5）。村民早年在城内动土建房时常挖出印纹硬陶片和夹砂陶片等遗物。

大浪古城北面 750 米是双坟墩遗址，位于大浪村红花坎队[1]，亦处在古河道东岸的红土台地上。

---

[1] 双坟墩是旧时自然村名，1958年改为红花坎，现在当地村民仍俗称为双坟墩。

图 2-4 大浪古城—双坟墩 1960 年影像

据村民介绍，双坟墩原有东、西两墩，大小相若，新中国成立后曾从两墩取土去填附近的低洼地，后来东墩比西墩高，但底部比西墩小。2012 年发掘时，西墩 D2 外观呈馒头状，平面为椭圆形，东西长轴 35 米、南北短轴 21 米、中部残高 1.6 米。双坟墩发掘之后，陆续有学者团队前往调研考察，采集了陶片。有些村民也收集陶片。西墩 D2 尚存一部分，近年村民在西缘扩建猪场时挖出二重方框对角线纹硬陶瓮残件，可能是墓葬随葬器物。村民在双坟墩南面动土建房时常发现疑似柱洞的迹象，并出有较多的印纹硬陶片。如今，双坟墩西缘建有猪场，南面是民居和道路。

从大浪古城到双坟墩，是一片连续的江边台地。近年调查采集的几何印纹硬陶片主要发现于双坟墩及周边区域，尤其是朝向大浪古城的南侧面，发现的陶片较多。2002 年调查时，在自大浪古城以北长约 1500 米、宽约 300 米的狭长沿江地带，地表发现数量众多的刻划纹和几何印纹陶片，当时

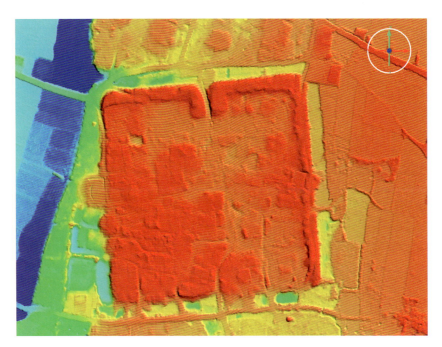

图 2-5　大浪古城高程模型（2019 年）

把这个连续统一的范围统称为大浪遗址[1]。

第二节　发掘区及探方

大浪古城 2019～2021 年发掘区在城址西北部，南北纵跨城内、城墙和城壕三个功能区，其中包含城墙西北转角（图 2-6）。

发掘采用探方法，分步进行。在发掘过程中，对城内地层堆积、城墙、城壕堆积等进行细致解剖，分级保留地层堆积和遗迹堆积的平剖面，保留遗物的分布面，保留重要的剖面和迹象等，待研究及做好资料之后，再根据实际需要作进一步的清理及遗物采集。

探方采用坐标法编号，坐标纵轴取正北方向，测量基点在城中部，城址分为Ⅰ、Ⅱ、Ⅲ、Ⅳ四个象限，本次发掘区在第Ⅱ象限，共布置 10 米 ×10 米规格的探方 11 个，依次编号为 T0810、T0811、T0812、T0910、T0911、T0912、T1010、T1011、T1012、T1110、T1210。其中 T0810、T0811、T0812、T0912 这 4 个探方发掘主体部分 9 米 ×9 米，T0911 发掘主体 9 米 ×9 米及北隔梁 1 米 ×5 米，T0910 发掘 10 米 ×9 米，T1012 发掘南部 4 米 ×9 米，T1011 发掘东南部 5 米 ×5 米，T1010 发掘南部 5 米 ×9 米及北中部 5 米 ×2.1 米，T1110 发掘北部 5 米 ×9 米及南中部 5 米 ×2.1 米，T1210 发掘南部 5.5 米 ×9 米。本次发掘区包含 2011～2012 年发掘的探沟 TG2，面积约 90 平方米。因此，本次考古发掘减去未掘部分（虚拟探方）、隔梁以及 2011～2012 年探沟，实际新揭露面积为 632 平方米（图 2-7）。

---

[1]　广西文物工作队课题组：《西汉海上丝绸之路始发港——合浦港的考古学实践与初步认识》，《海上丝绸之路研究——中国·北海合浦海上丝绸之路始发港理论研讨会论文集》，科学出版社，2006年，第39～50页。

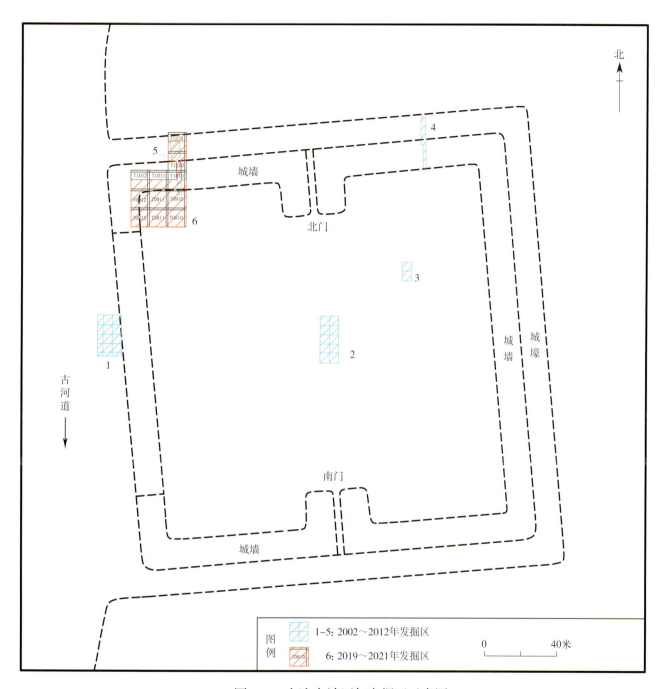

图 2-6　大浪古城历年发掘区示意图

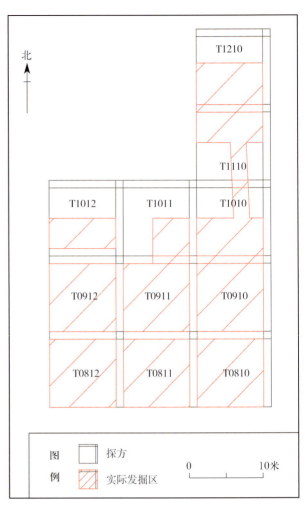

北

	T1210	

T1110

T1012	T1011	T1010

T0912	T0911	T0910

T0812	T0811	T0810

图
例　□ 探方
　　▨ 实际发掘区

0　　　　　　10米

图2-7　大浪古城2019～2021年发掘区场景

第三章　地层堆积

一　总述

发掘区涵盖城内、城墙和城壕三个区域，各区域的地层堆积情况大体如下：

城内地层堆积分为 5 层，层位关系为①→②→③→④→⑤→生土。第①层是表土层。第②层是明清堆积，出土青花瓷片、青釉瓷片、素面瓦片及印纹陶片等遗物。第③层是战国之后、明代之前的地层，主要是自然淤积，土质较均匀、致密、纯净，包含少量印纹陶片及宋代青白瓷片。第④层是战国文化层，即城址的主体文化堆积，出土原始瓷、印纹陶、夹砂陶、石器及河卵石等遗物。第⑤层是筑城时的表土层，整体相对平缓，其中叠压在城墙下的部分较厚、土质较松软、颜色较深，表面富含腐殖质，土色从上往下由灰黑色渐变为灰黄色，与城墙的分界很明显，仅在表面发现零星的夹砂陶片和河卵石，与第④层器物类同，应是筑城活动时遗留的；城内的部分变薄、土质较致密、颜色较浅，与第④层分界不明显[1]。第⑤层以下为生土。

城墙 Q1 的层位关系为④→ Q1 →⑤→生土，城内第④层叠压城墙内壁（内坡）下段，城墙叠压第⑤层，即城墙在原地面直接堆筑而成。城墙顶部残损严重，原状已无存，后面被修为窑址、道路等活动面，大多区域是裸露的墙体，表面经自然侵蚀和人为活动形成表土层即第①层，有的地方被挖深，之后形成第②层和第①层堆积。城墙外壁已大面积崩塌，塌落到城壕内，形成城壕堆积 G1 ④ b 层，后面塌落的城墙土则叠压在先前的崩塌面上；有的地方发生错位或移位变形。

城壕 G1 及沟内堆积的层位关系为①→ G1 ①→ G1 ②→ G1 ③→ G1 ④ a → G1 ④ b → G1 ⑤→ G1 ⑥→ G1 →⑤→生土，城壕打破第⑤层和生土。城壕在原地面直接下掘而成，内外两侧原是连续且相对平缓的台地，挖出来的土堆在内侧筑为城墙，因此，城壕与城墙是同时形成的，二者所处的层位关系一致。城壕尚未淤满，内壁承接城墙的部分已崩塌，外壁上部被现代路基削低、叠压。城壕堆积分为 6 层，其中，G1 ②层出土宋代瓷碗；G1 ③层出土唐代陶瓷残件；G1 ④ a 和 G1 ④ b 层是城池废弃之后形成的，是战国之后、唐代之前的堆积，G1 ④ b 层主要是城墙外壁和城壕内壁崩塌堆积；G1 ⑤和 G1 ⑥层是城池使用期间形成的淤积，与城内第④层堆积同时形成，G1 ⑤层出土印纹陶及河卵石，G1 ⑥层目前未见陶瓷器物。

二　分述

为了尽可能完整地呈现整个发掘区的地层堆积情况，现将各探方的堆积情况逐一介绍，发掘过程中部分相邻探方的隔梁已打通，形成连贯壁面的，如 T0910—T1010、T1110—T1210、T0911—T1011，则视为整体合并介绍。

---

[1]　类似的原表土层在广西地区古代遗址中比较常见，如汉墓封土堆和唐代窑址废品堆下面叠压的原表土层，也富含腐殖质，土色偏深，而长时间人为活动的地方，原表土层变薄、颜色变浅，甚至全部变成文化层。

（一）T0810

①层：灰黄色致密表土。分布于整个探方，厚 8 ～ 44 厘米，距地表深 0 ～ 44 厘米。包含较多素面陶片、瓦片，并有少量青花瓷片、青瓷片、铁块、砺石和饰方框对角线纹的印纹硬陶片。本层下开口的遗迹有柱洞 8 个，编号 D1 ～ D8。

②层：灰黄色松软沙土。分布于整个探方，厚 6 ～ 30 厘米，距地表深 8 ～ 68 厘米。包含少量细碎的素面瓦片、青花瓷片和原始瓷片。本层下开口的遗迹有柱洞 4 个，编号 D11 ～ D14。

③层：灰黄色较致密的黏性沙土。分布于整个探方，厚 13 ～ 28 厘米，距地表深 23 ～ 78 厘米。包含零星的青白瓷片和几何印纹硬陶片，青白瓷片为碗类腹片，硬陶片纹饰有米字纹和方格纹。

④层：灰褐色较致密的黏性沙土。分布于整个探方，厚 8 ～ 18 厘米，距地表深 46 ～ 89 厘米。包含较多泥质硬陶片、夹砂陶片、河卵石和少量原始瓷片、泥质软陶片、砺石。硬陶纹饰以几何印纹为主，有二重方框对角线纹、方框对角线纹、米字纹、方格纹等，并有少量刻划符号，可辨器形有碗，另有少量瓮罐类的器口和器底；夹砂陶较为细碎，为釜类残片；原始瓷器可辨器形有碗和杯；软陶器形主要是网坠。本层下开口的遗迹共 6 个，其中柱洞 5 个，编号 D40 ～ D44；灰坑 1 个，编号 H1。

⑤层：灰黄色较致密的黏性沙土。分布于整个探方，厚 7 ～ 20 厘米，距地表深 71 ～ 100 厘米。⑤层下为生土（图 3-1 ～ 3-5）。

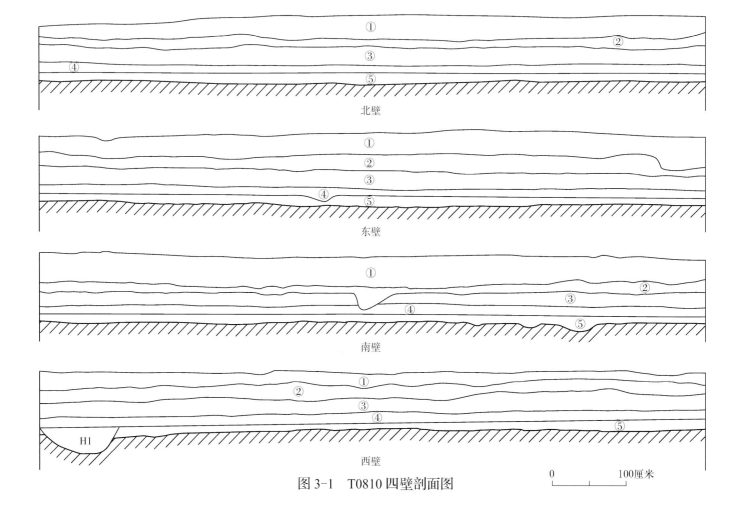

北壁

东壁

南壁

西壁

0　　　　　　100厘米

图 3-1　T0810 四壁剖面图

图 3-2　T0810 北壁

图 3-3　T0810 东壁

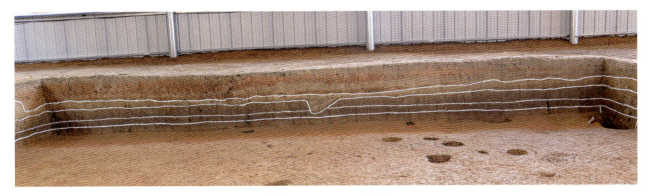

图 3-4　T0810 南壁

图 3-5　T0810 西壁

（二）T0811

①层：灰黄色致密表土。分布于整个探方，厚 5～26 厘米，距地表深 0～26 厘米。包含较多素面陶片、瓦片以及少量青灰釉瓷片、黑釉瓷片、青花瓷片、碎砖、玻璃片、铁片和河卵石等。

②层：灰黄色松软沙土。分布于探方大部分区域，西部缺失，厚 0～24 厘米，距地表深 16～46 厘米。包含少量的酱釉瓷片和素面泥质陶片。本层下开口的遗迹有柱洞 1 个，编号 D15。

③层：灰黄色较致密的黏性沙土。分布于整个探方，厚 8～31 厘米，距地表深 11～50 厘米。包含极少量的青白瓷片和素面泥质陶片。

④层：灰褐色较致密的黏性沙土，局部夹杂红烧土颗粒。分布于整个探方，厚 8～27 厘米，距地表深 38～71 厘米，西部保留器物分布面。包含较多泥质硬陶片、夹砂陶片、河卵石和少量原始瓷片、砺石。硬陶纹饰以几何印纹为主，有方框对角线纹、米字纹、方格纹，并有少量刻划符号，可辨器形有碗、杯，另有少量瓮罐类的器口和器底；原始瓷器可辨器形有杯。本层下开口的遗迹有柱洞 3 个，编号 D45～D47。

⑤层：灰黄色较致密的黏性沙土。分布于整个探方，西部未发掘，厚 8～16 厘米，距地表深 58～83 厘米。

⑤层下为生土（图 3-6～3-10）。

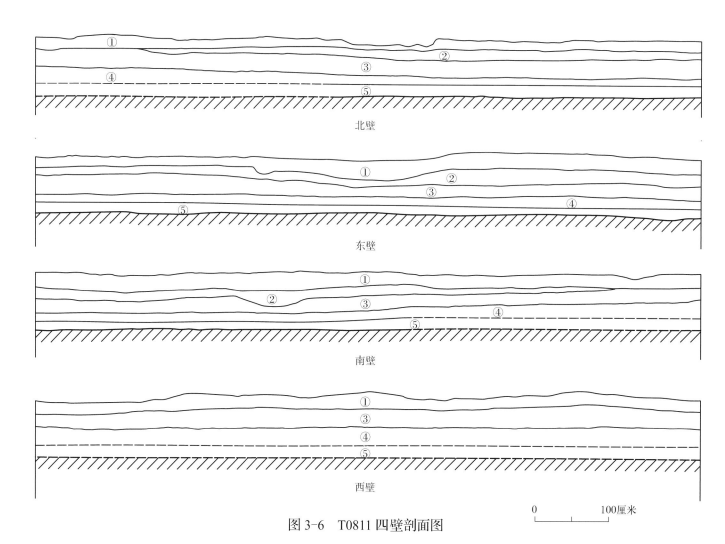

北壁

东壁

南壁

西壁

0   100 厘米

图 3-6 T0811 四壁剖面图

图 3-7　T0811 北壁

图 3-8　T0811 东壁

图 3-9　T0811 南壁

图 3-10　T0811 西壁

（三）T0812

①层：灰黄色致密表土。分布于整个探方，厚 7～46 厘米，距地表深 0～46 厘米。包含少量素面瓦片、青灰釉瓷片、黑釉瓷片、青花瓷片、五彩瓷片和米字纹硬陶片。本层下开口的遗迹有柱洞 3 个，编号 D9、D10、D75。

②层：本探方未有分布。

③层：浅灰色较致密的黏性沙土。分布于探方东部，厚 0～25 厘米，距地表深 14～39 厘米。未见有遗物。

④层：灰褐色较致密的黏性沙土，局部夹杂红烧土颗粒。分布于探方东部，厚 12～36 厘米，距地表深 9～55 厘米。包含较多河卵石及少量几何印纹硬陶片、石器。陶片纹饰有多重方框对角线纹、二重方框对角线纹、米字纹和方格纹；石器有锛和砧。本层下开口的遗迹有柱洞 19 个，编号 D48～D66[1]；城墙内侧边缘有疑似冲沟的迹象，这种迹象在 T0910 和 T0911 也有发现，可能是城墙内坡流水冲刷形成的。

④层叠压城墙，城墙残高 51 厘米。

⑤层：灰黑色渐变为灰黄色的黏性沙土，叠压在城墙下的部分土质松软，城内部分土质致密。分布于整个探方，厚 24～47 厘米，距地表深 30～105 厘米。探方西南角⑤层表面见有少量炭粒和细碎的夹沙陶片。

⑤层下为生土（图 3-11～3-15）。

（四）T0910—T1010

①层：灰黄色致密表土，近城墙一端偏黄，城内部分偏灰。连贯分布于 T0910、T1010，厚 8～44 厘米，距地表深 0～44 厘米。包含较多素面陶片、瓦片和少量几何印纹硬陶片、碎砖、青花瓷片、青灰釉瓷片、酱釉瓷片、黑釉瓷片、铜钱碎片和河卵石。本层下开口的遗迹有灰沟 1 条，编号 G2；灶 1 个，编号 Z1；灰坑 1 个，编号 H4。

②层：灰黄色松软沙土。分布于 T0910 全方和 T1010 南部，厚 0～34 厘米，距地表深 15～62 厘米。包含少量素面陶片和青釉瓷片。本层下开口的遗迹有柱洞 8 个，编号 D16～D23。

③层：灰色较致密的黏性沙土。分布于 T0910 大部分区域，厚 9～25 厘米，距地表深 22～70 厘米。包含少量几何印纹硬陶片、素面硬陶片和夹砂陶片，几何印纹硬陶主要为碎片，少量为瓮、罐类口沿，纹饰有方框对角线纹、方格纹和三角格纹。

④层：灰褐色较致密的黏性沙土，分布于 T0910 全方和 T1010 南部，厚 0～32 厘米，距地表深 49～87 厘米，西部保留器物分布面。包含较多的泥质硬陶片、河卵石和少量原始瓷片、夹砂陶片及泥质软陶片，局部夹杂炭粒，遗物分布以城墙内侧边缘最为密集。陶器器形有硬陶鼎、硬陶碗、夹砂陶罐、软陶网坠等，纹饰有二重方框对角线纹、方框对角线纹、米字纹、方格纹，另有少量刻划符号；原始瓷器可辨器形有碗、杯。本层下开口的遗迹有灰坑 1 个，编号 H3，柱洞 3 个，编号

---

[1]　T0812 西部有 7 个柱洞（D48～D51 和 D59～D61）叠压在城墙下，这些柱洞的形制和填土与城墙东侧的柱洞类似，应是在筑城期间同时形成的。从理论上讲，第④层实际上包括城池营建和使用期间的堆积，即第④层在筑城活动时已经开始堆积，与城墙叠压的少量遗存同时进行，城墙筑好之后又叠压在城墙上。但是，在发掘过程中，由于第④层整体较薄，在层位上无法细分出城墙筑好之前的少量堆积。

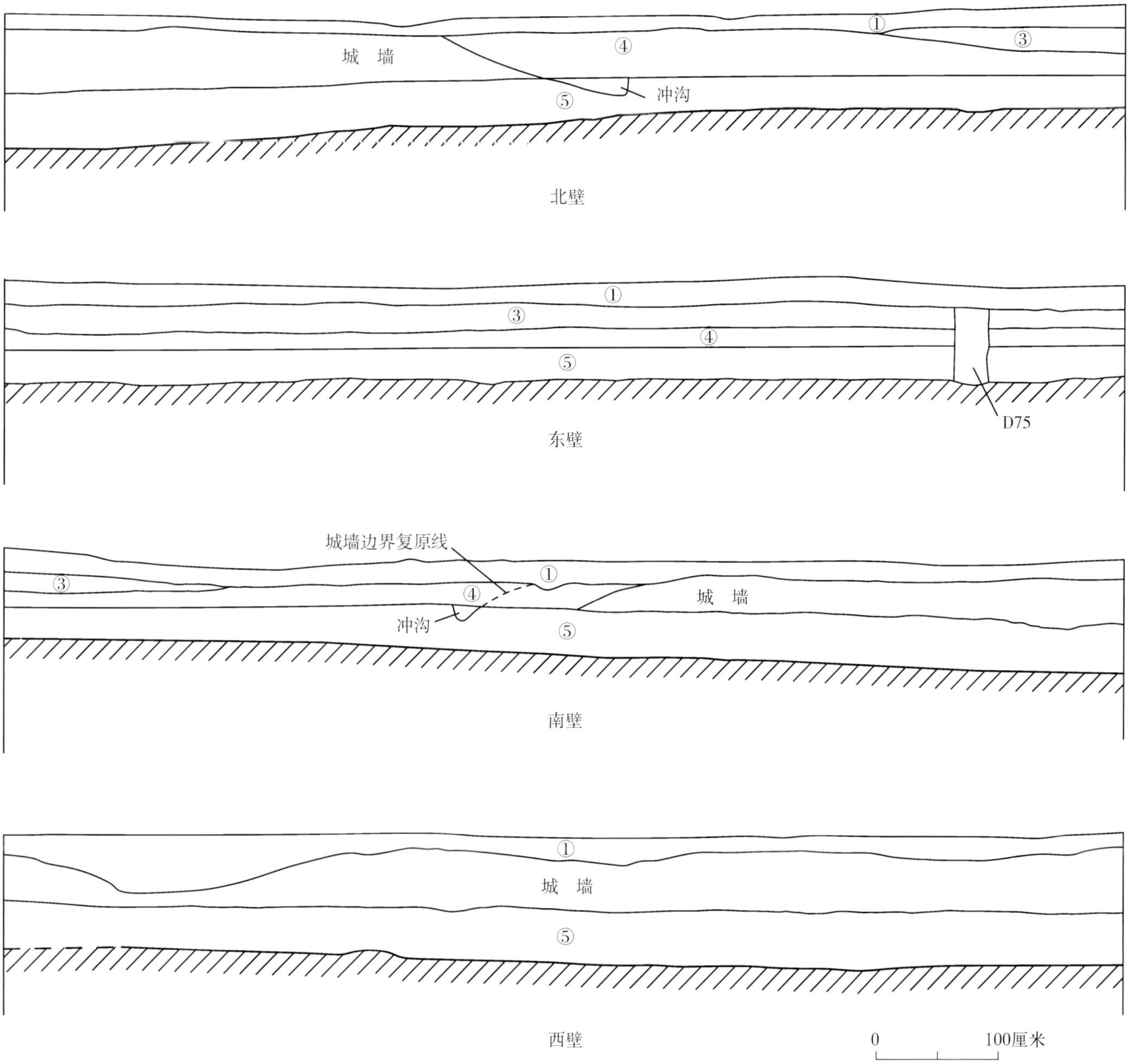

图 3-11 T0812 四壁剖面图

D67 ～ D69；城墙内侧边缘有疑似冲沟的迹象。

④层叠压城墙，城墙残高 133 厘米。

⑤层：灰黑色渐变为灰黄色的黏性沙土，叠压在城墙下的部分土质松软，富含腐殖质，城内部分土质致密。连贯分布于 T0910、T1010，厚 5 ～ 50 厘米，距地表深 73 ～ 178 厘米。

⑤层下为生土（图 3-16 ～ 3-21）。

图 3-12　T0812 北壁

图 3-13　T0812 东壁

图 3-14　T0812 南壁

图 3-15　T0812 西壁

①
②
③
④
⑤

0   100厘米

图 3-18　T0910 南壁剖面图

图 3-19　T0910—T1010 东壁

图 3-20　T0910—T1010 西壁

图 3-21　T0910 南壁

（五）T1110—T1210

①层：灰黄色致密表土，连贯分布于 T1110、T1210，厚 4～134 厘米，距地表深 0～134 厘米。包含较多素面陶片、瓦片和少量青灰釉瓷片。本层下露出城壕堆积和城墙土。

城壕堆积分 6 层：G1 ①层，灰黑色黏土，厚 34 厘米，未见遗物；G1 ②层，灰黄色黏土，厚 57 厘米，出土青黄釉唇口矮圈足碗、陶器耳各 1 件；G1 ③层，灰黑色黏土，厚 46 厘米，出土灰胎酱褐衣陶瓷腹壁残片、夹砂红陶片各 1 件；G1 ④层，黏土，厚 146 厘米，可细分为 G1 ④ a、G1 ④ b 两层，G1 ④ a 层土色偏灰白，出土少量印纹硬陶、素面硬陶和泥质软陶片，并有少量炭粒，G1 ④ b 层土色偏红，较纯净，为城墙和城壕边壁倒塌形成；G1 ⑤层，灰白色黏土，厚 62 厘米，出土多重方框对角线纹硬陶瓷口沿 1 件、陶工具 1 件、米字纹硬陶片 2 件，并有较多河卵石，夹杂较多炭粒；G1 ⑥层，灰红色黏土，杂灰白斑，厚 50 厘米，有少量炭粒，未见陶瓷遗物。

城墙残高 134 厘米，叠压第⑤层。

⑤层：灰黑色黏性沙土，土质松软，富含腐殖质。分布于 T1110 南部，厚 30～48 厘米，距地表深 117～173 厘米。⑤层临近城壕的地方，包括上面的城墙堆土，均发现有移位变形的迹象。

⑤层下为生土（图 3-16、3-17、3-22～3-25）。

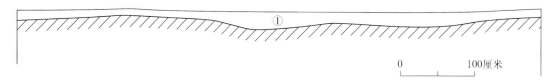

0　　　　　100厘米

图 3-22　T1210 北壁剖面图

图 3-23　T1110—T1210 东壁城壕 G1 堆积剖面

图 3-24　T1110—T1210 东壁城壕 G1 堆积剖面

图 3-25　T1110—T1210 西壁城壕 G1 堆积剖面

（六）T0911—T1011

①层：表土层，灰色黏性沙土，近城墙一端偏黄，城内部分偏黑。连贯分布于 T0911、T1011，厚 6 ～ 31 厘米，距地表深 0 ～ 31 厘米。包含较多素面陶片、瓦片和少量几何印纹硬陶片、原始瓷片、青花瓷片、五彩瓷片、青灰釉瓷片、酱釉瓷片、黑釉瓷片、碎砖、铁块及砾石。印纹硬陶的纹饰有席纹、二重方框对角线纹、米字纹，原始瓷可辨器形有碗。本层下开口的遗迹有灰沟 1 条，编号 G2。

②层：灰黄色黏性沙土。分布于 T0911、T1011，厚 0 ～ 28 厘米，距地表深 9 ～ 42 厘米。包含少量素面瓦片、陶片、白釉瓷片、青花瓷片和河卵石。开口本层下的遗迹有柱洞 12 个，编号 D24 ～ D35。

③层：灰色较致密的黏性沙土。分布于 T0911，厚 0 ～ 25 厘米，距地表深 18 ～ 50 厘米。包含少量的米字纹泥质硬陶片、素面夹砂硬陶片和青白釉碗底残片。

④层：灰褐色较致密的黏性沙土。分布于 T0911 全方和 T1011 南部，厚 23 ～ 55 厘米，距地表深 31.6 ～ 74.7 厘米，T0911 西部保留器物分布面。遗物主要出自 T0911，包含较多泥质硬陶片、泥质软陶片、夹砂陶片、河卵石和少量原始瓷片、石器及炭粒。陶器可辨器形有硬陶鼎、瓿、碗，软陶匜、网坠，夹砂陶釜，纹饰有勾连云雷纹、席纹、三重方框对角线纹、二重方框对角线纹、方框对角线纹、米字纹、方格纹、弦纹、同心圆纹。原始瓷器有碗和杯。本层下开口的遗迹有柱洞 5 个，编号 D70 ～ D74；城墙内侧边缘有疑似冲沟的迹象。

④层叠压城墙，城墙残高 127 厘米。

⑤层：灰黑色渐变为灰黄色的黏性沙土，叠压在城墙下的部分土质松软，富含腐殖质，表面见一小块白色河卵石，城内部分土质致密。分布于 T0911、T1011，厚 13 ～ 25 厘米，距地表深 50 ～ 162 厘米。

⑤层下为生土（图 3-26 ～ 3-33）。

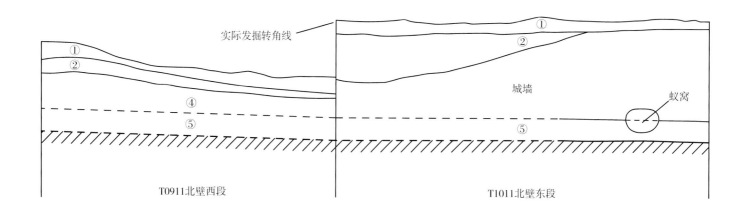

图 3-26　T0911—T1011 北壁剖面图

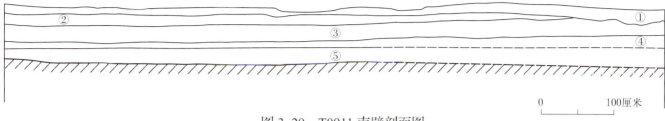

图 3-29　T0911 南壁剖面图

图 3-30　T0911—T1011 北壁

图 3-31　T0911—T1011 东壁

图 3-32　T0911 南壁

图 3-33　T0911 西壁

（七）T0912

①层：灰色较松软的表土。分布于整个探方，厚 6～51 厘米，距地表深 0～51 厘米。包含较多素面陶片、瓦片和少量青花瓷片、黑釉瓷片及酱釉瓷片。本层下开口的遗迹有灰沟 1 条，编号 G2；灶 1 个，编号 Z2；灰坑 1 个，编号 H2。

②层：灰黄色较致密的沙土。分布在探方东北部，厚 0～38 厘米，距地表深 30～91 厘米。包含少量的素面瓦片、陶片和青花瓷片、酱釉瓷片及米字纹硬陶片。本层下开口的遗迹有柱洞 4 个，编号 D36～D39。

③层：灰黄色较致密的黏性沙土。分布于探方东南部，厚 0～22 厘米，距地表深 12～36 厘米。未见遗物。

④层：灰色较致密的黏性沙土。分布于探方东部，厚 10～42 厘米，距地表深 16～120 厘米，保留器物分布面。见有少量泥质印纹硬陶、夹砂陶，硬陶多为碎片，少量为瓮、罐类口沿，纹饰有勾连云雷纹、三重方框对角线纹、米字纹，并有少量刻划符号。另见有较多河卵石，尤其是在城墙西北角内侧边缘为成堆出现。

④层叠压城墙，探知城墙残高 159 厘米。城墙叠压⑤层，⑤层下为生土（图 3-34～3-38）。

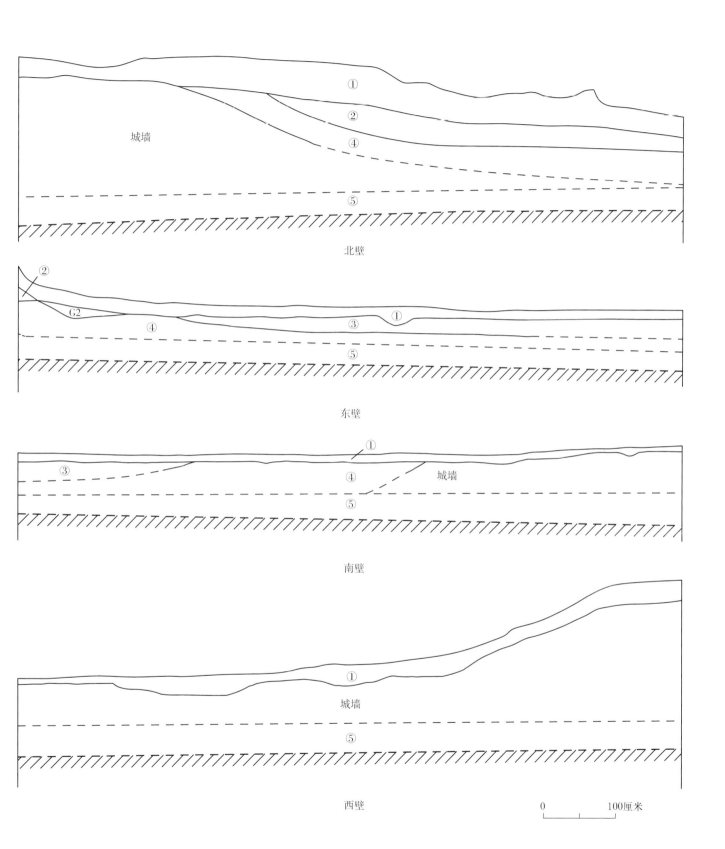

城墙

北壁

G2

东壁

城墙

南壁

城墙

0　　　　　　100厘米

西壁

图 3-34　T0912 四壁剖面图

图 3-35　T0912 北壁

图 3-36　T0912 东壁

图 3-37　T0912 南壁

图 3-38　T0912 西壁

（八）T1012

①层：表土层，为灰色较致密黏性沙土。分布于整个探方，厚 10～51 厘米，距地表深 0～51 厘米。包含较多素面瓦片、陶片和少量碎砖、青花瓷片。本层下开口的遗迹有窑 1 座，编号 Y1。

②层：灰黄色较致密的黏性沙土。分布于探方东南部，厚 0～48 厘米，距地表深 20～73 厘米。包含较多素面瓦片、陶片和少量青花瓷片、河卵石。

③层：本方未有分布。

④层：灰黄色较致密的黏性沙土。分布于探方东南部，厚 0～50 厘米，距地表深 17～119 厘米。未见遗物。

④层下叠压城墙，探知城墙残高 180 厘米。城墙叠压⑤层，⑤层下为生土（图 3-39～3-43）。

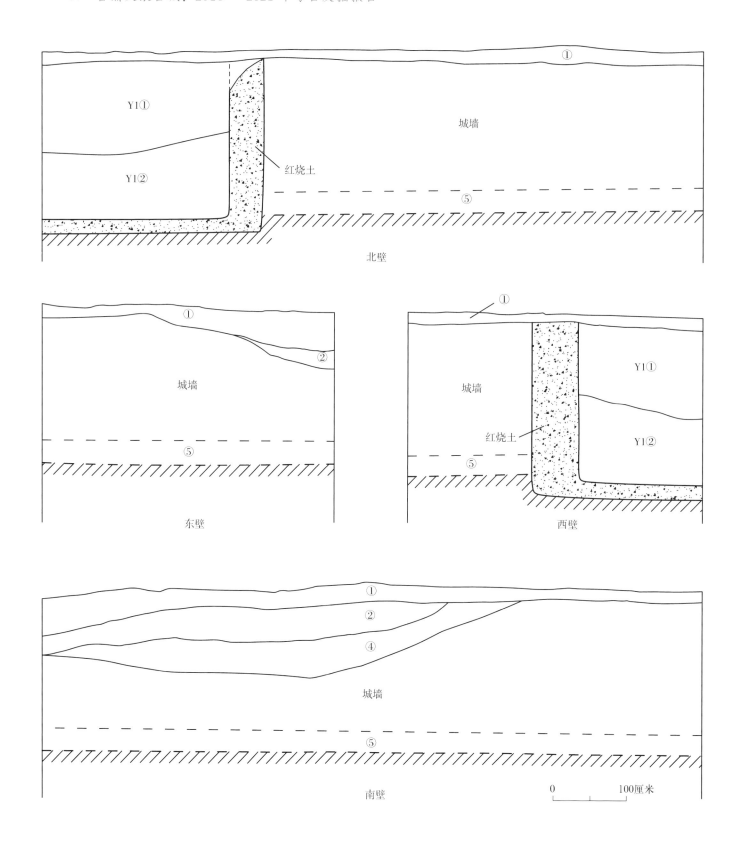

图 3-39 T1012 四壁剖面图

图 3-40　T1012 北壁

图 3-41　T1012 东壁

图 3-42　T1012 南壁

图 3-43　T1012 西壁

第四章　遗迹

本次大浪古城西北部的发掘，遗迹的类型和数量不多，特别是与城的营建和使用年代相当且有包含物的遗迹较少。整个发掘区发现的遗迹共85处，计有城墙、城壕、灰沟1条、窑1座、灶2个、灰坑4个、柱洞75个，遗迹开口层位包括①层、②层、④层，其中，④层下的城壕、城墙、灰坑、柱洞是城池营建和使用期间形成的遗迹，其他遗迹是城池废弃之后形成的，与城址年代相距较远（图4-1）。本章按开口层位对上述遗迹分节进行介绍，各层下遗迹按类型进行分述。

第一节　①层下开口的遗迹

有灰沟1条、窑1座、灶2个、灰坑2个、柱洞11个（图4-2）。

一　灰沟

G2　位于T0910、T0911、T0912北部，东端延伸至T0910东壁内。打破②、③、④层。平面呈长条形，已清理的部分长21.9、最宽2.02米，东端距地表深0.9米，剖面略近"V"形。沟内填土呈灰黄色，土质较疏松，包含少量素面陶片、瓦片和酱釉瓷片、原始瓷片（图4-3）。

二　窑

Y1　位于T1012已发掘部分的西北部，主体向北、西面未发掘区域延伸，至城墙西北转角外侧坡面上仍见红烧土窑壁迹象。打破城墙、⑤层和生土。该窑为马蹄形双烟孔土窑，已清理窑室靠烟道的部分，方向约337°，南北长273、东西宽379、残深242厘米。窑壁土筑，厚25～64厘米，烧结程度不高。窑炉后壁下部距窑床35厘米高处向壁内开拱形进烟孔连通竖直的出烟孔，出烟孔平面呈扇形，宽17～37厘米。窑床面上残存少量平铺的砖块，窑床为淡红色土质烧结硬面。窑内堆积分2层，Y1①层距地表深约17、厚110厘米，填土为灰黄色黏土，包含大量淡红色瓦片、素面陶片、青灰釉瓷片、青花瓷片和少量酱黑釉瓷片、几何印纹硬陶片、碎砖、铜钱、铅珠、铁块等，陶瓷片可辨器形有青黄釉瓷罐、壶、青花瓷碗、陶擂钵、器盖等；Y1②层厚90厘米，填土为灰色较疏松的黏土，夹杂大量红烧土块，包含物整体较Y1①层少，但砖块较上层多。推测该窑主要烧制砖瓦（图4-4、4-5）。

图 4-1 遗迹分布总平面图

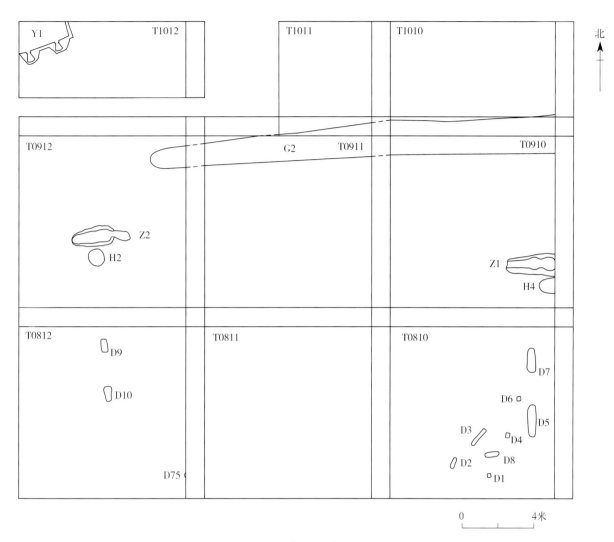

图 4-2　①层下遗迹平面图

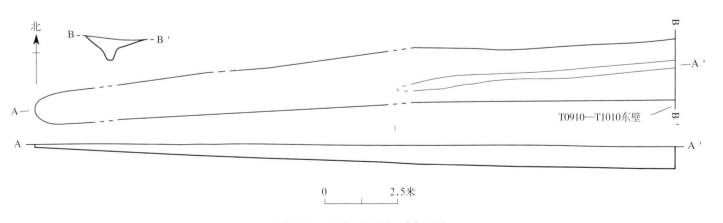

图 4-3　灰沟 G2 平、剖面图

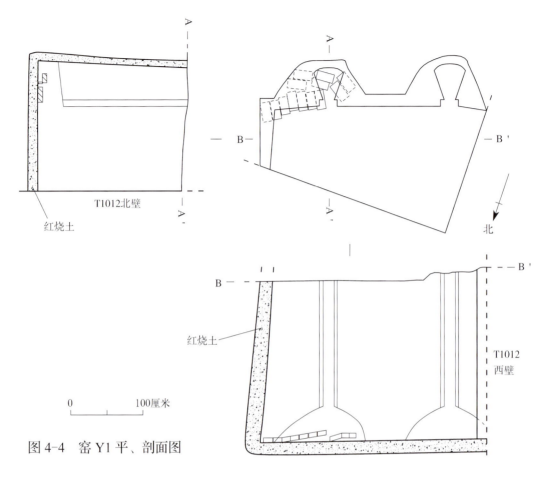

T1012北壁

红烧土

红烧土

T1012
西壁

0　　　　100厘米

图 4-4　窑 Y1 平、剖面图

北

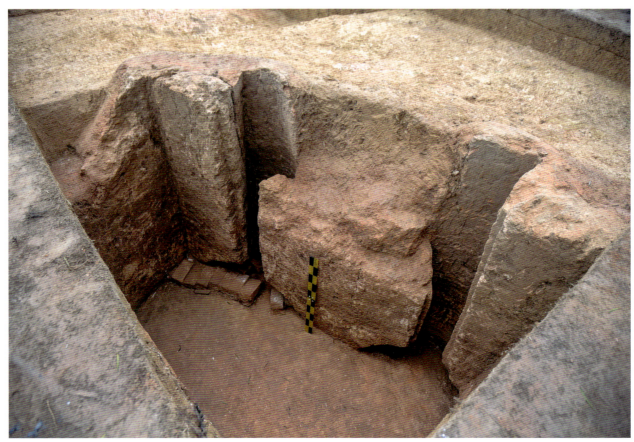

图 4-5　窑 Y1 侧视照

三 灶

从形制看，Z1 和 Z2 是同类型的灶，且 Z1 与灰坑 H4、Z2 与灰坑 H2 应是组合遗迹。灶平面呈长条形，双灶眼，斜直壁，斜底，底端收成小口。据当地老人介绍，此类灶是早年用丁煮糖的"牛尾灶"。

Z1　主体位于 T0910 东南部，东部向 T0910 东壁延伸，南面紧临灰坑 H4。连续打破②～⑤层。出露部分长 240、宽 60～100、深 68 厘米。横剖面近"U"形。南北两壁及底面用泥坯砖铺砌。灶内填土呈灰红色，土质致密，包含较多素面瓦片和少量碎砖。周边土层因受热硬结呈淡红色（图 4-6）。

Z2　位于 T0912 中部，南临 H2。距地表深 15 厘米，打破④层和城墙。长 250、宽 102、深 42 厘米。南北两壁及底面用含砂黏土筑成，呈深红色。底端小口连接土坑。灶内填土呈灰红色，土质较疏松，包含大量红烧土块和少量素面瓦片。周边土层经烘烤后形成红色硬结土（图 4-7、4-8）。

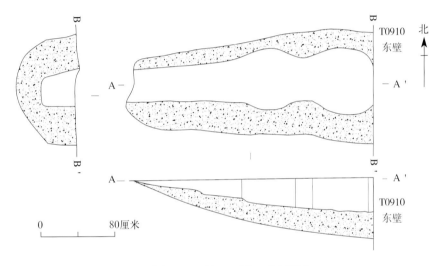

图 4-6　灶 Z1 平、剖面图

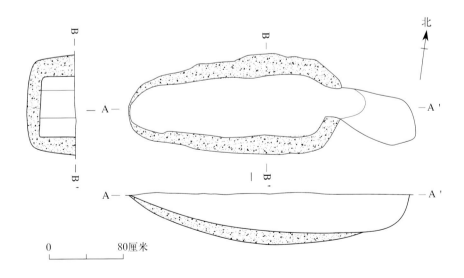

图 4-7　灶 Z2 平、剖面图

图 4-8　灶 Z2 和灰坑 H2 俯视照

四　灰坑

　　H2　位于 T0912 南部，北临灶 Z2。距地表深 15 厘米，打破④层和城墙。平面近圆形，直径 91～100 厘米。剖面近 "U" 形，斜直壁、圜底，深 74 厘米。坑内填土呈灰黄色，土质较疏松，夹杂红烧土块，包含少量素面瓦片、陶片（图 4-8、4-9）。

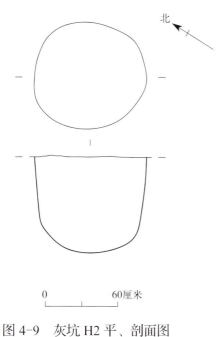

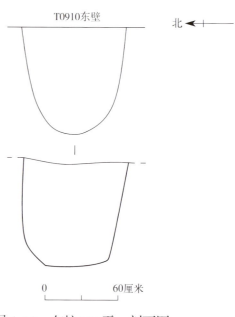

图 4-9　灰坑 H2 平、剖面图　　　　　图 4-10　灰坑 H4 平、剖面图

H4　位于 T0910 东南角，北临灶 Z1。距地表深 21 厘米，连续打破②～⑤层。已清理的部分平面呈半椭圆形，长 86 厘米。剖面近"U"形，斜直壁、圜底，深 82 厘米。坑内填土呈灰黄色，土质较疏松，夹杂红烧土块，包含少量素面瓦片（图 4-10）。

五　柱洞

共 10 个，平面分布没有明显的规律，平剖面形状差异也较大，洞内填土包含物整体较少（表 4-1；图 4-11）。

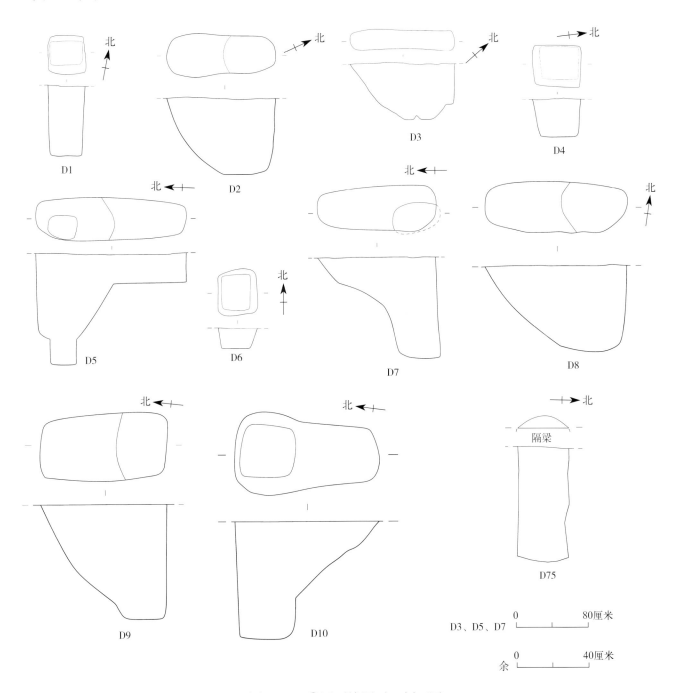

图 4-11　①层下柱洞平、剖面图

表 4-1 ①层下柱洞信息表

单位：厘米

编号	所在探方	口部形状	底部形状	剖面形状	口部尺寸	底部尺寸	深度	填土	包含物
D1	T0810	圆角方形	近长方形	筒状	20	18～13	36	较致密灰褐色土	烧土颗粒、炭粒
D2	T0810	长条形	长椭圆形	坑状	62～23	28～21	41	较致密灰褐色土	烧土颗粒、炭粒
D3	T0810	长条形	不规则	坑状	112～22	79～20	58	较致密灰褐色土	烧土颗粒、炭粒
D4	T0810	近圆角方形	圆角方形	筒状平底	26～22	21	20	较致密灰褐色土	烧土颗粒、炭粒
D5	T0810	长条形	圆角方形	不规则	167～47	33～26	120	较致密灰褐色土	红色素面瓦片，素面陶片，几何印纹硬陶片，瓷片，大量红烧土颗粒
D6	T0810	圆角方形	圆角方形	近筒状平底	24～21	18～15	11	较致密灰褐色土	无
D7	T0810	长条形	长椭圆形	不规则	128～48	52～33	106	较致密灰褐色土	红色素面瓦片，酱釉瓷片，大量红烧土颗粒
D8	T0810	长条形	近椭圆形	不规则	78～27	36～26	46	较致密灰褐色土	无
D9	T0812	近长方形	近长方形	不规则	70～36	35～27	60	较疏松灰褐色土	无
D10	T0812	不规则	圆角方形	不规则	78～44	30～28	62	较疏松灰褐色土	无
D75	T0812	已清理部分呈半圆形	已清理部分呈半圆形	筒状	28～6	28～6	60	较疏松灰褐色土	无

第二节 ②层下开口的遗迹

有柱洞 29 个，分布于 T0810、T0811、T0910、T0911、T0912。其中，T0910、T0911、T0912 几个探方的部分柱洞排列整齐，可能是同一建筑的柱位（表 4-2；图 4-12、4-13）。柱洞多为近圆形，大部分没有包含物。

表 4-2 ②层下柱洞信息表

单位：厘米

编号	所在探方	口部形状	底部形状	剖面形状	口部尺寸	底部尺寸	深度	填土	包含物
D11	T0810	椭圆形	圆底	筒状	18～14	11	15	较疏松灰黄色土	灰白色素面瓦片
D12	T0810	椭圆形	不规则	阶级状	19～13	12～9	12	较疏松灰黄色土	灰白色素面瓦片
D13	T0810	不规则	不规则	筒状	22～19	22～19	18	较疏松灰黄色土	无
D14	T0810	近圆形	圆底	筒状	19～13	11	15	较疏松灰黄色土	无
D15	T0811	已清理部分近椭圆形	圆底	筒状	22～18	13	43	较疏松灰黄色土	无
D16	T0910	不规则	近椭圆形	筒状	25～24	19～18	13	较疏松灰黄色土	无

编号	所在探方	口部形状	底部形状	剖面形状	口部尺寸	底部尺寸	深度	填土	包含物
D17	T0910	椭圆形	椭圆形	筒状	32～29	27	15	较疏松灰黄色土	无
D18	T0910	不规则	椭圆形	不规则	68～33	40～38	71	较疏松灰黄色土	无
D19	T0910	长椭圆形	无明显底面轮廓	不规则	53～28	29～28	18	较疏松灰黄色土	无
D20	T0910	长椭圆形	不规则	不规则	33～19	22～11	16	较疏松灰黄色土	无
D21	T0910	长条状	不规则	不规则	85～32	21～13	71	较疏松灰黄色土	无
D22	T0910	椭圆形	椭圆形	筒状	35～26	35～26	10	较疏松灰黄色土	无
D23	T0910	近圆形	近圆形	筒状	22	20	11	较疏松灰黄色土	无
D24	T0911	椭圆形	椭圆形	圜底状	23～19	19～13	12	较疏松灰黄色土	无
D25	T0911	近圆形	近圆形	筒状圜底	22	7	19	较疏松灰黄色土	无
D26	T0911	椭圆形	椭圆形	筒状圜底	20～19	13	11	较疏松灰黄色土	无
D27	T0911	椭圆形	椭圆形	筒状圜底	21～20	14	11	较疏松灰黄色土	无
D28	T0911	椭圆形	椭圆形	筒状	19	19	28	较疏松灰黄色土	无
D29	T0911	椭圆形	椭圆形	筒状	20～18	20～18	16	较疏松灰黄色土	灰白色素面瓦片1片
D30	T0911	近圆形	近圆形	筒状圜底	27	17	16	较疏松灰黄色土	无
D31	T0911	近圆形	近圆形	筒状近平底	22～21	14	18	较疏松灰黄色土	淡红色素面瓦片1片
D32	T0911	椭圆形	椭圆形	筒状近平底	24～20	18～14	24	较疏松灰黄色土	素面残砖1块
D33	T0911	椭圆形	椭圆形	筒状近平底	20～19	17	16	较疏松灰黄色土	灰白色素面陶片1片
D34	T0911	近圆形	近圆形	筒状	17	14	22	较疏松灰黄色土	灰色素面陶片1片
D35	T0911	椭圆形	椭圆形	近筒状	24～20	19	10	较疏松灰黄色土	无
D36	T0912	椭圆形	椭圆形	筒状	25	19	20	较疏松灰黄色土	无
D37	T0912	椭圆形	椭圆形	不规则	30～23	22～23	30	较疏松灰黄色土	无
D38	T0912	椭圆形	椭圆形	圜底状	31～24	17～20	13	较疏松灰黄色土	无
D39	T0912	近圆形	近圆形	近筒状	21～20	14	11	较疏松灰黄色土	无

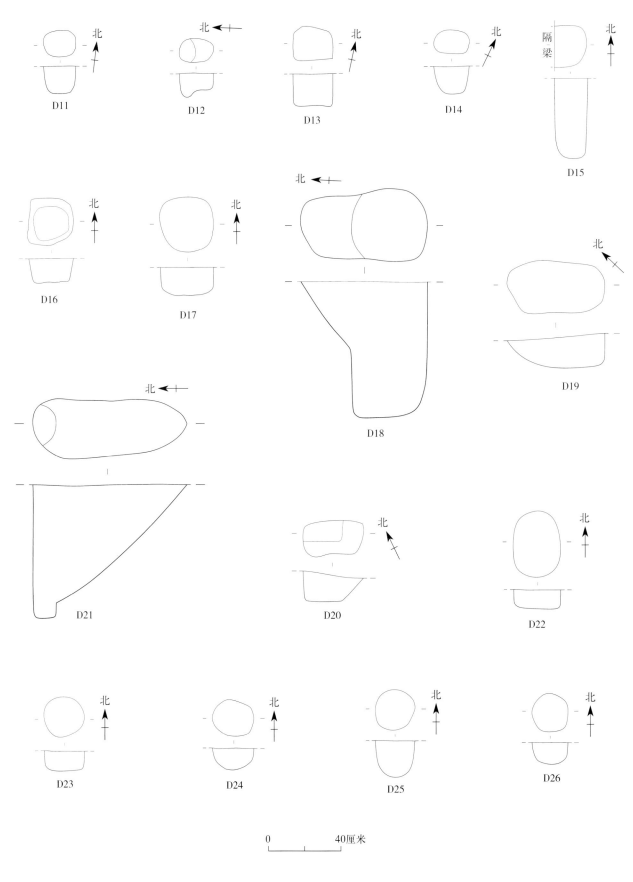

图4-12 ②层下柱洞平、剖面图（一）

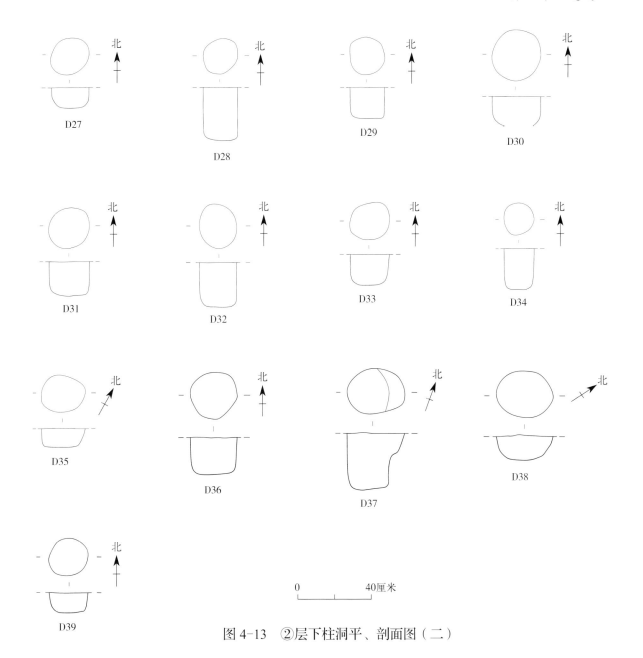

图 4-13　②层下柱洞平、剖面图（二）

第三节　④层下的遗迹

　　有城壕、城墙、灰坑 2 个、柱洞 35 个[1]。另外，④层包含较多的河卵石，有的地方甚至是成堆出现，这些迹象可能与当时某种行为有关[2]，因此，本节将河卵石的分布状况一并介绍（图 4-14）。

---

　　[1]　T0812有部分柱洞叠压在城墙下，有关说明见第三章探方分述（三）T0812注释部分。

　　[2]　大浪古城河卵石的功用，目前尚不明朗。广西武宣勒马城也发现大量河卵石，用于铺垫路面和城内活动面，这些迹象很明显。两广地区战国至西汉早期的部分越人墓也铺垫小石子，如广州园岗山M1、增城浮扶岭M511等，张强禄先生认为"底铺石子的石床应是岭南越人墓葬保持最为顽强的族属特征……是根深蒂固的越人葬俗"，详参张强禄：《论西汉南越国时期的高等级墓葬》，《考古学报》2021年第4期。

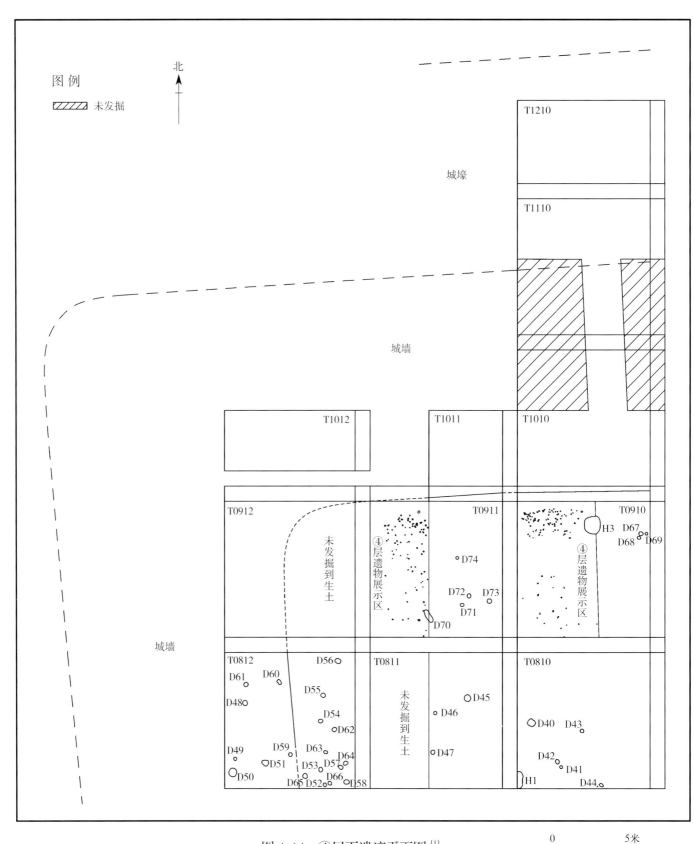

图 4-14　④层下遗迹平面图 [1]

---

[1]　图中"④层遗物展示区"包含河卵石、原始瓷、印纹陶、夹砂陶等遗物。

一　城壕和城墙

城壕和城墙是一对组合遗迹，城壕在原地面直接卜掘而成，挖出来的土堆在内侧筑为城墙，城壕内壁与城墙外壁连为一体。

从城址西北部的发掘情况看，城壕为沟状，口宽底窄，口宽约 14、底宽 1.5 米，底部距原地面垂直高度为 4.4 米，外壁坡度稍缓，内壁较陡，承接城墙的部分已崩塌，两壁面上有较多浅窝。城墙从整体保存状况看，横截面略近梯形，底宽约 15 米，内壁坡度约 27°，外壁已崩塌，有的地方发生错位或移位变形。从城墙外壁、城壕内壁的保存现状以及二者塌落沟内的部分观察，城墙外壁原坡度约为 50°，再根据城墙与城壕横截面积基本一致估算，城墙原高度约为 3.3 米，顶面宽度约 6 米，由此推测，从城壕底部到城墙顶部，原垂直高度约为 7.7 米。城墙西北转角内侧为圆角、斜坡状。城墙堆土整体为城壕原始土层的反向堆积，底部是灰红杂土，往上为网纹红土，再上为黄褐夹白斑、红褐夹白斑的黏土。发掘区城墙残高在 1.8 米以下，横截面的堆筑层理清晰可见，多呈起伏的土堆状，未见明显、连贯的夯层及版筑痕迹，偶见直径 5 ～ 10、深 1 ～ 3 厘米的夯窝，似在堆筑基础上简单夯打压实。堆土中未见遗物，常见球状白蚁窝（图 4-15 ～ 4-31）。

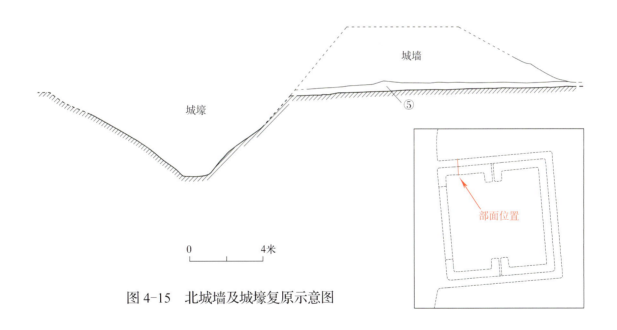

图 4-15　北城墙及城壕复原示意图

从早年航片看，城垣边角仍清晰可见，西面边界笔直分明，北、东城壕的边界也较为笔直、规整，南城壕东段边缘受损变宽。据村民介绍，1976 年之前，北、东、南三面城墙及西面南、北两段城墙犹存，南、北城墙中部各有一城门，城门两侧墙体仍耸立。如今，四面城墙都遭到不同程度的损坏，尤其是南、西面城墙，地面以上的部分多已不存，城门则被改成进出的道路，路线为了绕开房屋略偏离原门道，南门两侧墙体受损严重；北、东城墙残垣尚存，现存最高处在东城墙南段，残高 2.35 米；北城门两侧墙体仍残存向城内凸进的部分，城门进深（门墙南北长度）约 33 米，门墙向城内凸进约 18 米。

经勘探可知，北、东、南三面城壕，除了北门北侧因水泥路覆压未能探明是否存在生土路基之

图 4-16　城墙西北转角内侧（南—北）

图 4-17　城墙西北转角（南—北）

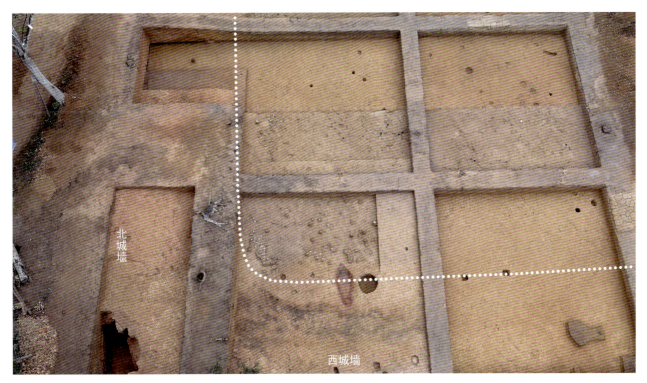

图 4-18 城墙西北转角（西—东）

图 4-19 城墙西北转角（西—东）

图 4-20　城墙西北转角（东—西）

图 4-21　城墙剖面（T1010—T1110 西壁）

图 4-22　城墙剖面（T1010 西壁）

图 4-23　城墙剖面（T1010—T1110 西壁）

图 4-24 城墙剖面（T1010—T1110 西壁）

图 4-25 城墙剖面（T1010—T1110 东壁）

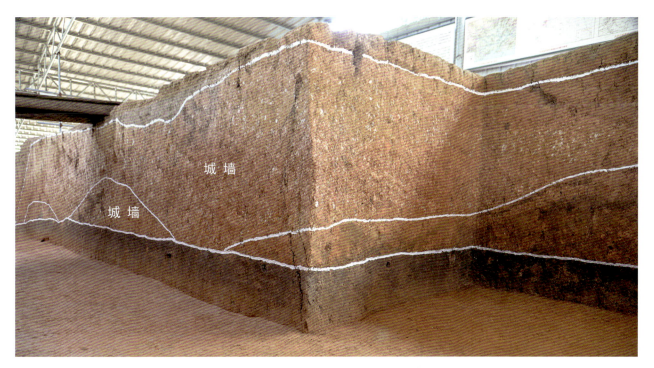

图 4-26　城墙剖面（T1010—T1110 东壁）

图 4-27　城墙剖面（T1010—T1110 东壁）

图 4-28　城墙剖面（T1011 北壁）

图 4-29　城墙剖面（T1011 东壁）

图 4-30 城墙剖面（T1011 西壁）

图 4-31 城墙夯窝（T1010）

外，其余均连通古河道。北城壕西段底部高程低于东城壕底部。城壕外侧的地势与城墙下的生土面基本持平，但缺失了第⑤层，有的地方草皮下即到生土。北、东、南三面城墙及西面南、北两段城墙的底部状况皆一致，都是城墙堆土叠压第⑤层灰黑土，很容易辨识，而西面中段则未见明显的城墙堆土迹象，但其边界规整，与西侧古河道有明显的高低落差。古河道底部自西城墙西侧向西倾斜，越往西淤沙越深，渗水越多，探铲越难以提取土样（图 4-32）。

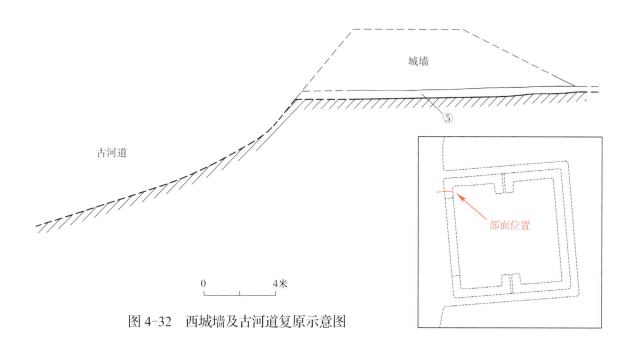

图 4-32　西城墙及古河道复原示意图

二　灰坑

H1　位于 T0810 西南角和 T0811 东南角，已清理在 T0810 的部分，西部延伸至 T0811 东隔梁内。打破⑤层和生土。平面形状不规则，已清理的部分长 112、宽 40.6、深 35 厘米，剖面呈深弧状。坑内填土呈灰褐色，土质较致密，包含 1 件硬陶器底残片（挂壁上，未提取）和零星炭粒（图 4-33、4-34）。

H3　位于 T0910 北中部，打破⑤层和生土。平面近圆形，口大底小，坑壁较规整，平底。口径约 116、底径 76、深 85 厘米。坑内填土为灰褐色黏土，包含较多泥质印纹硬陶片、河卵石及少量夹砂陶片、原始瓷片、炭粒。泥质硬陶片纹饰有二重方框对角线纹、米字纹及米字方格组合纹，其中大部分是米字方格组合纹陶瓮（H3：1）的碎片。夹砂陶片是方格纹红陶釜（H3：2）的残件。原始瓷片为杯（H3：3）的残件（图 4-35、4-36）。

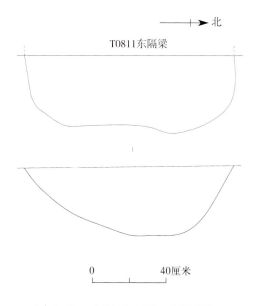

图 4-33　灰坑 H1 平、剖面图

图 4-34　灰坑 H1 侧视照

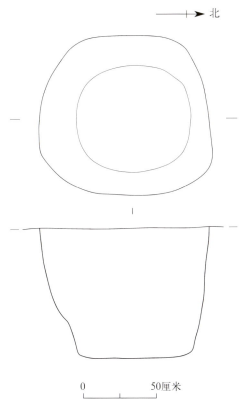

0　　　　　50厘米

图 4-35　灰坑 H3 平、剖面图

图 4-36　灰坑 H3 侧视照

三 柱洞

共35个，多为近圆或椭圆形，大部分没有包含物，少量见有细碎炭粒（表4-3；图4-37～4-39）。

表4-3 ④层下柱洞信息表

单位：厘米

编号	所在探方	口部形状	底部形状	剖面形状	口部尺寸	底部尺寸	深度	填土	包含物
D40	T0810	不规则	椭圆形	不规则	51～45	16～14	74	较疏松灰褐色土	无
D41	T0810	近圆形	近圆形	近筒状圜底	20～19	10	15	较疏松灰褐色土	无
D42	T0810	近椭圆形	不规则	不规则	32～26	25～23	54	较疏松灰褐色土	无
D43	T0810	近圆形	近圆形	圜底状	26～24	18	10	较疏松灰褐色土	无
D44	T0810	不规则	不规则	不规则	30～20	21～13	11	较疏松灰褐色土	无
D45	T0811	近圆形	近圆形	近筒状圜底	45～44	33	26	较疏松灰褐色土	无
D46	T0811	近圆形	近圆形	筒状平底	23～21	20	7	较疏松灰褐色土	无
D47	T0811	近圆形	近圆形	筒状平底	28～27	26	9	较疏松灰褐色土	无
D48	T0812	近圆形	近圆形	近筒状平底	35～34	26	30	较疏松灰褐色土	无
D49	T0812	椭圆形	椭圆形	筒状圜底	22～19	18	17	较疏松灰褐色土	无
D50	T0812	近圆形	近圆角长方形	近筒状平底	57～54	39～25	38	较疏松灰褐色土	无
D51	T0812	不规则	不规则	近筒状平底	47～39	35～24	26	较疏松灰褐色土	无
D52	T0812	近椭圆形	近圆形	近筒状圜底	26～22	14～13	21	较疏松灰褐色土	无
D53	T0812	近椭圆形	近椭圆形	近筒状圜底	32～26	20～17	20	较疏松灰褐色土	无
D54	T0812	近椭圆形	近椭圆形	筒状平底	31～24	21～18	23	较疏松灰褐色土	无
D55	T0812	近椭圆形	近圆形	近筒状圜底	32～29	21～18	21	较疏松灰褐色土	无
D56	T0812	近椭圆形	近椭圆形	近筒状平底	41～33	29～23	26	较疏松灰褐色土	无
D57	T0812	椭圆形	椭圆形	近筒状平底	32～24	30～22	67	较疏松灰褐色土	无
D58	T0812	椭圆形	椭圆形	近筒状圜底	39～29	25	51	较疏松灰褐色土	无
D59	T0812	近圆形	近圆形	近筒状圜底	25～24	10	28	较疏松灰褐色土	无
D60	T0812	不规则	不规则	筒状平底	37～24	34～21	26	较疏松灰褐色土	无
D61	T0812	近圆形	近圆形	近筒状圜底	30～30	20	20	较疏松灰褐色土	无

编号	所在探方	口部 形状	底部 形状	剖面形状	口部 尺寸	底部 尺寸	深度	填土	包含物
D62	T0812	近圆形	近圆形	筒状圜底	34～30	25～21	31	较疏松灰褐色土	无
D63	T0812	长椭圆形	长椭圆形	近筒状平底	27～20	18～11	40	较疏松灰褐色土	无
D64	T0812	近椭圆形	近椭圆形	筒状圜底	35～25	30～21	36	较疏松灰褐色土	无
D65	T0812	近圆形	近圆形	近筒状平底	33	26	47	较疏松灰褐色土	无
D66	T0812	近圆形	近圆形	筒状尖底	25～24	16	45	较疏松灰褐色土	无
D67	T0910	近圆形	长椭圆形	近筒状平底	30～27	18～13	30	较疏松灰褐色土	无
D68	T0910	近椭圆形	近椭圆形	筒状平底	25～20	22～17	8	较疏松灰褐色土	无
D69	T0910	近圆形	近圆形	筒状圜底	19～18	8～7	21	较疏松灰褐色土	无
D70	T0911	长条形	长条形	近"V"形	93～36	48～13	45	较疏松灰褐色土	无
D71	T0911	近椭圆形	近椭圆形	筒状圜底	26～21	18～12	30	较疏松灰褐色土	无
D72	T0911	近圆形	不规则	不规则	28～26	18～6	35	较疏松灰褐色土	无
D73	T0911	近圆形	近圆形	筒状圜底	31～30	22	34	较疏松灰褐色土	无
D74	T0911	近圆形	近圆形	筒状圜底	20～19	12	50	较疏松灰褐色土	无

图 4-37 T0911 ④层下部分柱洞侧视照

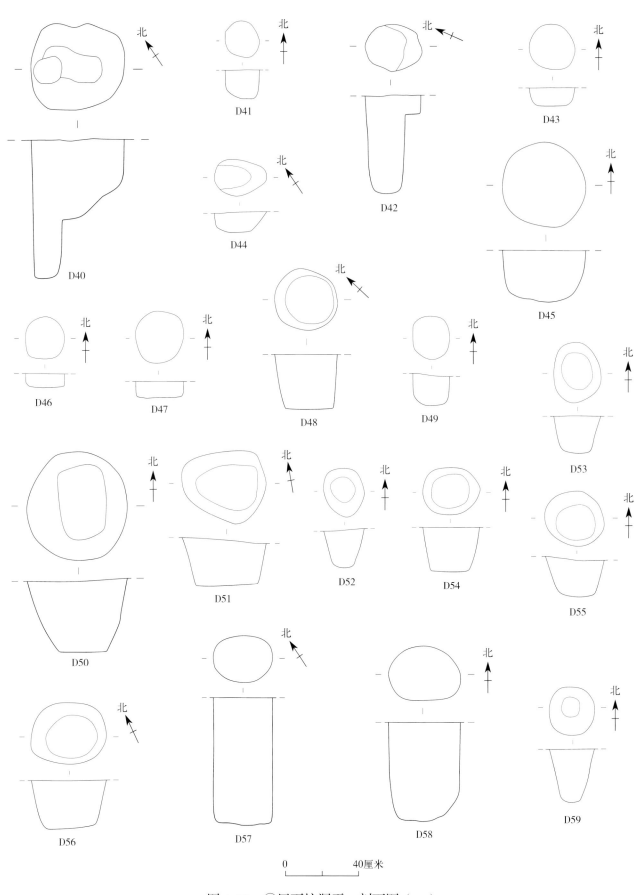

图 4-38　④层下柱洞平、剖面图（一）

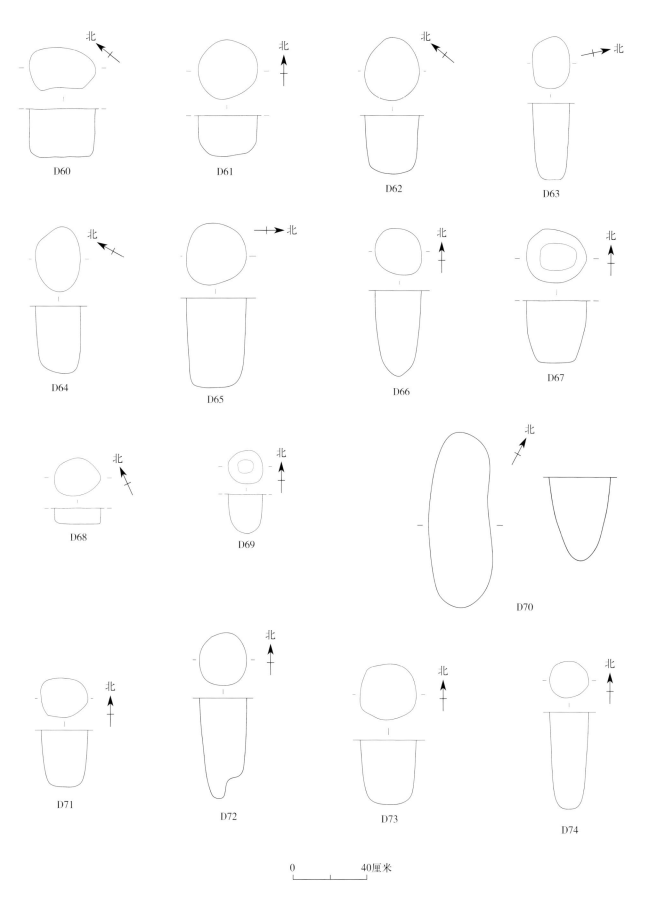

图 4-39　④层下柱洞平、剖面图（二）

四　河卵石

第④层河卵石的数量多于陶瓷片，二者的分布状况类似。在平面上，河卵石在城墙内侧边缘分布较为密集，其中以城墙西北转角内侧边缘最为密集，其他区域则相对分散；在层位中，河卵石在④层的上下位置都有分布，一般是稍大块的河卵石先出露，再往下是大部分的河卵石和陶瓷片同时出露，有些河卵石陷得较深。

河卵石形状不规整，长径为18.4～1.3厘米，绝大多数为11～6厘米，可单手抓握。多数边角圆润，少数为尖角。颜色主要有褐、灰、黄、白、紫。

除第④层外，城壕G1⑤层淤积和灰坑H3填土也包含较多河卵石（图4-40～4-46）。

图4-40　T0910④层河卵石及陶瓷片分布状况（西—东）

图 4-41　T0910—T0911—T0912 ④层河卵石及陶瓷片分布状况（南—北）

图 4-42　T0911 ④层河卵石及陶瓷片分布状况（北—南）

图 4-43 T0912 ④层河卵石及陶片分布状况（西北—东南）

图 4-44 T0910 ④层河卵石（部分）

图 4-46　T0911 ④层河卵石（最大的一块）

图 4-45　T0910 ④层河卵石（部分）

第五章　遗物

第一节　总述

一　本章介绍的遗物范围

本次考古工作获得的遗物，大部分出土于大浪古城西北部发掘区，少部分采集于双坟墩及其周边区域。出土遗物的年代包括战国、唐宋、明清等时期，本章内容主要介绍战国时期的遗物，少量唐宋时期陶瓷器也一并介绍，第①、②层堆积以及窑 Y1 等遗迹堆积出土的明清及之后的遗物，除小件外，其余陶、瓷、瓦碎片等从略。采集遗物均为战国印纹陶和夹砂陶，编为采集号。发掘出土的战国印纹陶、原始瓷、保存稍好的泥质软陶和夹砂软陶均进行编号[1]，有部分夹砂软陶和泥质软陶因残碎较甚未进行编号，此外，出土数量最多的遗物河卵石，在前一章已作介绍，本章从略[2]。凡编号的器物均在本章作具体介绍，未编号的则从略。战国之后的少量编号遗物在具体描述时均已注明年代。

本章单开一节对采集遗物进行介绍，将出土遗物按地层和遗迹堆积单位分别进行介绍，最后对战国遗物的类型、特征进行分析和归纳。

二　战国遗物概况

战国遗物主要出土于城址的主体文化堆积——第④层，与第④层同时形成的城壕 G1 ⑤层和G1 ⑥层淤积，发掘面积虽小，但也出有较多河卵石和少量陶器，另有部分器物出于战国之后的堆积单位。遗物种类有陶器、原始瓷器、石器、河卵石等，其中数量最多的是河卵石，其次是陶器和原始瓷器，还有少量的石锛、石砧、砺石等。原始瓷可辨器形有碗和杯等，有的烧成温度较高，有的稍低，内外施釉但一般不及底，多数胎釉结合不紧密，釉层多已脱落，碗和杯内壁多见有凹凸相间的轮旋纹。陶器可辨器形有釜、鼎、瓮、匜、碗、杯、网坠等，按质料可分为泥质硬陶、泥质软陶、夹砂硬陶、夹砂软陶；按有无纹饰可分为印纹陶和刻划纹陶、素面陶，部分器物有刻划符号；印纹陶多为泥质硬陶，少数为泥质软陶和夹砂硬陶；素面陶主要是泥质软陶、夹砂软陶以及泥质硬陶碗

---

[1]　陶器和原始瓷器多为残件，本报告为了尽可能全面地介绍与城址年代对应的遗物，除了将可辨器形编为小件之外，还对印纹陶片和原始瓷片进行了编号；确定属于同件器物的印纹陶碎片，有些因空缺未能拼合的（如H3∶1陶瓷还有部分碎片未能拼接上去），没有另行编号；已编号的陶瓷器标本，有部分在质料、纹饰等方面基本一致，疑属同件器物，但未能拼合。另外，从可复原的器物看，有的印纹陶器可能通体装饰一种纹饰，有的则是两种纹饰组合，而编号的印纹陶多为残件，不能完全反映整器的纹饰情况。因此，本报告关于陶器和原始瓷器残件的分类和统计，以及陶器纹饰的分类和统计，是就目前条件所能及的分析归纳结果，仅能粗略反映各类器物和纹饰的概况。

[2]　第④层河卵石及陶瓷片的分布状况见第四章第三节第四部分"河卵石"。

和杯。

泥质硬陶器有瓮、鼎、碗、杯等，胎芯呈灰、灰白、紫等颜色，有的夹杂少量细砂，瓮等大型器物表面多见有陶衣（碗等小型器物一般直接露胎），陶衣呈紫褐、红褐、黑褐、灰褐、灰黑等多种颜色，多数质地较为坚硬，胎体密度和硬度较大的器物，如方格纹鼎（T0910④：1）和二重方框对角线纹瓮（采：58）等，既坚硬又沉重，胎芯新旧断面的颜色差别明显，异于一般硬陶。除了碗（外底多见刻划符号）和杯之外，其余器形一般都有纹饰，瓮、罐类[1]器物的纹饰到颈部和腹部近底处就变得模糊，或者纹饰不到这两个部位。

泥质软陶可辨器形有瓮、匜、网坠等，多为素面，仅匜饰方格纹、同心圆纹和刻划符号。

夹砂陶主要是釜形器，含砂量较大，砂粒较粗，分为夹砂硬陶和夹砂软陶，夹砂硬陶数量不多。第④层有较多的夹砂软陶，酥松残碎，胎芯呈灰黑色，表面呈红褐色，有的底面发黑，素面无纹。城墙叠压的第⑤层，在T0812西南部发现零星的夹砂软陶片，与第④层夹砂软陶类同。A、B两型釜分属夹砂软陶和夹砂硬陶，A型釜（以T0911④：10和T0911④：11为代表）为素面夹砂软陶，器体较小，B型釜（H3：2）为方格纹夹砂硬陶，器体较大。

陶器纹饰多为拍印纹，少量为刻划纹，有部分器物见有刻划符号。纹饰共计13种，分别为勾连云雷纹、席纹、复线菱格纹、方格条线纹、多重方框对角线纹、三重方框对角线纹、二重方框对角线纹、方框对角线纹、米字纹、三角格纹、方格纹、弦纹、同心圆纹。其中占比最大的是米字纹，其次是重方框对角线纹（包括二重、三重、多重方框对角线纹）和方框对角线纹，这些纹饰都是广义的"米"字纹，区别主要在于纹饰单元的方框数量不同。多重方框对角线纹每个纹饰单元的方框数量有四至六重。三重方框对角线纹的线框形状多为方形，个别为长方形（T0912④标本：1）。方框对角线纹有的方框单元较为宽大、纹路清晰，有的则较为细小（如瓮T0911④：6）。米字纹多数纹样规整、线条均匀，有的线条较粗、纹路较深，也有部分纹样不甚规整，有的方框单元较为细小、纹路浅而不显（如瓮H3：1）。从可复原的器物看，有的器物可能通体装饰一种纹饰，有的则是两种纹饰组合（下文按照组合纹进行分类和统计）。

三　纹饰分类说明

采集和出土的陶器纹饰统一进行分类，在具体描述时直接注明每种纹饰的名称和类别。二重方框对角线纹、方框对角线纹、米字纹，这3种纹饰均可细分为A、B两类，每种纹饰的分类情况说明如下[2]：

1. 二重方框对角线纹根据内框形态细分为A、B两类，A类内框较大呈空心状，外框与相邻单元共用，B类内框较小呈实心或近实心状，外框相互独立。

2. 方框对角线纹根据对角线交叉点形态细分为A、B两类，A类对角线在方框外的交叉点有方形实心凸块，B类对角线自然交叉，没有凸块。

3. 米字纹根据单元方框内对角线夹角形态细分为A、B两类，A类对角线夹角有三角形凸块，B类对角线自然交叉，没有凸块。

---

[1]　因出土器物多为残件，本报告将器形明确的称为瓮，未能明确的表述为瓮罐。

[2]　纹饰图例见第一章第五节。

第二节　采集遗物

共 59 件。采集于双坟墩及其周边地表，均为陶器残件，有部分纹饰和陶衣磨损较严重。从质料看，有 57 件是泥质硬陶，1 件是夹砂硬陶，1 件为夹砂软陶，泥质硬陶可辨器形有瓮，另有少量器口、器底，余为碎片。从纹饰看，55 件为印纹陶，纹饰有席纹、复线菱格纹、方格条线纹、多重方框对角线纹、三重方框对角线纹、二重方框对角线纹、方框对角线纹、方格纹、组合纹，另 4 件为素面。

1. 瓮

1 件，残缺。

采：58，泥质硬陶，胎芯新旧断面的颜色差别明显，旧断面呈灰色，新断面呈黑色，陶衣呈紫褐色。丰肩，鼓腹。肩腹部饰 A 类二重方框对角线纹。腹径约 43、残高 27.6 厘米（图 5-1）。该瓮为村民在双坟墩西墩 D2 西缘扩建猪场时挖出。

图 5-1　双坟墩 D2 采集陶瓮（采：58）

2. 器口

2 件。均为泥质硬陶。

采：42，灰胎。直口，圆唇，短颈，溜肩。饰方格纹。残高约 3.2、残长 6.5、胎厚 0.3～0.6 厘米（图 5-2）。

采：7，深灰色胎。饰 B 类方框对角线纹。残高约 3、残长 7.7、胎厚 0.3～0.6 厘米（图 5-3）。

3. 器底

4 件。均为泥质硬陶，平底。

采：32，深灰色胎，黑褐色陶衣。饰 A 类二重方框对角线纹。残高 2.8、残长 4.7、胎厚 0.4～1.1 厘米（图 5-4）。

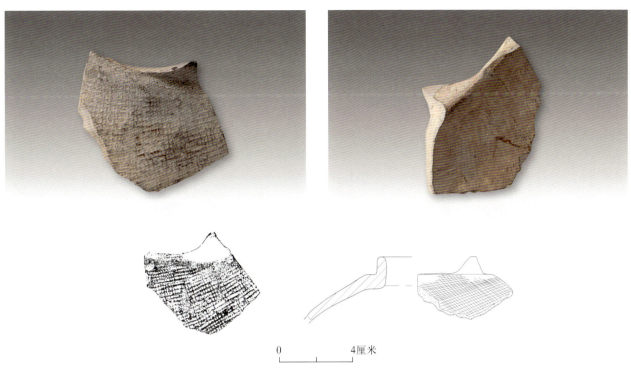

图 5-2　双坟墩采集陶器口（采：42）

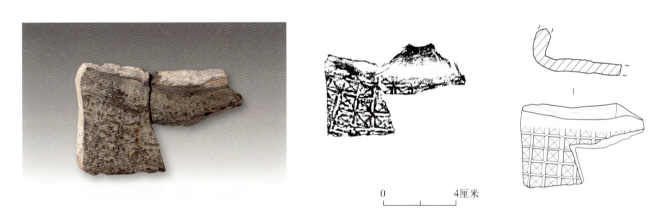

图 5-3　双坟墩采集陶器口（采：7）

图 5-4　双坟墩采集陶器底（采：32）

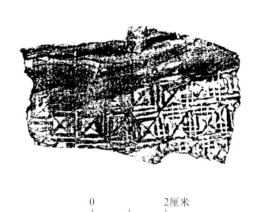

0 ⊢——⊢——⊢—⊣ 2厘米

图 5-5　双坟墩采集陶器底（采：50）

图 5-6　双坟墩采集陶器底（采：39）

图 5-7　双坟墩采集陶器底（采：40）

采：50，胎芯呈灰色，胎面呈红色，黑褐色陶衣。饰 A 类二重方框对角线纹。残长 6.1、胎厚 0.9 厘米（图 5-5）。

采：39，深灰色胎，底面呈红色。残高 3.4、宽 3.4、胎厚 1 ～ 1.4 厘米（图 5-6）。

采：40，灰胎，灰黑色陶衣。残高 3.5、宽 4.4、胎厚 1 ～ 1.4 厘米（图 5-7）。

4. 陶片

52 件。50 件为印纹陶，2 件为素面陶。印纹陶有 49 件是泥质硬陶，1 件是夹砂硬陶，纹饰有席纹、复线菱格纹、方格条线纹、多重方框对角线纹、三重方框对角线纹、二重方框对角线纹、方框对角线纹、方格纹、组合纹。

（1）席纹

2 件。均为泥质硬陶。

采：5，灰胎，灰黑色陶衣。残长 3.5、胎厚 0.7 厘米（图 5-8）。

采：44，灰白胎，灰褐色陶衣。胎壁较薄。残长 7.3、胎厚 0.3 ～ 0.5 厘米（图 5-9）。

（2）复线菱格纹

2 件。均为泥质硬陶，灰白胎，黑色陶衣。

采：28，胎壁较薄，内壁凹凸不平。残长 4.6、胎厚 0.3 ～ 0.5 厘米（图 5-10）。

采：57，残长 4.7、胎厚 0.5 ～ 0.7 厘米（图 5-11）。

（3）方格条线纹

2 件。均为泥质硬陶。

采：49，灰胎，灰黑色陶衣。残长 6.4、胎厚 1 厘米（图 5-12）。

采：27，紫胎，酱黑色陶衣，内壁有细密的修坯划痕。残长 3.8、胎厚 0.5 ～ 0.8 厘米（图 5-13）。

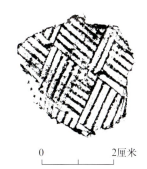

图 5-8　双坟墩采集席纹陶片（采：5）

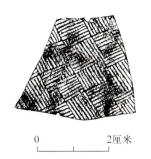

图 5-9　双坟墩采集席纹陶片（采：44）

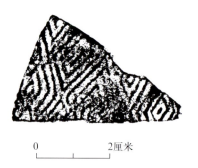

图 5-10 双坟墩采集复线菱格纹陶片（采：28）

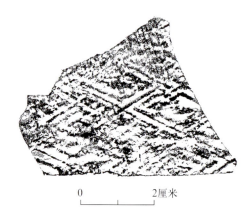

图 5-11 双坟墩采集复线菱格纹陶片（采：57）

图 5-12 双坟墩采集方格条线纹陶片（采：49）

图 5-13 双坟墩采集方格条线纹陶片（采：27）

（4）多重方框对角线纹

6件。均为泥质硬陶。

采：18，灰白胎，黑褐色陶衣。残长3.5、胎厚1～1.2厘米（图5-14）。

采：48，灰胎，灰黑色陶衣。残长14.8、胎厚0.6～0.8厘米（图5-15）。

采：23，灰黑色胎。残长4.7、胎厚0.6～0.7厘米（图5-16）。

采：24，灰胎，黑色陶衣。残长4.4、胎厚0.4～0.6厘米（图5-17）。

采：29，灰黑色胎。残长3.3、胎厚0.7～0.9厘米（图5-18）。

采：43，灰白胎。残长5.2、胎厚0.6厘米（图5-19）。

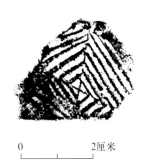

图5-14　双坟墩采集多重方框对角线纹陶片（采：18）

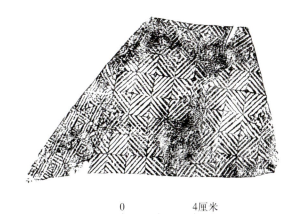

图5-15　双坟墩采集多重方框对角线纹陶片（采：48）

图5-16　双坟墩采集多重方框对角线纹陶片（采：23）

图 5-17　双坟墩采集多重方框对角线纹陶片（采: 24）

图 5-18　双坟墩采集多重方框对角线纹陶片（采: 29）

图 5-19　双坟墩采集多重方框对角线纹陶片（采: 43）

（5）三重方框对角线纹

7件。均为泥质硬陶。

采：3，灰胎，灰黑色陶衣。残长6.5、胎厚0.6～0.8厘米（图5-20）。

采：6，紫胎。残长3.9、胎厚0.3～0.6厘米（图5-21）。

采：22，灰胎，黑色陶衣。残长5.5、胎厚0.5～0.7厘米（图5-22）。

采：25，灰胎，灰黑色陶衣。残长4、胎厚0.9厘米（图5-23）。

采：38，深灰色胎，褐色陶衣。残长2.8、胎厚0.7厘米（图5-24）。

采：17，紫胎。残长4.8、胎厚0.6～0.7厘米（图5-25）。

采：55，深灰色胎，黑色陶衣。残长4.8、胎厚0.6厘米（图5-26）。

图5-20　双坟墩采集三重方框对角线纹陶片（采：3）

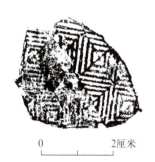

图5-21　双坟墩采集三重方框对角线纹陶片（采：6）

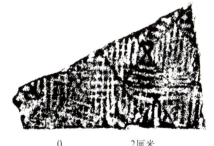

图5-22　双坟墩采集三重方框对角线纹陶片（采：22）

图 5-23 双坟墩采集三重方框对角线纹陶片（采：25）

图 5-24 双坟墩采集三重方框对角线纹陶片（采：38）

图 5-25 双坟墩采集三重方框对角线纹陶片（采：17）

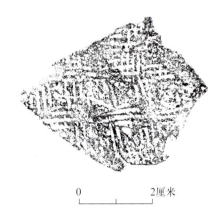

图 5-26 双坟墩采集三重方框对角线纹陶片（采：55）

（6）二重方框对角线纹

11件。A类10件，B类1件。均为泥质硬陶。

A类 10件。

采：51，灰胎，黑褐色陶衣。残长4.9、胎厚0.5厘米（图5-27）。

采：1，灰胎，紫褐色陶衣。残长10.7、胎厚0.5～0.8厘米（图5-28）。

采：2，灰胎，灰褐色陶衣。残长8.7、胎厚0.9～1厘米（图5-29）。

采：4，灰胎，紫褐色陶衣。残长8.5、胎厚0.5～0.7厘米（图5-30）。

采：11，灰胎，紫褐色陶衣。残长6.8、胎厚0.5～0.6厘米（图5-31）。

采：12，灰胎。残长5.6、胎厚0.7～1.1厘米（图5-32）。

采：26，灰胎，灰褐色陶衣。残长4、胎厚0.6厘米（图5-33）。

采：53，灰胎，灰黑色陶衣。残长5.7、胎厚0.6厘米（图5-34）。

采：30，灰白胎，黑色陶衣。残长5.9、胎厚0.6～0.8厘米（图5-35）。

采：52，灰黑色胎。残长4.3、胎厚0.7厘米（图5-36）。

B类 1件。

采：13，灰白胎，黑褐色陶衣。残长5.3、胎厚0.5～0.7厘米（图5-37）。

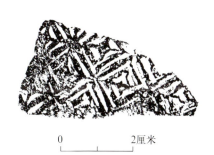

0   2厘米

图5-27 双坟墩采集A类二重方框对角线纹陶片（采：51）

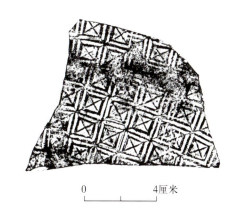

0   4厘米

图5-28 双坟墩采集A类二重方框对角线纹陶片（采：1）

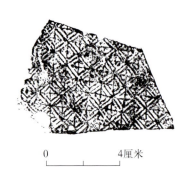

0　　　　　　4厘米

图 5-29　双坟墩采集 A 类二重方框对角线纹陶片（采：2）

0　　　　4厘米

图 5-30　双坟墩采集 A 类二重方框对角线纹陶片（采：4）

0　　　　4厘米

图 5-31　双坟墩采集 A 类二重方框对角线纹陶片（采：11）

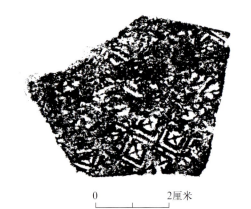

0　　　　2厘米

图 5-32　双坟墩采集 A 类二重方框对角线纹陶片（采：12）

 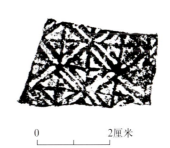

图 5-33 双坟墩采集 A 类二重方框对角线纹陶片（采：26）

 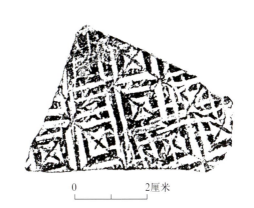

图 5-34 双坟墩采集 A 类二重方框对角线纹陶片（采：53）

图 5-35 双坟墩采集 A 类二重方框对角线纹陶片（采：30）

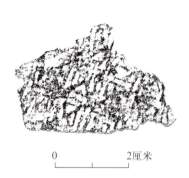

0　　　　　　2厘米

图 5-36　双坟墩采集 A 类二重方框对角线纹陶片（采：52）

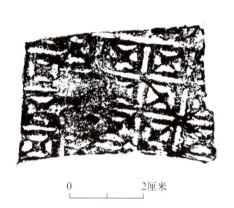

0　　　　　　2厘米

图 5-37　双坟墩采集 B 类二重方框对角线纹陶片（采：13）

（7）方框对角线纹

10 件。均属 B 类。均为泥质硬陶。

采：8，深灰色胎。残长 5.9、胎厚 0.5～0.6 厘米（图 5-38）。

采：10，灰褐色胎。残长 5.4、胎厚 0.9～1 厘米（图 5-39）。

采：16，灰胎，胎面呈红色，黑色陶衣。残长 4.6、胎厚 0.9～1.2 厘米（图 5-40）。

采：19，灰胎，局部呈紫灰色，灰黑色陶衣。残长 4.8、胎厚 0.6～0.7 厘米（图 5-41）。

采：20，灰胎，灰褐色陶衣。残长 4.9、胎厚 0.6～0.7 厘米（图 5-42）。

采：21，灰胎，胎面呈红色。残长 5.4、胎厚 0.7～0.9 厘米（图 5-43）。

采：34，深灰色胎，灰褐色陶衣。残长 3.9、胎厚 0.9 厘米（图 5-44）。

采：37，灰褐色胎，黑褐色陶衣。残长 3、胎厚 0.5 厘米（图 5-45）。

采：47，瓮罐类器物近底部残片。灰胎，黑褐色陶衣。残长 7.9、胎厚 0.67～0.8 厘米（图 5-46）。

采：54，灰胎，黑色陶衣。残长 4、胎厚 0.6 厘米（图 5-47）。

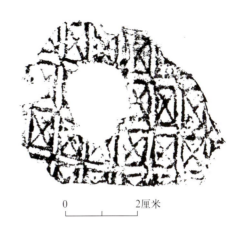

图 5-38　双坟墩采集 B 类方框对角线纹陶片（采: 8 ）

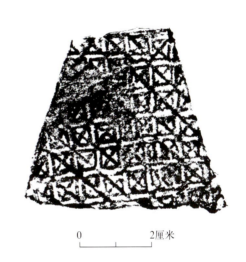

图 5-39　双坟墩采集 B 类方框对角线纹陶片（采: 10 ）

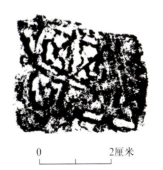

图 5-40　双坟墩采集 B 类方框对角线纹陶片（采: 16 ）

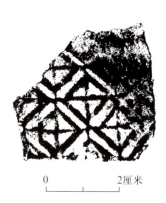

图 5-41 双坟墩采集 B 类方框对角线纹陶片（采：19）

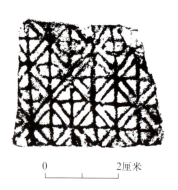

图 5-42 双坟墩采集 B 类方框对角线纹陶片（采：20）

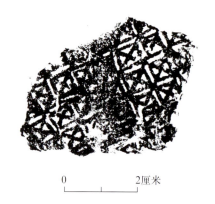

图 5-43 双坟墩采集 B 类方框对角线纹陶片（采：21）

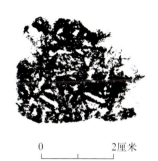

图 5-44　双坟墩采集 B 类方框对角线纹陶片（采：34）

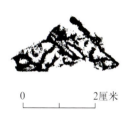

图 5-45　双坟墩采集 B 类方框对角线纹陶片（采：37）

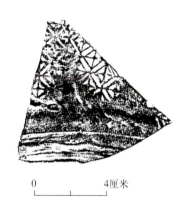

图 5-46　双坟墩采集 B 类方框对角线纹陶片（采：47）

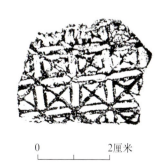

图 5-47　双坟墩采集 B 类方框对角线纹陶片（采：54）

（8）方格纹

8件。方格的大小程度不同，最小的如麻布状。

采：9，夹砂硬陶，灰红色胎，夹少量细砂。残长7.8、胎厚1～1.2厘米（图5-48）。

采：33，泥质硬陶，灰胎，灰黑色陶衣。残长4.1、胎厚0.6～0.8厘米（图5-49）。

采：59，泥质硬陶，青灰色胎，橙红色陶衣。残长8.7、胎厚0.5～0.7厘米（图5-50）。

采：35，泥质硬陶，灰胎，灰黑色陶衣。残长4.1、胎厚0.4～0.5厘米（图5-51）。

采：36，泥质硬陶，灰胎。残长4、胎厚0.8厘米（图5-52）。

采：41，泥质硬陶，灰胎。残长3.3、胎厚0.8～1.1厘米（图5-53）。

采：45，泥质硬陶，深灰色胎。残长6.5、胎厚0.6厘米（图5-54）。

采：56，泥质硬陶，红灰色胎，内壁呈灰黑色。方格较细小，如麻布状。残长8.3、胎厚0.7厘米（图5-55）。

（9）组合纹

2件。均为泥质硬陶，灰黑色胎，黑褐色陶衣。

采：15，饰方格纹和A类二重方框对角线纹。残长4.6、胎厚0.9～1厘米（图5-56）。

采：46，饰方格纹和B类方框对角线纹。残长7.3、胎厚0.6厘米（图5-57）。

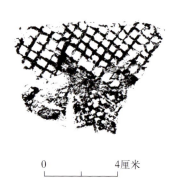

0　　　　4厘米

图5-48　双坟墩采集方格纹陶片（采：9）

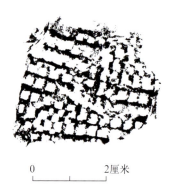

0　　　　2厘米

图5-49　双坟墩采集方格纹陶片（采：33）

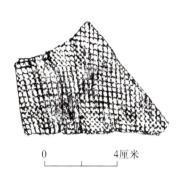

图 5-50　双坟墩采集方格纹陶片（采：59）

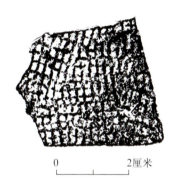

图 5-51　双坟墩采集方格纹陶片（采：35）

图 5-52　双坟墩采集方格纹陶片（采：36）

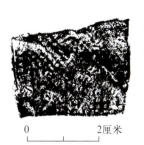

图 5-53　双坟墩采集方格纹陶片（采：41）

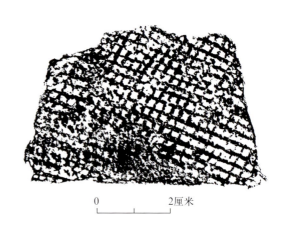

图 5-54　双坟墩采集方格纹陶片（采：45）

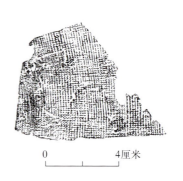

图 5-55　双坟墩采集方格纹陶片（采：56）

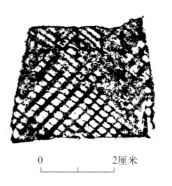

图 5-56　双坟墩采集组合纹陶片（采：15）

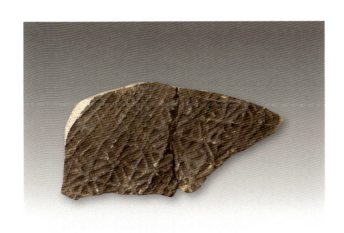

0　　　　4厘米

图 5-57　双坟墩采集组合纹陶片（采: 46）

（10）素面

2 件。

采: 14，泥质硬陶，灰白胎，黑褐色陶衣。残长 4.5、胎厚 0.7 ～ 0.9 厘米（图 5-58）。

采: 31，夹砂软陶，胎芯呈灰黑色，表面呈红褐色。残长 6、胎厚 0.8 ～ 0.9 厘米（图 5-59）。

图 5-58　双坟墩采集素面陶片（采: 14）

图 5-59　双坟墩采集夹砂素面陶片（采: 31）

第三节　地层堆积出土遗物

发掘区①～④层堆积出土的编号器物共245件，按出土层位分别进行介绍。

一　①层出土遗物

15件，分为石器、陶器和原始瓷器三类。

（一）石器

1件。

T0911①标本：5，砺石。灰褐色砂岩。单面磨光。残长3.1、宽2.6、厚1.4厘米（图5-60）。

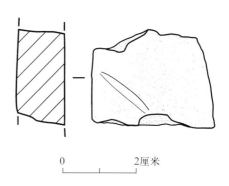

0　　　　2厘米

图5-60　①层出土砺石（T0911①标本：5）

（二）陶器

12件。均为泥质硬陶。其中1件为器底，余为腹片。

1. 器底

1件。

T1010①标本：1，瓮罐类器物残件。灰胎，灰褐色陶衣。腹部近底处微外撇，平底内凹。下腹饰B类米字纹。内壁有明显的修坯痕迹。底径约14、残高4.4、胎厚0.6～1.4厘米（图5-61）。

2. 陶片

11件。10件为印纹陶，纹饰有席纹、二重方框对角线纹、方框对角线纹、米字纹，另1件为素面。

（1）席纹

1件。

T1011①标本：1，灰胎，灰黑色陶衣。残长6.1、胎厚0.5～0.6厘米（图5-62）。

（2）二重方框对角线纹

2件。A类和B类各1件。

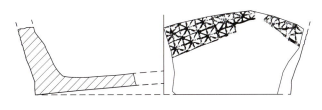

0　　　　　　4厘米

图 5-61　①层出土陶器底（T1010①标本：1）

0　　　　　　4厘米

图 5-62　①层出土席纹陶片（T1011①标本：1）

A 类　1 件。

T0911①标本：3，紫灰色胎，褐色陶衣。残长 4.5、胎厚 0.7 ～ 0.8 厘米（图 5-63）。

B 类　1 件。

T1010①标本：2，灰胎，灰黑色陶衣。残长 6.7、胎厚 0.7 ～ 0.8 厘米（图 5-64）。

（3）方框对角线纹

1 件。

T0810①标本：1，灰胎，黑褐色陶衣。饰 B 类方框对角线纹。残长 7.3、胎厚 0.7 ～ 1 厘米（图 5-65）。

图 5-63   ①层出土 A 类二重方框对角线纹陶片（T0911 ①标本：3）

图 5-64   ①层出土 B 类二重方框对角线纹陶片（T1010 ①标本：2）

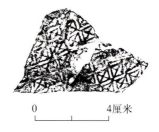

图 5-65   ①层出土 B 类方框对角线纹陶片（T0810 ①标本：1）

（4）米字纹

6 件。均属 B 类。

T0810 ①标本：2，灰白胎，黑褐色陶衣。残长 5.3、胎厚 0.7 ～ 1 厘米（图 5-66）。

T0812 ①标本：1，灰白胎，黑褐色陶衣。残长 5.5、胎厚 0.8 厘米（图 5-67）。

T0911 ①标本：1，灰胎，灰褐色陶衣。残长 5.2、胎厚 0.6 ～ 0.8 厘米（图 5-68）。

T1010 ①标本：3，灰胎，黑褐色陶衣。残长 3.8、胎厚 0.5 ～ 0.6 厘米（图 5-69）。

T1110 ①标本：1，灰胎，黑褐色陶衣。残长 9.5、胎厚 0.7 厘米（图 5-70）。

T1110 ①标本：3，灰胎，紫褐色陶衣。残长 7.5、胎厚 0.9 厘米（图 5-71）。

 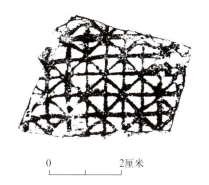

图 5-66　①层出土 B 类米字纹陶片（T0810 ①标本：2）

 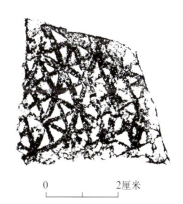

图 5-67　①层出土 B 类米字纹陶片（T0812 ①标本：1）

 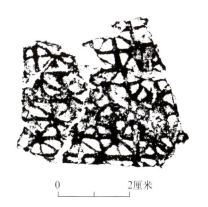

图 5-68　①层出土 B 类米字纹陶片（T0911 ①标本：1）

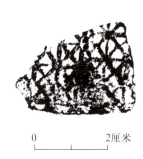

0   2厘米

图 5-69　①层出土 B 类米字纹陶片（T1010 ①标本：3）

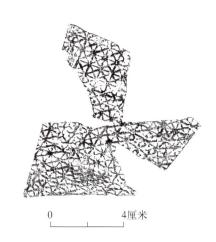

0   4厘米

图 5-70　①层出土 B 类米字纹陶片（T1110 ①标本：1）

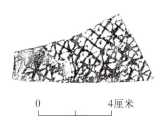

0   4厘米

图 5-71　①层出土 B 类米字纹陶片（T1110 ①标本：3）

（5）素面

1件。

T0911①标本：4，碗或钵残片。灰胎。残长5.3、胎厚0.5～0.7厘米（图5-72）。

（二）原始瓷

2件。均为碗底残件。

T0911①标本：2，灰黄胎，底呈橙红色，施青灰釉。近底处收束，平底。底径约6、残高1.8厘米（图5-73）。

T1110①标本：2，灰胎，近底处及底部内外呈红褐色，见少量青黄釉。近底处略收束，平底。残长4、胎厚0.3～0.7厘米（图5-74）。

图5-72 ①层出土素面陶片（T0911①标本：4）

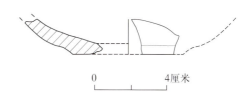

图5-73 ①层出土原始瓷碗（T0911①标本：2）

图5-74 ①层出土原始瓷碗（T1110①标本：2）

二　②层出土遗物

1件。

T0810②标本：1，原始瓷碗底部残片。灰白胎，青灰釉。近底处略收束。残长3、胎厚0.5～0.7厘米（图5-75）。

图5-75　②层出土原始瓷片（T0810②标本：1）

三　③层出土遗物

8件。分为陶片和宋代瓷片两类。

（一）陶片

5件。均为印纹陶腹片，分为泥质硬陶和夹砂硬陶。纹饰有方框对角线纹、米字纹、三角格纹、方格纹。

（1）方框对角线纹

1件。

T0910③标本：1，泥质硬陶，灰胎，灰黑色陶衣。饰B类方框对角线纹。残长4、胎厚0.8～0.9厘米（图5-76）。

（2）米字纹

2件。均属B类。均为泥质硬陶。

T0810③标本：2，灰胎，黑褐色陶衣。残长4.6、胎厚0.8～0.9厘米（图5-77）。

T0911③标本：1，灰胎，灰黑色陶衣。残长5.6、胎厚0.8～0.9厘米（图5-78）。

（3）三角格纹

1件。

T0910③标本：2，泥质硬陶，灰胎，黑色陶衣。残长11.8、胎厚0.8～1厘米（图5-79）。

（4）方格纹

1件。

T0810③标本：1，淡红色夹砂硬陶。残长5、胎厚0.7～0.9厘米（图5-80）。

（二）宋代瓷片

3 件。可辨器形有碗。

T0911 ③标本：2，碗底。灰胎，青白釉。矮圈足。足径约 7、残高 1.1 厘米（图 5-81）。

T0811 ③标本：1，碗口沿。白胎，青白釉有开片。侈口，尖圆唇。残长 3.1、胎厚 0.1～0.3 厘米（图 5-82）。

T0810 ③标本：3，灰白胎，内壁施青白釉，外壁露胎。残长 1.7、胎厚 0.4～0.7 厘米（图 5-83）。

 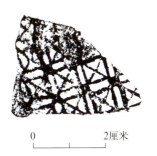

图 5-76　③层出土 B 类方框对角线纹陶片（T0910 ③标本：1）

图 5-77　③层出土 B 类米字纹陶片（T0810 ③标本：2）

 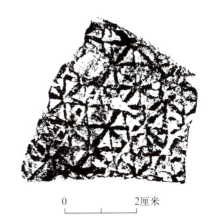

图 5-78　③层出土 B 类米字纹陶片（T0911 ③标本：1）

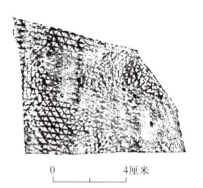

0   4厘米

图 5-79   ③层出土三角格纹陶片（T0910 ③标本：2 ）

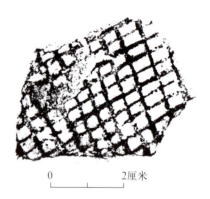

0   2厘米

图 5-80   ③层出土方格纹陶片（T0810 ③标本：1 ）

图 5-81   ③层出土宋代瓷片（T0911 ③标本：2 ）

图 5-82　③层出土宋代瓷片（T0811③标本：1）

图 5-83　③层出土宋代瓷片（T0810③标本：3）

四　④层出土遗物

221 件。分为石器、陶器、原始瓷器三类，以陶器为大宗。

（一）石器

7 件。6 件器形可辨，有锛、砧、砺石，余 1 件为石片。

1. 锛

1 件。

T0812 ④：1，灰色砂岩。直边，单面斜弧刃。通体磨光。长 4.9、宽 4、厚 1.2 厘米（图 5-84）。

2. 砧

1 件。

T0812 ④：2，灰色砂岩。残缺。上表面有圆窝。残长 14.6、宽 11.8、厚 5.3 厘米（图 5-85）。

3. 砺石

4 件。形态各异。

T0810 ④：6，灰色砂岩，上表面及一侧面磨光。残长 16.5、宽 8.8、厚 5.8 厘米（图 5-86）。

T0810 ④：7，青灰色砂岩，形状不规则，上表面磨光。残长 6.2、宽 2.7、厚 1.6 厘米（图 5-87）。

图 5-84　④层出土石锛（T0812 ④：1）

图 5-85　④层出土石砧（T0812 ④：2）

T0811 ④：1，灰褐色页岩，条状，上表面与两侧面磨光。残长 8.1、宽 4.8、厚 3 厘米（图 5-88）。

T0911 ④：2，灰褐色砂岩，上表面磨光。残长 10.4、宽 6.7、厚 2.3 厘米（图 5-89）。

4. 石片

1 件。

T0911 ④：3，黑色砂岩，坚硬，一面光滑，似经多次摩擦使用，另一面为粗糙的裂痕，一端稍宽且锐利。残长 7.5、宽 3.1、厚 0.5 厘米（图 5-90）。

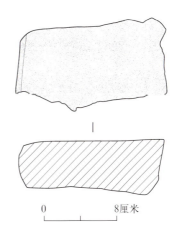

图 5-86 ④层出土砺石（T0810④：6）

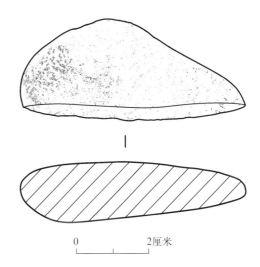

图 5-87 ④层出土砺石（T0810④：7）

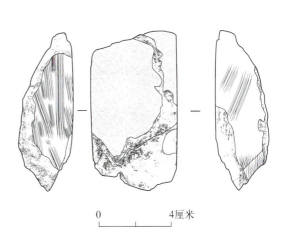

图 5-88 ④层出土砺石（T0811④：1）

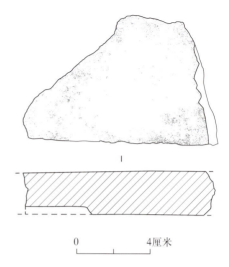

图 5-89　④层出土砺石（T0911 ④：2）

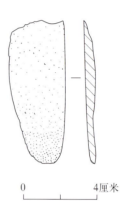

图 5-90　④层出土石片（T0911 ④：3）

（二）陶器

178 件。以泥质硬陶为主，部分为泥质软陶和夹砂陶。可辨器形有釜、鼎、瓮、匜、碗、杯、网坠，并有较多器口、器底，其余多为腹片。

1. 釜

2 件。均为夹砂软陶，残损严重，难以修复。胎芯呈灰黑色，表面呈红褐色。敞口，卷沿，圆唇，束颈，溜肩。

T0911 ④：10，口径约 26、残高 5.1 厘米（图 5-91）。

T0911 ④：11，口径约 22、残高 8 厘米（图 5-92）。

2. 鼎

3 件。腹部近底处弧收。内外壁有轮旋痕迹，表面凹凸粗糙。饰方格纹。

T0910 ④：1，泥质硬陶，夹细砂，胎芯新旧断面的颜色差别明显，旧断面呈灰色，新断面呈紫色，陶衣呈紫褐色。直口微敛，平沿，方唇，立耳，直腹微弧，圜底近平，外底接三个简化蹄足，足底微外撇。

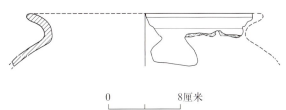

0   8厘米

图 5-91   ④层出土陶釜（T0911 ④∶ 10）

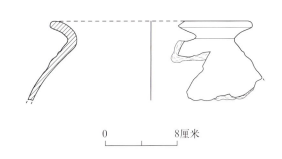

0   8厘米

图 5-92   ④层出土陶釜（T0911 ④∶ 11）

纹饰较浅，大部分漫漶不清。口径 27.8、通高 28.9 厘米。经由 T0910 ④层和 T0911 ④层两个单位的残片拼合（图 5-93）。

T0911 ④∶ 9，泥质硬陶，夹细砂，胎芯新旧断面的颜色差别明显，旧断面呈灰色，新断面呈紫灰色，陶衣呈红褐色。弧腹，圜底，足缺失。残高 11.2、残宽 14.6、胎厚 0.6 ～ 1 厘米（图 5-94）。

T0811 ④∶ 3，泥质硬陶，灰白胎，黑褐色陶衣。弧腹，近平底，足缺失。腹部近底处有一道深划线，似为刻划符号（残缺）。内壁见明显的轮旋和片状修坯痕迹。底径约 12.4、残高 5.5 厘米（图 5-95）。

3. 瓮

2 件。均为泥质硬陶。

T0911 ④∶ 6，灰胎，青灰色陶衣。敞口，卷沿，方唇，束颈，丰肩。颈肩部饰细密的 B 类方框对角线纹，有多处被抹得漫漶不清，肩部有刻划符号（残缺）。口径 24、残高 9.4 厘米。经由 T0911 ④层、T0910 ④层、T0811 ④层三个单位的残片拼合（图 5-96）。

T0910 ④∶ 4，灰白胎，灰褐色陶衣。敞口，沿外翻，尖圆唇，折颈，溜肩。口沿有两道浅凹槽。肩部饰 B 类米字纹，纹样粗、纹路深，局部漫漶不清。口径约 21.2、残高 6.6 厘米。经由 T0910 ④层、T0810 ④层两个单位的残片拼合（图 5-97）。

4. 匜

2 件。胎质、形制、纹饰相近。均为泥质软陶，灰黄胎。肩腹部饰方格纹。

T0911 ④∶ 7，敛口，短沿外卷，一侧有短流，溜肩，扁鼓腹，平底。肩腹部有刻划符号。口径 21.5、腹径 25、高 9 厘米（图 5-98）。

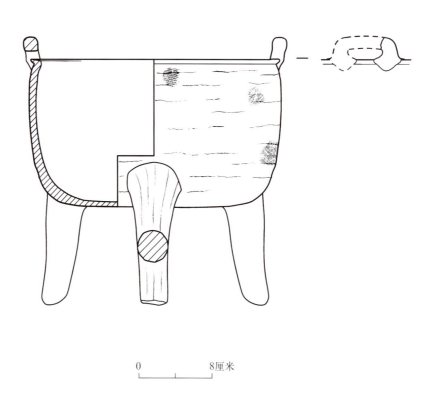

0   8厘米

图 5-93 　④层出土陶鼎（T0910 ④：1）

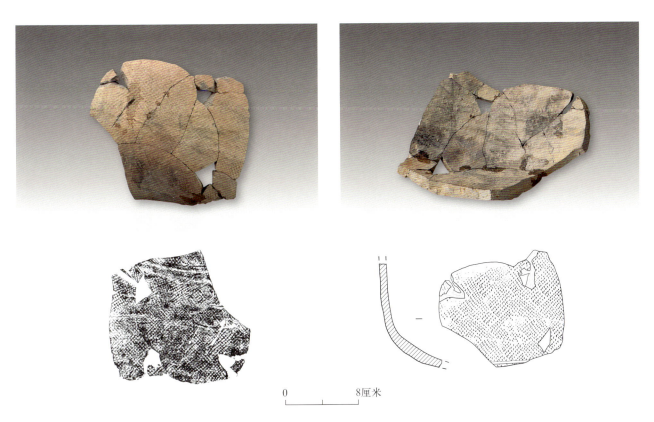

图 5-94 ④层出土陶鼎（T0911 ④：9）

图 5-95 ④层出土陶鼎（T0811 ④：3）

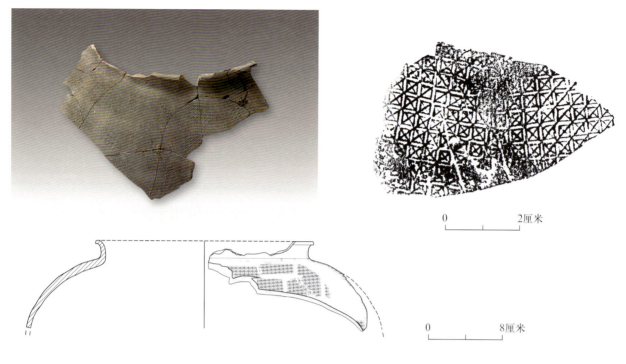

图 5-96　④层出土陶瓮（T0911 ④：6）

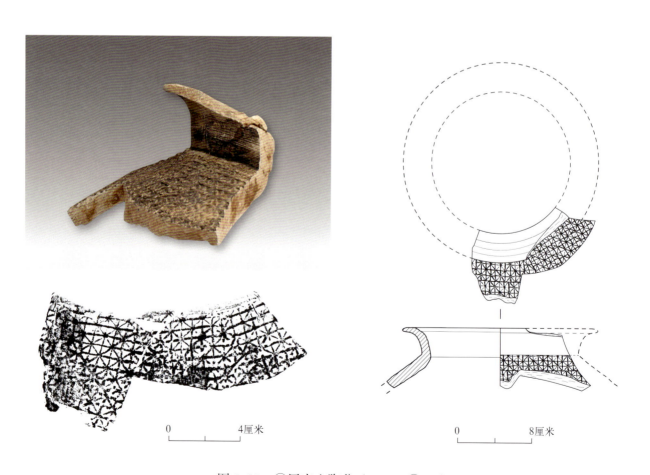

图 5-97　④层出土陶瓮（T0910 ④：4）

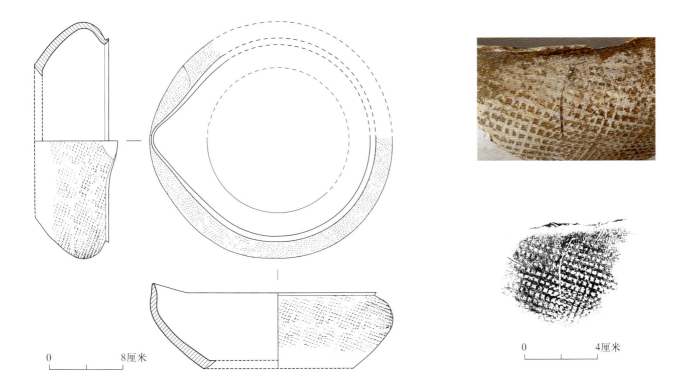

图 5-98 ④层出土陶匜（T0911 ④∶7）

T0911 ④：8，扁鼓腹，平底。内底饰同心圆纹。底径 16.9、残高 6.7 厘米。经由 T0911 ④层、T0911 ③层两个单位的残片拼合（图 5-99）。

5. 碗

8 件，其中 4 件可复原。均为泥质硬陶，灰胎。表面凹凸不平，有的见有疑似脱釉的迹象。内外壁见明显的轮旋痕迹，外底有细线切割痕迹，切痕呈平行状。残存有底部的，外底多见刻划符号。

T0811 ④：4，敞口，尖圆唇，弧腹，平底。外底有刻划符号（残缺）。口径 11.5、底径 5.2、高 4.4 厘米（图 5-100）。

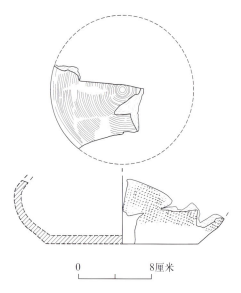 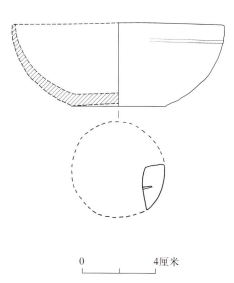

图 5-99　④层出土陶匜（T0911 ④：8）　　　图 5-100　④层出土陶碗（T0811 ④：4）

T0910④：2，口微敛，尖圆唇，弧腹，平底。外底有"H"形刻划符号。口径9.2、底径3.5、高3.9厘米（图5-101）。

T0811④：5，敞口，圆唇，弧腹，平底。外底有刻划符号（残缺）。口径10.4、底径5.2、高4.3厘米（图5-102）。

T0810④：5，敞口，圆唇，弧腹，平底。外底有刻划符号（残缺）。口径10.7、底径5.5、高4厘米（图5-103）。

图5-101　④层出土陶碗（T0910④：2）　　　图5-102　④层出土陶碗（T0811④：5）

T0811④：2，胎面有细密的黑点。弧腹，平底。外底有刻划符号（残缺）。底径4.9、残高5.1厘米（图5-104）。

T0811④标本：2，敞口，圆唇，弧腹。口径11.5、残高3.4厘米（图5-105）。

T0811④标本：3，敛口，圆唇，弧腹。口径10、残高4.9厘米（图5-106）。

T0911④标本：3，敞口，沿微外撇，圆唇，弧腹微鼓。内外壁有细旋痕，内壁局部胎面有指纹。口径11.7、残高3厘米（图5-107）。

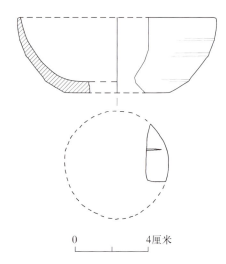

图 5-103　④层出土陶碗（T0810④：5）

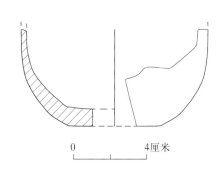

图 5-104　④层出土陶碗（T0811④：2）

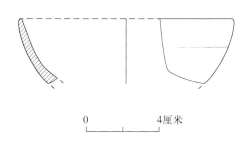

图 5-105　④层出土陶碗（T0811④标本：2）

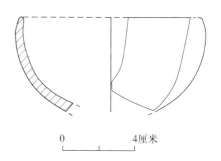

图 5-106　④层出土陶碗（T0811 ④标本：3）

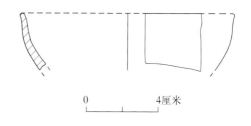

图 5-107　④层出土陶碗（T0911 ④标本：3）

6. 杯

1 件。

T0910 ④标本：30，泥质硬陶，灰胎，内壁见有疑似脱釉的迹象。侈口，尖圆唇，斜直腹。残高约 4.3 厘米（图 5-108）。

7. 网坠

35 件。胎芯呈灰黑色，表面呈红褐色，少数稍硬，多数烧成温度不高。按形状分为 A、B 两型，A 型为球形，B 型为梭形，皆纵穿圆孔。

A 型　1 件。

T0911 ④：5，夹细砂，稍硬，厚重。直径 4、孔径 0.6 厘米（图 5-109）。

B 型　34 件。

T0810 ④：2，夹细砂，稍硬。长 6、最大腹径 2.2 厘米（图 5-110，1）。

T0810 ④：3，泥质软陶。长 5.2、最大腹径 1.8 厘米（图 5-110，2）。

T0911 ④：4，夹细砂，稍硬。长 5.9、最大腹径 2 厘米（图 5-110，3）。

T0911 ④：12，泥质软陶。长 5.9、最大腹径 2 厘米（图 5-110，4）。

T0911 ④：13，泥质软陶。长 5.7、最大腹径 2 厘米（图 5-111，1）。

T0911 ④：14，泥质软陶。长 6、最大腹径 2 厘米（图 5-111，2）。

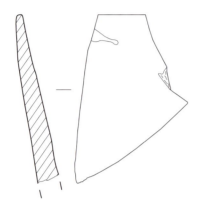

图 5-108　④层出土陶杯（T0910 ④标本：30）

图 5-109　④层出土 A 型陶网坠（T0911 ④：5）

T0911 ④：15，泥质软陶。长 5.6、最大腹径 1.7 厘米（图 5-111，3）。

T0911 ④：16，泥质软陶。长 5.6、最大腹径 1.7 厘米（图 5-111，4）。

T0911 ④标本：38，泥质软陶。残长 5.8、最大腹径 2 厘米（图 5-112，1）。

T0911 ④标本：39，泥质软陶。残长 4.8、最大腹径 1.9 厘米（图 5-112，2）。

T0911 ④标本：40，泥质软陶。残长 4.9、最大腹径 1.9 厘米（图 5-112，3）。

T0911 ④标本：41，泥质软陶。残长 4.5、最大腹径 1.9 厘米（图 5-112，4）。

T0911 ④标本：42，泥质软陶。残长 5.3、最大腹径 2 厘米（图 5-112，5）。

1.T0810④:2   2.T0810④:3

3.T0911④:4   4.T0911④:12

0 ⸺ 4厘米

图 5-110 ④层出土 B 型陶网坠

1.T0911④:13   2.T0911④:14

3.T0911④:15   4.T0911④:16

0 ⸺ 4厘米

图 5-111 ④层出土 B 型陶网坠

1.T0911④标本:38

2.T0911④标本:39

3.T0911④标本:40

4.T0911④标本:41

5.T0911④标本:42

6.T0911④标本:43

7.T0911④标本:44

8.T0911④标本:45

图 5-112　④层出土 B 型陶网坠

T0911 ④标本：43，泥质软陶。残长 5.1、最大腹径 1.8 厘米（图 5-112，6）。

T0911 ④标本：44，泥质软陶。残长 4.5、最大腹径 1.9 厘米（图 5-112，7）。

T0911 ④标本：45，泥质软陶。残长 3.8、最大腹径 1.8 厘米（图 5-112，8）。

T0911 ④标本：46，泥质软陶。残长 3.9、最大腹径 1.9 厘米（图 5-113，1）。

T0911 ④标本：47，泥质软陶。残长 3.8、最大腹径 1.9 厘米（图 5-113，2）。

T0911 ④标本：48，泥质软陶。残长 3.6、最大腹径 1.9 厘米（图 5-113，3）。

T0911 ④标本：49，泥质软陶。残长 3.2、最大腹径 1.8 厘米（图 5-113，4）。

T0911 ④标本：50，泥质软陶。残长 4.1、最大腹径 1.7 厘米（图 5-113，5）。

T0911 ④标本：51，泥质软陶。残长 3.8、最大腹径 1.9 厘米（图 5-113，6）。

T0911 ④标本：52，泥质软陶。残长 3.2、最大腹径 1.8 厘米（图 5-113，7）。

T0911 ④标本：53，泥质软陶。残长 4、最大腹径 1.9 厘米（图 5-113，8）。

T0911 ④标本：54，泥质软陶。残长 3、最大腹径 1.7 厘米（图 5-114，1）。

T0911 ④标本：55，泥质软陶。残长 3.1、最大腹径 1.9 厘米（图 5-114，2）。

T0911 ④标本：56，泥质软陶。残长 3.6、最大腹径 1.8 厘米（图 5-114，3）。

T0911 ④标本：57，泥质软陶。残长 3.3、最大腹径 1.7 厘米（图 5-114，4）。

T0911 ④标本：58，泥质软陶。残长 3.3、最大腹径 1.9 厘米（图 5-114，5）。

T0911 ④标本：59，泥质软陶。残长 3.8、最大腹径 1.8 厘米（图 5-114，6）。

T0911 ④标本：33，泥质软陶。残长 3.3、最大腹径 1.9 厘米（图 5-114，7）。

T0911 ④标本：27，泥质软陶。残长 2.6、最大腹径 1.7 厘米（图 5-114，8）。

T0911 ④标本：26，泥质软陶。残长 3、最大腹径 1.5 厘米（图 5-114，9）。

T0911 ④标本：17，泥质软陶。残长 2.9、最大腹径 1.8 厘米（图 5-114，10）。

8. 器口

10 件。瓮罐残件，形态各异，9 件为泥质硬陶，1 件为泥质软陶。

T0810 ④标本：42，泥质硬陶，灰胎，黑色陶衣，口沿及内壁呈红色，有黑色流滴状斑痕。直口，圆唇，短颈，丰肩。肩部饰 B 类米字纹。口径 18、残高 1.5 厘米（图 5-115）。

T0910 ④标本：5，泥质硬陶，紫胎，黑色陶衣。丰肩。饰 B 类二重方框对角线纹。颈部直径约 14.9、残宽 7.8、胎厚 0.5 ～ 0.7 厘米（图 5-116）。

T0910 ④标本：6，泥质硬陶，灰胎，黑色陶衣。侈口，沿外翻，方唇。颈部饰 B 类方框对角线纹，较模糊。口径约 22、残高 3.4、残宽 7.7、胎厚 0.3 ～ 0.8 厘米（图 5-117）。

T0911 ④标本：1，泥质硬陶，灰白胎，陶衣呈红褐和黑褐色。敞口，宽折沿，方唇。颈部内壁旋压两周，往上逐级外侈。颈部饰 B 类米字纹，较模糊。口径约 24、残高 2.4 厘米（图 5-118）。

T0912 ④标本：4，泥质硬陶，灰胎，灰黑色陶衣。直口，尖圆唇，短颈，丰肩。残高 2、宽 4 厘米（图 5-119）。

T0911 ④标本：2，泥质硬陶，灰胎，黑褐色陶衣。侈口，卷沿，方唇，束颈。颈部饰 B 类方框对角线纹，较模糊。残宽 3.8、残高 2.9 厘米（图 5-120）。

T0911 ④标本：7，泥质红黄色软陶。敛口，方唇，粗颈。残宽 6.5 厘米（图 5-121）。

T0811 ④标本：17，泥质硬陶，灰胎，紫灰色陶衣。肩部饰 B 类方框对角线纹。残长 8.7、残高 2.1、胎厚 0.7 ～ 0.9 厘米（图 5-122）。

1.T0911④标本:46

2.T0911④标本:47

3.T0911④标本:48

4.T0911④标本:49

5.T0911④标本:50

6.T0911④标本:51

7.T0911④标本:52

8.T0911④标本:53

图 5-113　④层出土 B 型陶网坠

1.T0911④标本:54

2.T0911④标本:55

3.T0911④标本:56

4.T0911④标本:57

5.T0911④标本:58

6.T0911④标本:59

7.T0911④标本:33

9.T0911④标本:26

8.T0911④标本:27

10.T0911④标本:17

图 5-114 ④层出土 B 型陶网坠

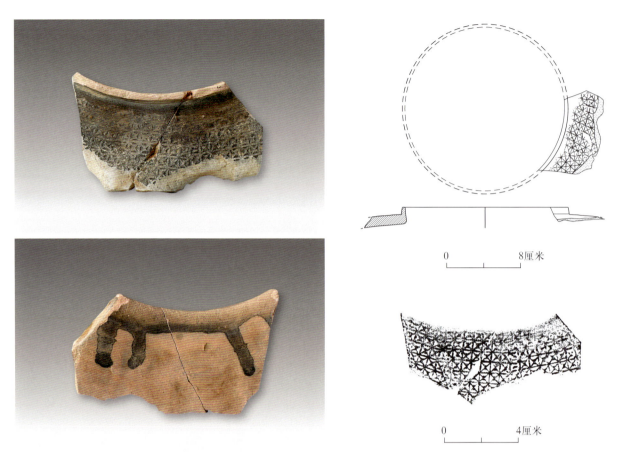

图 5-115　④层出土陶器口（T0810 ④标本：42）

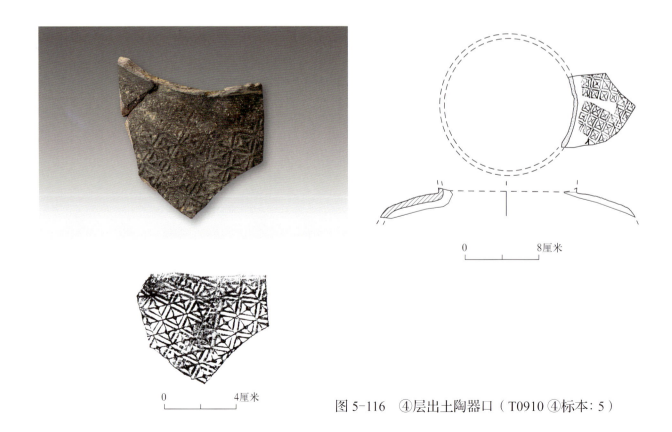

图 5-116　④层出土陶器口（T0910 ④标本：5）

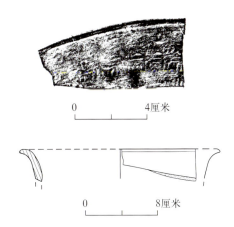

图 5-117　④层出土陶器口（T0910④标本：6）

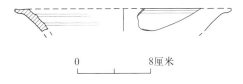

图 5-118　④层出土陶器口（T0911④标本：1）

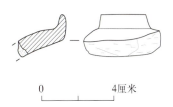

图 5-119　④层出土陶器口（T0912④标本：4）

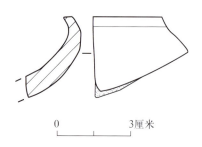

图 5-120　④层出土陶器口（T0911 ④标本：2）

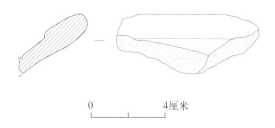

图 5-121　④层出土陶器口（T0911 ④标本：7）

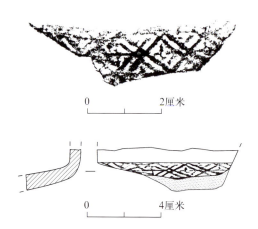

图 5-122　④层出土陶器口（T0811 ④标本：17）

T0810④标本：46，泥质硬陶，灰胎，灰黑色陶衣。卷沿，方唇。残宽2.3、胎厚0.4厘米（图5-123）。

T0911④标本：36，形制与T0911④标本：1近似。泥质硬陶，灰胎，褐色陶衣。宽折沿，束颈。颈部内壁有旋压往上逐级外侈的趋势。残长3、胎厚0.4～0.7厘米（图5-124）。

9. 器底

9件。均为泥质硬陶，有的底面附有一薄层的红色夹砂土，似在制坯时垫有夹细砂的粉末。其中T0811④标本：11与T0911④标本：5疑似同一器物的残片，其余形态各异。

T0910④标本：15，瓮罐残件。胎芯呈青灰色，胎面呈淡红色，陶衣呈黑褐色。下腹弧收，平底。饰A类二重方框对角线纹。底径约16、残高7.9厘米（图5-125）。

T0810④标本：11，瓮罐残件。灰胎，黑褐色陶衣。下腹斜收，平底。腹部近底处外壁见明显的轮旋痕迹，内壁修坯痕迹较凌乱。下腹饰B类米字纹。底径约23、残高10.6、胎厚0.8～2厘米。经由T0810④层、T0911④层两个单位的残片拼合（图5-126）。

T0911④标本：5，瓮罐残件。灰白胎，灰褐色陶衣。下腹斜收，平底。腹外壁饰B类米字纹，内壁有修坯手印。底径约17.3、残高7.3厘米（图5-127）。

T0811④标本：11，瓮罐残件，灰白胎，局部残存灰褐色陶衣。下腹斜收，平底。腹外壁饰B类米字纹，内壁有不规则修坯痕迹。底径约17.8、残高9.8厘米。经由T0811④层、T0810④层、T0911④层三个单位的残片拼合（图5-128）。

T0910④标本：21，瓮罐残件。灰白胎，局部见黑色陶衣，底部有黑色流滴状斑痕。平底。底径约16、残高3.1厘米（图5-129）。

T0810④标本：34，瓮罐残件。灰胎，灰褐色陶衣，外底面附着一薄层的红色夹细砂土。腹部近底处斜收，平底。腹部近底处饰B类米字纹，较模糊。底径20.9、残高3.9、胎厚0.5～1.7厘米（图5-130）。

T0911④标本：20，灰胎，胎较厚。下腹斜收，平底。外壁见一组四线弦纹，内壁有轮旋纹。外底有刻划符号（残缺）。底径约5.2、残高2.5、胎厚0.6～0.9厘米。该器物的胎体厚度、下腹形态和弦纹特征，与常见的碗明显不同，从两广地区同时期的类似器形看，可能为钵或盒残件（图5-131）。

T0811④标本：8，疑为碗残件。泥质软陶，淡红色胎。平底。底径5.3、残高1.3厘米（图5-132）。

T0810④标本：37，灰胎。近底处凹凸不平，平底。残长4、胎残厚0.2～0.9厘米（图5-133）。

10. 陶片

106件。多为印纹陶，纹饰有勾连云雷纹、席纹、多重方框对角线纹、三重方框对角线纹、二重方框对角线纹、方框对角线纹、米字纹、方格纹、组合纹。少量为素面陶。

（1）勾连云雷纹

2件。均为泥质硬陶，灰胎，灰黑色陶衣，胎体较薄。外壁饰勾连云雷纹，内壁有乳丁纹。从质料、纹饰、厚度及内壁特征观察，这2件陶片，以及T0911④标本：61方格纹和勾连云雷纹组合残片，疑属同一器物。

T0911④标本：60，残长6.4、胎厚0.3～0.5厘米（图5-134）。

T0912④标本：3，残长2.5、胎厚0.4厘米（图5-135）。

（2）席纹

1件。

T0911④标本：19，泥质硬陶，灰白胎，褐色陶衣。残长4、胎厚0.5厘米（图5-136）。

图 5-123　④层出土陶器口（T0810 ④标本：46）

图 5-124　④层出土陶器口（T0911 ④标本：36）

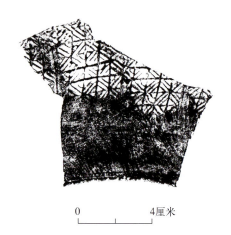

0　　　　　　4厘米

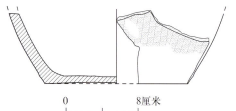

0　　　　　　8厘米

图 5-125　④层出土陶器底（T0910 ④标本：15）

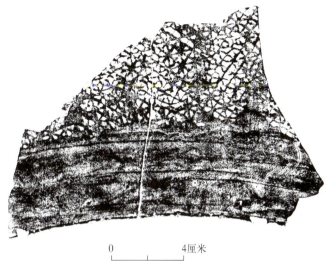

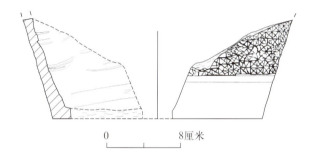

图 5-126 ④层出土陶器底（T0810④标本：11）

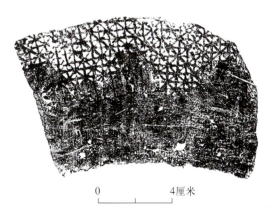

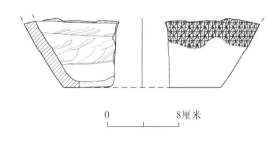

图 5-127 ④层出土陶器底（T0911④标本：5）

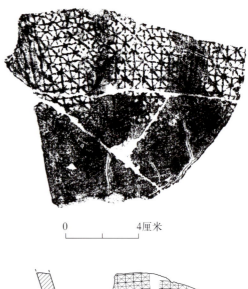
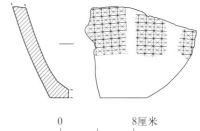

0　　　　4厘米

0　　　　8厘米

图 5-128　④层出土陶器底（T0811 ④标本：11）

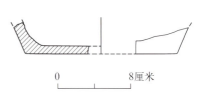

0　　　　8厘米

图 5-129　④层出土陶器底（T0910 ④标本：21）

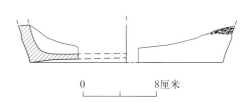

0　　　　8厘米

图 5-130　④层出土陶器底（T0810 ④标本：34）

图 5-131　④层出土陶器底（T0911④标本：20）

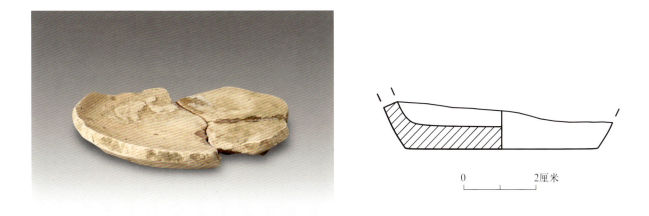

图 5-132　④层出土陶器底（T0811④标本：8）

图 5-133　④层出土陶器底（T0810 ④标本：37）

0　　　2厘米

图 5-134　④层出土勾连云雷纹陶片（T0911 ④标本：60）

图 5-135　④层出土勾连云雷纹陶片（T0912④标本：3）

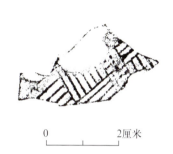

图 5-136　④层出土席纹陶片（T0911④标本：19）

（3）多重方框对角线纹

1 件。

T0812④标本：5，泥质灰红胎，烧成温度不高。残长 5.4、胎厚 1.1 厘米（图 5-137）。

（4）三重方框对角线纹

2 件。均为泥质硬陶。

T0911④标本：13，夹杂少量砂粒，胎芯呈灰白色，胎面呈深灰色，陶衣呈灰褐色。残长 7.2、胎厚 0.6 ～ 0.8 厘米（图 5-138）。

T0912④标本：1，深灰色胎。纹饰单元的线框形状呈长方形，与其他重方框对角线纹的方框形状不同。残长 7.4、胎厚 0.7 厘米（图 5-139）。

（5）二重方框对角线纹

27 件。A 类 4 件，B 类 23 件。均为泥质硬陶。

A 类　4 件。

T0910④标本：36，灰胎，黑色陶衣。残长 7.4、胎厚 0.6 ～ 0.8 厘米（图 5-140）。

T0910④标本：35，灰胎，黑色陶衣。残长 6.2、胎厚 0.7 ～ 0.9 厘米（图 5-141）。

T0911④标本：21，灰胎，夹细砂。残长 5.9、胎厚 0.5 ～ 0.6 厘米（图 5-142）。

T0911④标本：16，灰胎，胎断面见黑色麻点，灰黑色陶衣。残长 10.5、胎厚 0.5 ～ 0.8 厘米（图 5-143）。

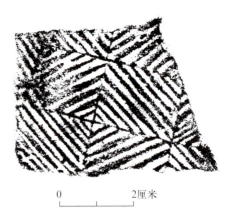

0　　　　　2厘米

图 5-137　④层出土多重方框对角线纹陶片（T0812 ④标本：5）

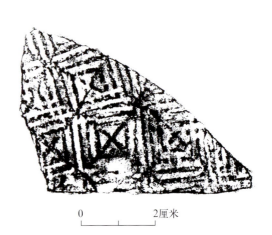

0　　　　　2厘米

图 5-138　④层出土三重方框对角线纹陶片（T0911 ④标本：13）

0　　　　　4厘米

图 5-139　④层出土三重方框对角线纹陶片（T0912 ④标本：1）

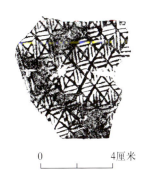

0   4厘米

图 5-140 　④层出土 A 类二重方框对角线纹陶片（T0910 ④标本: 36）

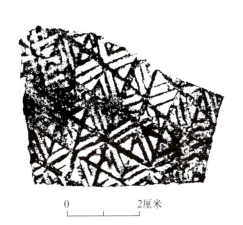

0   2厘米

图 5-141 　④层出土 A 类二重方框对角线纹陶片（T0910 ④标本: 35）

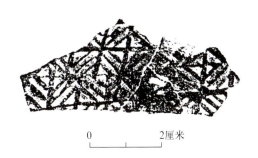

0   2厘米

图 5-142 　④层出土 A 类二重方框对角线纹陶片（T0911 ④标本: 21）

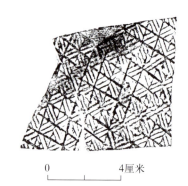

0 4厘米

图 5-143　④层出土 A 类二重方框对角线纹陶片（T0911 ④标本：16）

B 类　23 件。

T0810 ④标本：2，灰胎，黑色陶衣。残长 6.8、胎厚 0.7 ～ 0.8 厘米（图 5-144）。

T0810 ④标本：3，灰胎，灰黑色陶衣。残长 5.1、胎厚 0.8 厘米（图 5-145）。

T0911 ④标本：32，灰胎，黑褐色陶衣。残长 4、胎厚 0.6 ～ 0.8 厘米（图 5-146）。

T0911 ④标本：24，灰胎，黑褐色陶衣。残长 5.8、胎厚 0.5 ～ 0.7 厘米（图 5-147）。

T0911 ④标本：14，紫灰色胎，胎断面见层状纹理，黑色陶衣。残长 7、胎厚 0.7 ～ 0.8 厘米（图 5-148）。

T0810 ④标本：24，灰胎，黑色陶衣。残长 7.3、胎厚 0.6 ～ 0.7 厘米（图 5-149）。

T0810 ④标本：10，灰胎，灰黑色陶衣。残长 8.2、胎厚 0.6 ～ 0.7 厘米（图 5-150）。

T0910 ④标本：31，灰胎，黑褐色陶衣。残长 8.6、胎厚 0.6 ～ 0.7 厘米（图 5-151）。

T0812 ④标本：1，紫胎。黑色陶衣。长 6.7、胎厚 0.8 厘米（图 5-152）。

T0910 ④标本：37，紫胎，黑色陶衣。残长 4.1、胎厚 0.5 ～ 0.6 厘米（图 5-153）。

T0910 ④标本：2，紫胎，黑色陶衣。残长 3.5、胎厚 0.61 厘米（图 5-154）。

T0911 ④标本：23，灰胎，黑褐色陶衣。残长 4.1、胎厚 0.6 ～ 0.8 厘米（图 5-155）。

T0810 ④标本：9，灰胎，夹砂粒，黑色陶衣。残长 8.1、胎厚 0.7 ～ 0.8 厘米。经由 T0810 ④层、T0811 ④层两个单位的残片拼合（图 5-156）。

T0810 ④标本：18，灰胎，灰黑色陶衣。残长 7.9、胎厚 0.8 ～ 0.9 厘米（图 5-157）。

T0810 ④标本：4，灰白胎，灰黑色陶衣。残长 4.4、胎厚 0.7 ～ 0.9 厘米（图 5-158）。

T0810 ④标本：1，灰白胎，灰黑色陶衣。残长 5.4、残宽 3.6、胎厚 0.6 ～ 0.8 厘米（图 5-159）。

T0911 ④标本：35，灰胎，灰黑色陶衣。残长 2.8、胎厚 0.7 厘米（图 5-160）。

T0810 ④标本：8，灰胎，灰黑色陶衣。残长 4.7、胎厚 0.8 ～ 0.9 厘米（图 5-161）。

T0810 ④标本：23，灰白胎，灰黑色陶衣。残长 4、胎厚 0.8 ～ 0.9 厘米（图 5-162）。

T0810 ④标本：49，灰胎，灰黑色陶衣。残长 3.7、胎厚 0.8 厘米（图 5-163）。

T0810 ④标本：33，灰胎，灰黑色陶衣。残长 3、胎厚 0.7 ～ 0.8 厘米（图 5-164）。

T0810 ④标本：32，灰胎。残长 8.3、胎厚 0.8 ～ 1 厘米（图 5-165）。

T0810 ④标本：25，疑为瓮罐近底处残片，胎壁较厚，灰胎，局部见灰褐色陶衣，纹饰较模糊。残长 8、胎厚 1.1 ～ 1.7 厘米（图 5-166）。

图 5-144　④层出土 B 类二重方框对角线纹陶片（T0810 ④标本：2）

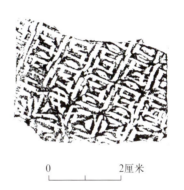

图 5-145　④层出土 B 类二重方框对角线纹陶片（T0810 ④标本：3）

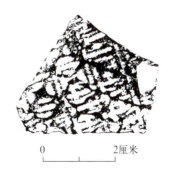

图 5-146　④层出土 B 类二重方框对角线纹陶片（T0911 ④标本：32）

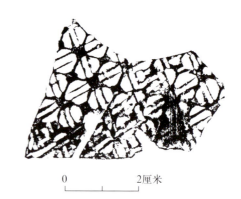

图 5-147　④层出土 B 类二重方框对角线纹陶片（T0911 ④标本：24）

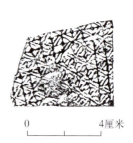

图 5-148　④层出土 B 类二重方框对角线纹陶片（T0911 ④标本：14）

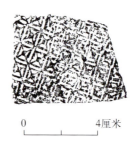

图 5-149　④层出土 B 类二重方框对角线纹陶片（T0810 ④标本：24）

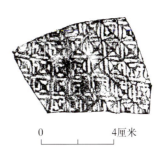

图 5-150 ④层出土 B 类二重方框对角线纹陶片（T0810 ④标本：10）

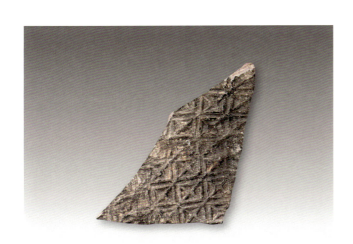

图 5-151 ④层出土 B 类二重方框对角线纹陶片（T0910 ④标本：31）

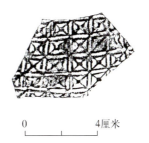

图 5-152 ④层出土 B 类二重方框对角线纹陶片（T0812 ④标本：1）

图 5-153　④层出土 B 类二重方框对角线纹陶片（T0910 ④标本：37）

图 5-154　④层出土 B 类二重方框对角线纹陶片（T0910 ④标本：2）

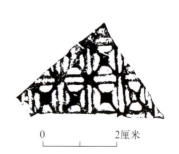

图 5-155　④层出土 B 类二重方框对角线纹陶片（T0911 ④标本：23）

图 5-156　④层出土 B 类二重方框对角线纹陶片（T0810 ④标本：9）

 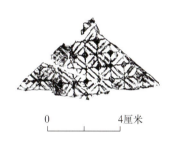

图 5-157　④层出土 B 类二重方框对角线纹陶片（T0810 ④标本：18）

 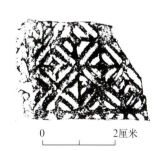

图 5-158　④层出土 B 类二重方框对角线纹陶片（T0810 ④标本：4）

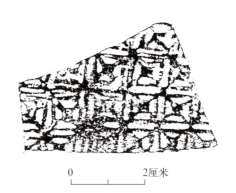

图 5-159　④层出土 B 类二重方框对角线纹陶片（T0810 ④标本：1）

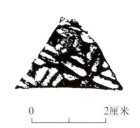

图 5-160　④层出土 B 类二重方框对角线纹陶片（T0911 ④标本：35）

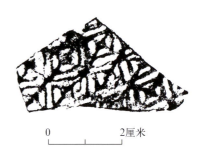

图 5-161　④层出土 B 类二重方框对角线纹陶片（T0810 ④标本：8）

图 5-162　④层出土 B 类二重方框对角线纹陶片（T0810④标本：23）

图 5-163　④层出土 B 类二重方框对角线纹陶片（T0810④标本：49）

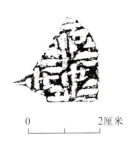

图 5-164　④层出土 B 类二重方框对角线纹陶片（T0810④标本：33）

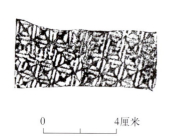

0　　　　　　4厘米

图 5-165　④层出土 B 类二重方框对角线纹陶片（T0810 ④标本：32）

0　　　　　　4厘米

图 5-166　④层出土 B 类二重方框对角线纹陶片（T0810 ④标本：25）

（6）方框对角线纹

12 件。A 类 8 件，B 类 4 件。均为泥质硬陶。

A 类　8 件。

T0911 ④标本：8，灰胎，灰黑色陶衣。内壁有片状修坯痕。最宽 14.2、胎厚 0.7～0.9 厘米（图 5-167）。

T0910 ④标本：7，灰胎，灰黑色陶衣。残长 11.3、胎厚 0.8～1 厘米（图 5-168）。

T0910 ④标本：8，灰胎，灰黑色陶衣。残长 6.9、胎厚 0.7～0.8 厘米（图 5-169）。

T0910 ④标本：9，灰胎，灰黑色陶衣。残长 9.6、胎厚 0.8～0.9 厘米（图 5-170）。

T0910 ④标本：10，灰胎，灰黑色陶衣。残长 2.5、胎厚 0.8 厘米（图 5-171）。

T0910 ④标本：32，灰胎，黑褐色陶衣。残长 6.9、胎厚 0.8～1 厘米（图 5-172）。

T0910 ④标本：3，灰胎，黑色陶衣。残长 5.5、胎厚 0.95 厘米（图 5-173）。

T0811 ④标本：1，灰胎，黑褐色陶衣。残长 8、胎厚 0.7～1 厘米（图 5-174）。

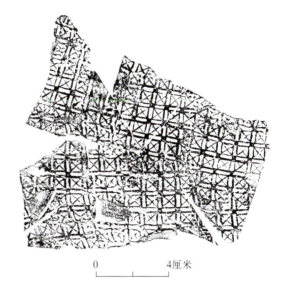

图 5-167　④层出土 A 类方框对角线纹陶片（T0911④标本：8）

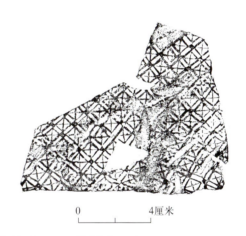

图 5-168　④层出土 A 类方框对角线纹陶片（T0910④标本：7）

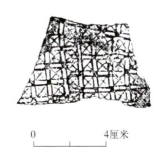

图 5-169　④层出土 A 类方框对角线纹陶片（T0910④标本：8）

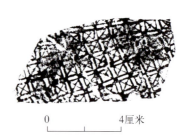

0　　　　　　4厘米

图 5-170　④层出土 A 类方框对角线纹陶片（T0910④标本: 9）

0　　　　2厘米

图 5-171　④层出土 A 类方框对角线纹陶片（T0910④标本: 10）

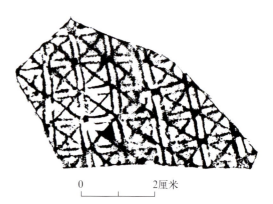

0　　　　2厘米

图 5-172　④层出土 A 类方框对角线纹陶片（T0910④标本: 32）

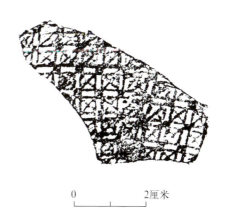

0　　　　　2厘米

图 5-173　④层出土 A 类方框对角线纹陶片（T0910 ④标本：3）

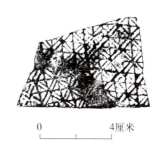

0　　　　　4厘米

图 5-174　④层出土 A 类方框对角线纹陶片（T0811 ④标本：1）

B 类　4 件。

T0911 ④标本：18，紫灰色胎，灰黑色陶衣。残长 6.2、胎厚 0.5 ～ 0.8 厘米（图 5-175）。

T0810 ④标本：35，灰胎，黑褐色陶衣。残长 6、胎厚 0.7 ～ 0.9 厘米（图 5-176）。

T0910 ④标本：11，灰胎，灰黑色陶衣。残长 4.3、胎厚 0.8 厘米（图 5-177）。

T0910 ④标本：39，灰胎，紫褐色陶衣。残长 8.2、胎厚 0.8 ～ 0.9 厘米（图 5-178）。

（7）米字纹

55 件。A 类 3 件，B 类 52 件。均为泥质硬陶。

A 类　3 件。

T0812 ④标本：2，灰胎，灰褐色陶衣。残长 7.1、宽 3.9、胎厚 0.7 厘米（图 5-179）。

T0810 ④标本：7，灰胎，黑褐色陶衣。残长 7.3、胎厚 0.7 ～ 0.9 厘米（图 5-180）。

T0810 ④标本：6，胎芯呈灰色，胎面呈红色，陶衣呈黑褐色。残长 3.7、胎厚 1.1 厘米（图 5-181）。

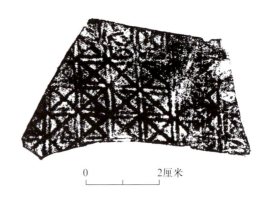

图 5-175   ④层出土 B 类方框对角线纹陶片（T0911④标本：18）

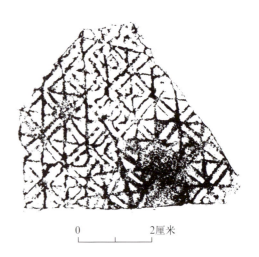

图 5-176   ④层出土 B 类方框对角线纹陶片（T0810④标本：35）

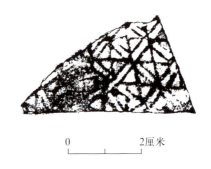

图 5-177   ④层出土 B 类方框对角线纹陶片（T0910④标本：11）

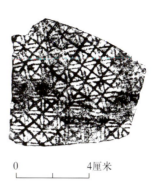

0   4厘米

图 5-178 ④层出土 B 类方框对角线纹陶片（T0910④标本: 39）

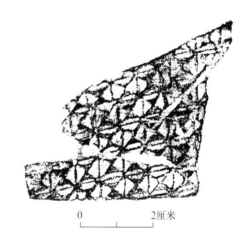

0   2厘米

图 5-179 ④层出土 A 类米字纹陶片（T0812④标本: 2）

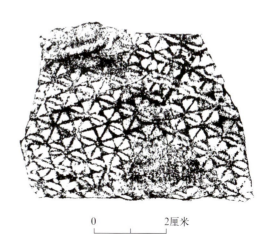

0   2厘米

图 5-180 ④层出土 A 类米字纹陶片（T0810④标本: 7）

图 5-181　④层出土 A 类米字纹陶片（T0810④标本：6）

B 类　52件。

T0911④标本：31，灰胎，灰黑色陶衣。残长 9、胎厚 0.6～0.8 厘米（图 5-182）。

T0810④标本：5，灰胎，黑褐色陶衣。纹样粗、纹路深。内壁凹凸不平。残长 15.4、胎厚 0.8～1.1 厘米（图 5-183）。

T0810④标本：14，灰胎，黑褐色陶衣。纹饰较模糊。内壁见片状修坯痕迹。残长 8.8、胎厚 0.9～1.1 厘米（图 5-184）。

T0810④标本：15，灰胎，灰褐色陶衣。残长 5.4、胎厚 0.8～0.9 厘米（图 5-185）。

T0810④标本：31，灰胎，陶衣呈灰褐和黑褐色，有叠烧痕迹。残长 6、胎厚 0.5～0.7 厘米（图 5-186）。

T0810④标本：12，灰白胎，灰褐色陶衣，附有少量玻璃质窑汗。纹样粗、纹路深。残长 11.4、胎厚 0.9～1.1 厘米。经由 T0810④层、T0911④层两个单位的残片拼合（图 5-187）。

T0911④标本：29，灰胎，黑褐色陶衣，有一滴青绿色窑汗。残长 12.7、胎厚 0.7～0.9 厘米（图 5-188）。

T0810④标本：13，灰胎，灰褐色陶衣，内壁凹凸粗糙。残长 9.4、胎厚 0.6～0.7 厘米（图 5-189）。

T0810④标本：20，灰胎，灰褐色陶衣。残长 8.2、残高 5、胎厚 0.7～1 厘米（图 5-190）。

T0810④标本：27，灰胎，灰褐色陶衣。纹样粗、纹路深。残长 7.2、胎厚 0.8～1 厘米（图 5-191）。

T0812④标本：3，灰白胎，灰褐色陶衣。纹样粗、纹路深。长 10.7、残高 8.2、胎厚 0.9～1 厘米（图 5-192）。

T0910④标本：16，灰胎，灰褐色陶衣。残长 7.1、胎厚 0.6～0.8 厘米（图 5-193）。

T0812④标本：4，灰胎，灰褐色陶衣。长 8.2、胎厚 0.6 厘米（图 5-194）。

T0910④标本：14，灰胎，灰褐色陶衣。残长 8.8、胎厚 0.7 厘米（图 5-195）。

T0910④标本：38，灰胎，灰褐色陶衣。残长 10、胎厚 0.6～1 厘米（图 5-196）。

T0810④标本：47，灰胎，灰褐色陶衣。残长 7.6、胎厚 0.6～0.8 厘米（图 5-197）。

T0810④标本：38，灰白胎，灰褐色陶衣。残长 5.2、胎厚 0.7～0.9 厘米（图 5-198）。

T0911④标本：28，灰白胎，灰褐色陶衣。残长 8.3、胎厚 0.8～1 厘米（图 5-199）。

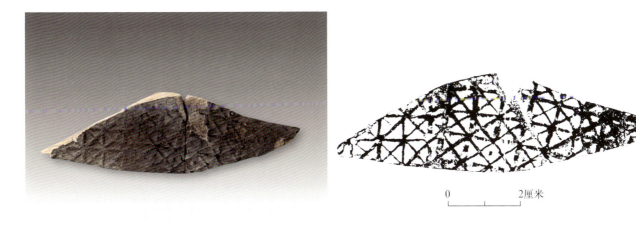

图 5-182 ④层出土 B 类米字纹陶片（T0911 ④标本：31）

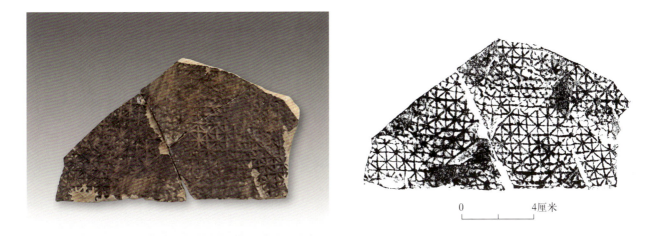

图 5-183 ④层出土 B 类米字纹陶片（T0810 ④标本：5）

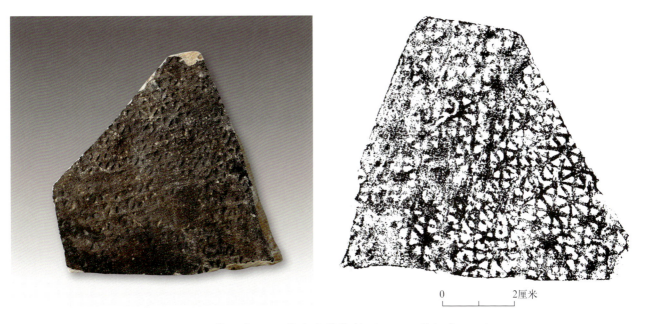

图 5-184 ④层出土 B 类米字纹陶片（T0810 ④标本：14）

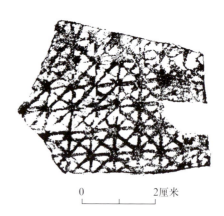

0　　　　　2厘米

图 5-185　④层出土 B 类米字纹陶片（T0810④标本：15）

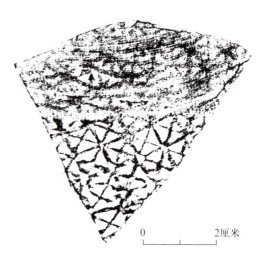

0　　　　　2厘米

图 5-186　④层出土 B 类米字纹陶片（T0810④标本：31）

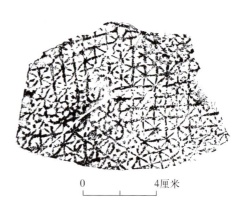

0　　　　　4厘米

图 5-187　④层出土 B 类米字纹陶片（T0810④标本：12）

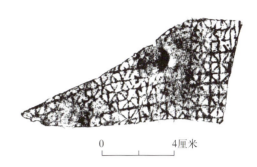

图 5-188　④层出土 B 类米字纹陶片（T0911 ④标本：29）

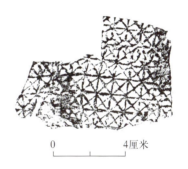

图 5-189　④层出土 B 类米字纹陶片（T0810 ④标本：13）

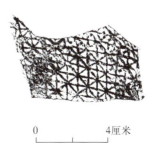

图 5-190　④层出土 B 类米字纹陶片（T0810 ④标本：20）

图 5-191　④层出土 B 类米字纹陶片（T0810 ④标本：27）

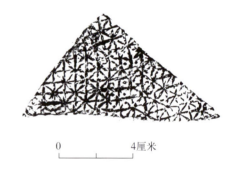

图 5-192　④层出土 B 类米字纹陶片（T0812 ④标本：3）

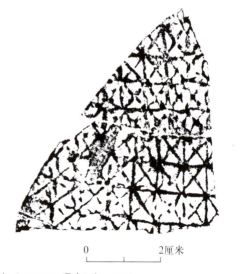

图 5-193　④层出土 B 类米字纹陶片（T0910 ④标本：16）

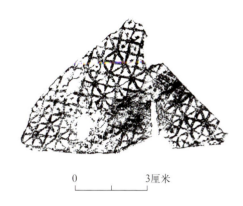

0　　　　　3厘米

图 5-194　④层出土 B 类米字纹陶片（T0812④标本: 4）

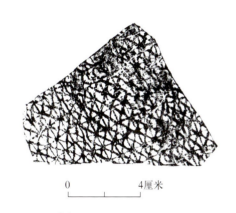

0　　　　　4厘米

图 5-195　④层出土 B 类米字纹陶片（T0910④标本: 14）

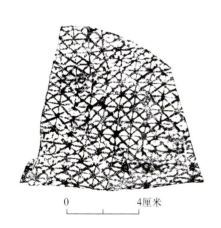

0　　　　　4厘米

图 5-196　④层出土 B 类米字纹陶片（T0910④标本: 38）

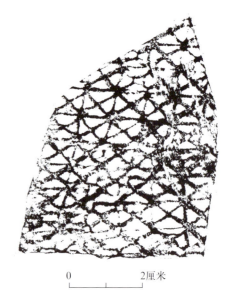

图 5-197　④层出土 B 类米字纹陶片（T0810④标本：47）

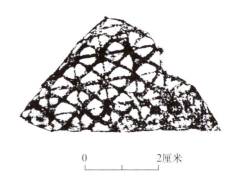

图 5-198　④层出土 B 类米字纹陶片（T0810④标本：38）

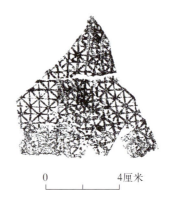

图 5-199　④层出土 B 类米字纹陶片（T0911④标本：28）

T0911 ④标本：22，灰胎，灰黑色陶衣。残长 8.8、胎厚 0.6 ～ 0.7 厘米（图 5-200）。

T0810 ④标本：36，灰胎，灰黑色陶衣，局部脱落。残长 15、胎厚 0.6 ～ 0.8 厘米（图 5-201）。

T0810 ④标本：41，灰胎，局部存灰黑色陶衣。内壁见凹凸不平的修坯痕迹。残长 9、胎厚 0.5 ～ 0.7 厘米（图 5-202）。

T0810 ④标本：39，灰胎，灰褐色陶衣。内壁凹凸不平。残长 8、胎厚 0.7 ～ 0.9 厘米（图 5-203）。

T0810 ④标本：48，灰胎，灰褐色陶衣。内壁见片状修坯痕迹。残长 11、胎厚 0.6 ～ 0.7 厘米。经由 T0810 ④层、T0910 ④层两个单位的残片拼合（图 5-204）。

T0811 ④标本：12，灰胎，灰黑色陶衣。长 6.41、胎厚 0.8 ～ 0.9 厘米（图 5-205）。

T0810 ④标本：28，灰胎，灰黑色陶衣。残长 5.9、胎厚 0.6 ～ 0.8 厘米（图 5-206）。

T0810 ④标本：19，灰胎，局部存灰褐色陶衣。残长 5.9、胎厚 0.6 ～ 0.7 厘米（图 5-207）。

T0910 ④标本：34，灰胎，灰褐色陶衣。内壁有片状修坯痕迹。残长 6.1、胎厚 0.6 ～ 0.9 厘米（图 5-208）。

T0910 ④标本：22，灰白胎，灰褐色陶衣。残长 5、胎厚 0.9 厘米（图 5-209）。

T0911 ④标本：34，灰胎，灰褐色陶衣。残长 4.3、胎厚 0.6 ～ 0.9 厘米（图 5-210）。

T0910 ④标本：17，灰胎，灰黑色陶衣。残长 3.9、胎厚 1 厘米（图 5-211）。

T0910 ④标本：18，灰胎，灰黑色陶衣。残长 4.8、胎厚 0.7 ～ 0.84 厘米（图 5-212）。

T0910 ④标本：23，陶片。灰胎，灰褐色陶衣。胎壁变形，凹凸不平。残长 10.9、胎厚 0.49 ～ 0.75 厘米（图 5-213）。

T0910 ④标本：12，灰胎，灰黑色陶衣。残长 9.2、胎厚 0.5 ～ 0.8 厘米（图 5-214）。

T0910 ④标本：20，灰胎，灰黑色陶衣。残长 2.8、胎厚 0.7 厘米（图 5-215）。

T0810 ④标本：16，灰白胎，灰褐色陶衣。残长 4、胎厚 8 ～ 1 厘米（图 5-216）。

T0811 ④标本：13，灰胎，灰褐色陶衣。长 4.4、胎厚 0.8 ～ 0.9 厘米（图 5-217）。

T0811 ④标本：14，灰胎，灰褐色陶衣。长 5.1、胎厚 0.7 ～ 1 厘米（图 5-218）。

T0811 ④标本：15，灰胎，灰褐色陶衣。长 4.3、胎厚 0.6 ～ 1 厘米（图 5-219）。

T0910 ④标本：33，灰胎，灰褐色陶衣。残长 5、胎厚 1 ～ 1.1 厘米（图 5-220）。

T0910 ④标本：13，灰胎，灰黑色陶衣。残长 3.3、胎厚 0.8 厘米（图 5-221）。

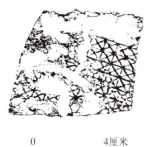

图 5-200　④层出土 B 类米字纹陶片（T0911 ④标本：22）

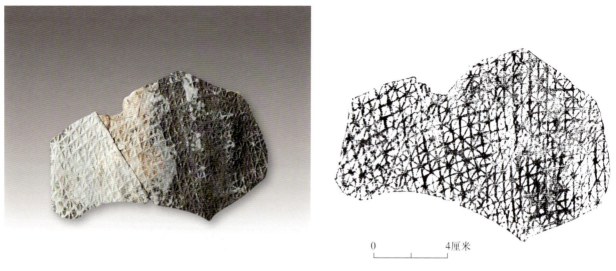

图 5-201　④层出土 B 类米字纹陶片（T0810 ④标本：36）

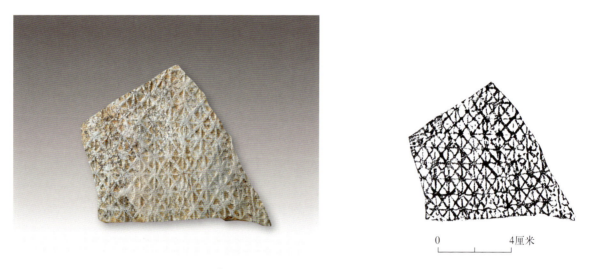

图 5-202　④层出土 B 类米字纹陶片（T0810 ④标本：41）

图 5-203　④层出土 B 类米字纹陶片（T0810 ④标本：39）

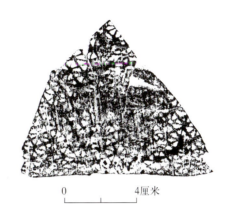

图 5-204　④层出土 B 类米字纹陶片（T0810 ④标本: 48）

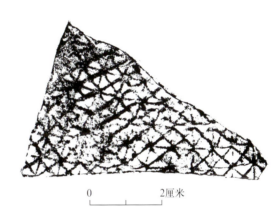

图 5-205　④层出土 B 类米字纹陶片（T0811 ④标本: 12）

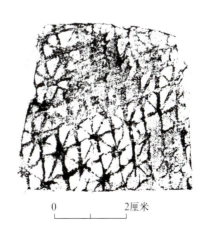

图 5-206　④层出土 B 类米字纹陶片（T0810 ④标本: 28）

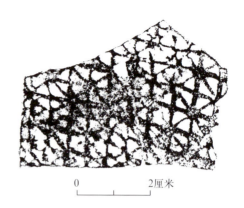

0　　　　　　2厘米

图 5-207　④层出土 B 类米字纹陶片（T0810 ④标本：19）

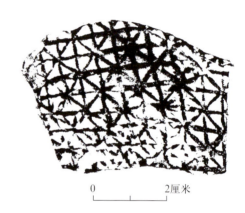

0　　　　　　2厘米

图 5-208　④层出土 B 类米字纹陶片（T0910 ④标本：34）

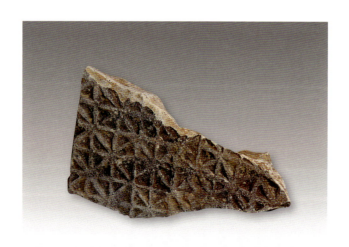
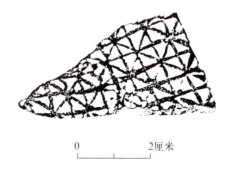

0　　　　　　2厘米

图 5-209　④层出土 B 类米字纹陶片（T0910 ④标本：22）

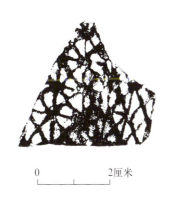

图 5-210　④层出土 B 类米字纹陶片（T0911 ④标本：34）

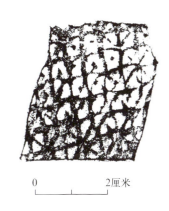

图 5-211　④层出土 B 类米字纹陶片（T0910 ④标本：17）

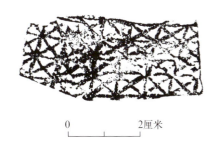

图 5-212　④层出土 B 类米字纹陶片（T0910 ④标本：18）

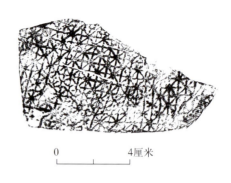

0　　　　4厘米

图 5-213　　④层出土 B 类米字纹陶片（T0910 ④标本：23）

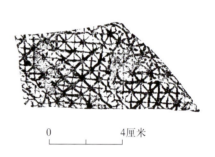

0　　　　4厘米

图 5-214　　④层出土 B 类米字纹陶片（T0910 ④标本：12）

0　　　　2厘米

图 5-215　　④层出土 B 类米字纹陶片（T0910 ④标本：20）

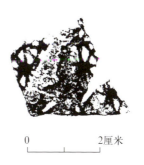

图 5-216　④层出土 B 类米字纹陶片（T0810 ④标本：16）

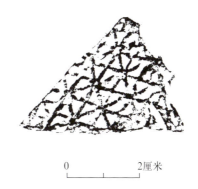

图 5-217　④层出土 B 类米字纹陶片（T0811 ④标本：13）

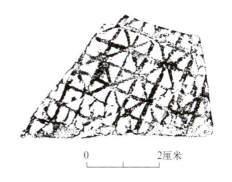

图 5-218　④层出土 B 类米字纹陶片（T0811 ④标本：14）

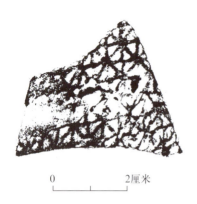

图 5-219　④层出土 B 类米字纹陶片（T0811 ④标本：15）

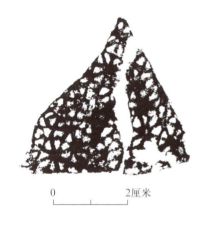

图 5-220　④层出土 B 类米字纹陶片（T0910 ④标本：33）

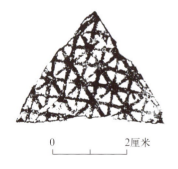

图 5-221　④层出土 B 类米字纹陶片（T0910 ④标本：13）

T0911④标本：15，灰胎，灰黑色陶衣。残长 4.5、胎厚 0.6～0.7 厘米（图 5-222）。

T0811④标本：16，灰胎，灰黑色陶衣。长 3.5、胎厚 0.8 厘米（图 5-223）。

T0811④标本：19，灰胎，灰褐色陶衣。残长 3、胎厚 0.8～0.9 厘米（图 5-224）。

T0911④标本：30，灰胎，灰褐色陶衣。残长 4.2、胎厚 0.6～0.7 厘米（图 5-225）。

T1010④标本：1，灰胎，灰黑色陶衣。残长 5.6、胎厚 0.8～1 厘米（图 5-226）。

T0810④标本：22，灰胎，灰黑色陶衣。残长 2.5、胎厚 0.6～0.7 厘米（图 5-227）。

T0810④标本：29，灰白胎，灰褐色陶衣。残长 3.8、胎厚 0.9～1. 厘米（图 5-228）。

T0810④标本：17，灰胎，灰黑色陶衣。残长 4、胎厚 0.6～0.8 厘米（图 5-229）。

T0810④标本：26，颈部残片，灰白胎，局部见灰褐色陶衣。纹饰较模糊。残长 5.9、胎厚 0.7～0.9 厘米（图 5-230）。

T0911④标本：6，灰黄色胎，红褐色陶衣。内壁凹凸不平，见修坯手印。残长 17.5、胎厚 0.9～1.2 厘米（图 5-231）。

T0912④标本：2，灰胎，黑褐色陶衣。有刻划符号（残缺）。残长 5.7、胎厚 0.8 厘米（图 5-232）。

T0810④标本：30，灰胎，灰褐色陶衣。有刻划符号（残缺）。残长 9.8、胎厚 0.8～1 厘米（图 5-233）。

图 5-222　④层出土 B 类米字纹陶片（T0911④标本：15）

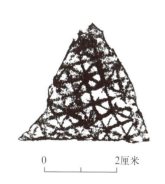

图 5-223　④层出土 B 类米字纹陶片（T0811④标本：16）

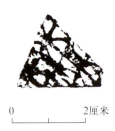

图 5-224　④层出土 B 类米字纹陶片（T0811 ④标本：19）

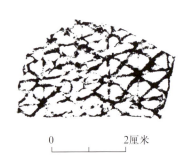

图 5-225　④层出土 B 类米字纹陶片（T0911 ④标本：30）

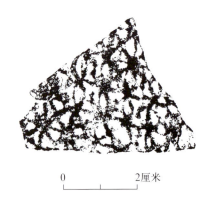

图 5-226　④层出土 B 类米字纹陶片（T1010 ④标本：1）

图 5-227　④层出土 B 类米字纹陶片（T0810 ④标本：22）

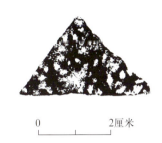

图 5-228　④层出土 B 类米字纹陶片（T0810 ④标本: 29）

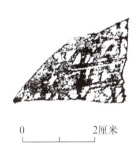

图 5-229　④层出土 B 类米字纹陶片（T0810 ④标本: 17）

图 5-230　④层出土 B 类米字纹陶片（T0810 ④标本: 26）

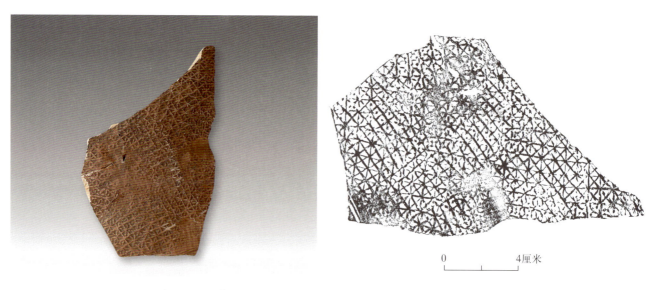

图 5-231　④层出土 B 类米字纹陶片（T0911 ④标本：6）

图 5-232　④层出土 B 类米字纹陶片（T0912 ④标本：2）

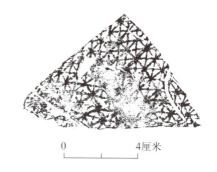

图 5-233　④层出土 B 类米字纹陶片（T0810 ④标本：30）

（8）方格纹

4 件。3 件为泥质硬陶，1 件为夹砂陶。

T0910 ④标本：19，泥质硬陶，灰胎，灰黑色陶衣。残长 3.4、胎厚 1 厘米（图 5-234）。

T0911 ④标本：25，泥质硬陶，灰胎，黑色陶衣。内壁有滴状黑斑。残长 4.1、胎厚 0.7 ～ 0.8 厘米（图 5-235）。

T0812 ④标本：6，泥质硬陶，灰胎，胎断面见细密黑点，灰黑色陶衣。残长 2.9、胎厚 0.6 厘米（图 5-236）。

T0810 ④标本：40，夹砂红陶，烧成温度不高。残片为半环状。残长 5.2、胎厚 1.1 ～ 1.5 厘米（图 5-237）。

（9）组合纹

1 件。

T0911 ④标本：61，泥质硬陶。灰胎，灰黑色陶衣。外壁饰方格纹、勾连云雷纹，内壁有乳丁纹。残长 6.4、胎厚 0.4 ～ 0.5 厘米。从质料、纹饰、厚度及内壁特征观察，这件陶片与 T0911 ④标本：60 和 T0912 ④标本：3 勾连云雷纹陶片疑属同一器物（图 5-238）。

（10）素面

1 件。

T0811 ④标本：18，腹壁近底处残片。泥质硬陶。灰胎，灰黑色陶衣。残长 4.1、胎厚 1 厘米（图 5-239）。

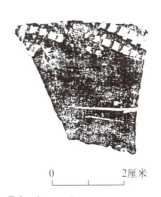

图 5-234 ④层出土方格纹陶片（T0910 ④标本：19）

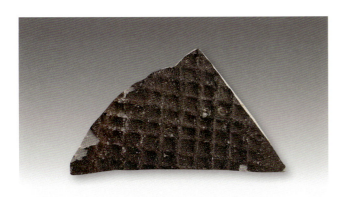
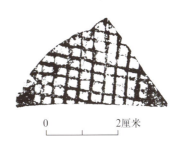

图 5-235 ④层出土方格纹陶片（T0911 ④标本：25）

图 5-236　④层出土方格纹陶片（T0812 ④标本：6）

图 5-237　④层出土方格纹陶片（T0810 ④标本：40）

图 5-238　④层出土组合纹陶片（T0911 ④标本：61）

图 5-239　④层出土素面陶片（T0811 ④标本：18）

（三）原始瓷

36 件。可辨器形有碗、杯。内外施釉但一般不及底，釉色呈青灰或青黄色，釉层稀薄，施釉不均，多数胎釉结合不紧密，釉层多已脱落。内壁多见有凹凸相间的轮旋纹，有的轮旋纹在外壁。外底有细线切割痕迹，切痕多呈偏心螺纹状。

1. 碗

15 件。仅 1 件可复原，其余为口沿和腹底残件。

T0810 ④：4，灰白胎，青灰釉。敞口，尖圆唇，弧腹，平底。内壁有轮旋纹，内底边缘有两道弦纹。口径约 12、底径 5.8、高 4.9 厘米（图 5-240）。

T0810 ④标本：43，灰胎，青灰釉。敞口，尖圆唇，弧腹。内壁有轮旋纹。口径约 12.3、残高 3.1 厘米（图 5-241）。

T0911 ④标本：4，灰胎，青灰釉。敞口，尖圆唇。内壁有轮旋纹。口径约 12.4、残高 3.3 厘米（图 5-242）。

T0910 ④标本：27，灰白胎，青黄釉。敞口，尖圆唇。内壁有轮旋纹。口径 9.6、残高 3.6 厘米（图 5-243）。

T0910 ④标本：26，灰白胎，青黄釉。敞口，尖圆唇。内壁有轮旋纹。残高约 3、残长 4.2、胎厚 0.2 ～ 0.4 厘米（图 5-244）。

T0911 ④标本：12，灰白胎，青黄釉多已脱落。敞口，弧腹。内壁有轮旋纹。口径约 10.7、残高 3.7 厘米（图 5-245）。

T0810 ④标本：45，灰胎，青黄釉多已脱落。敞口，尖圆唇，弧腹。口径 11、残高 3.9 厘米（图 5-246）。

T0910 ④标本：29，灰白胎，青黄釉脱落殆尽。尖圆唇。残长 3、胎厚 0.2 ～ 0.4 厘米（图 5-247）。

T0910 ④标本：28，灰白胎，青黄釉多已脱落。尖圆唇，弧腹。残长 3.7、胎厚 0.2 ～ 0.4 厘米（图 5-248）。

T0810 ④标本：44，灰白胎，青黄釉脱落殆尽。敞口，圆唇，弧腹。口径约 8.1、残高 3.5 厘米（图 5-249）。

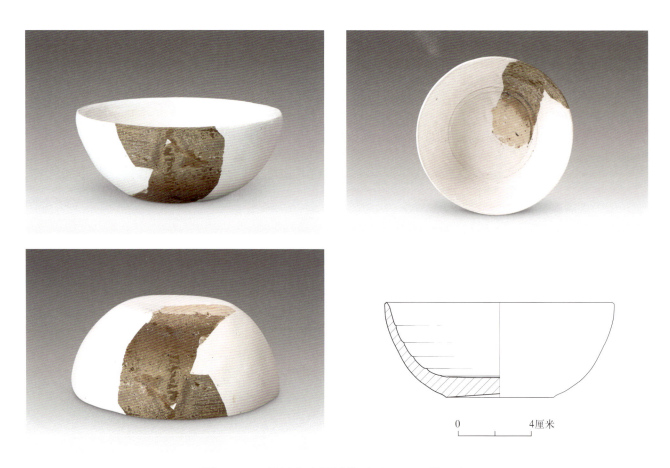

图 5-240　④层出土原始瓷碗（T0810 ④∶4）

图 5-241　④层出土原始瓷碗（T0810 ④标本∶43）

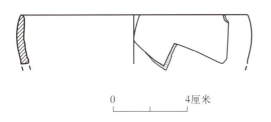

图 5-242　④层出土原始瓷碗（T0911④标本：4）

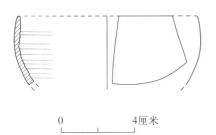

图 5-243　④层出土原始瓷碗（T0910④标本：27）

图 5-244　④层出土原始瓷碗（T0910 ④标本：26）

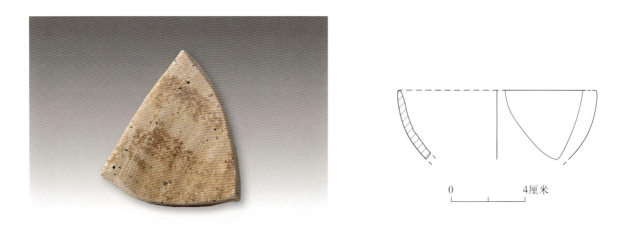

图 5-245　④层出土原始瓷碗（T0911 ④标本：12）

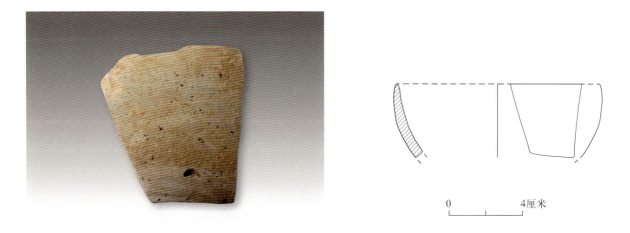

图 5-246　④层出土原始瓷碗（T0810 ④标本：45）

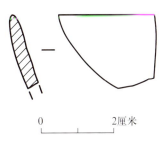

图 5-247　④层出土原始瓷碗（T0910④标本：29）

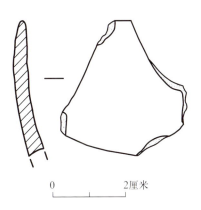

图 5-248　④层出土原始瓷碗（T0910④标本：28）

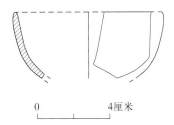

图 5-249　④层出土原始瓷碗（T0810④标本：44）

T0911 ④标本：37，灰白胎，青黄釉脱落殆尽。敛口，尖圆唇，弧腹。残长 3.5、胎厚 0.2 ～ 0.4 厘米（图 5-250）。

T0811 ④标本：9，灰白胎，青黄釉脱落殆尽。敞口、尖圆唇、弧腹。口径约 7.1、残高 3.1 厘米（图 5-251）。

T0811 ④标本：10，灰白胎，青黄釉脱落殆尽。敞口、尖圆唇、弧腹。口径约 8.2、残高 3.9 厘米（图 5-252）。

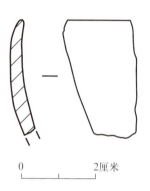

图 5-250　④层出土原始瓷碗（T0911 ④标本：37）

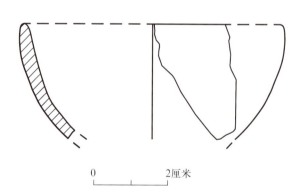

图 5-251　④层出土原始瓷碗（T0811 ④标本：9）

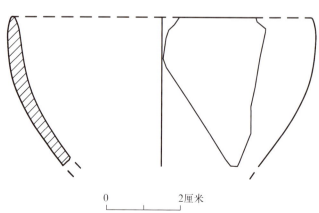

图 5-252　④层出土原始瓷碗（T0811 ④标本：10）

　　T0911④标本：9，灰白胎，青灰釉，底部呈红褐色。平底。外底有刻划符号（残缺）。底径约 7、残高 1.3 厘米（图 5-253）。

　　T0810④标本：51，紫灰色胎，青灰釉，底部呈红褐色。平底。外底有刻划符号（残缺）。底径约 5、残高 1.2 厘米（图 5-254）。

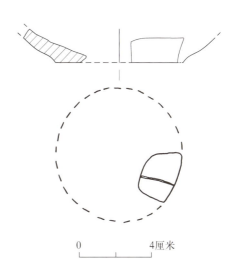

图 5-253　④层出土原始瓷碗（T0911④标本：9）

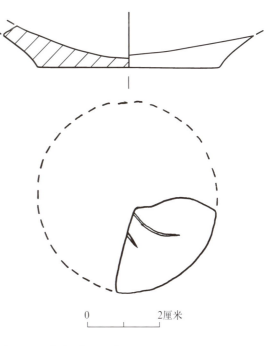

图 5-254　④层出土原始瓷碗（T0810④标本：51）

2. 杯

9件。其中3件可复原，形制相近，大小稍有差别。侈口，尖圆唇，斜直腹，近底处束收，平底或略凹。内壁有轮旋纹。

T0911④：1，灰胎，青灰釉脱落殆尽，近底处及底部内外呈红褐色。口径6.3、底径3.7、高4.4厘米（图5-255）。

T0810④：1，灰白胎，青灰釉施及内底，外壁近底处及外底呈酱褐色。口径5.6、底径3.6、高4厘米（图5-256）。

T0910④：3，灰白胎，青灰釉脱落殆尽。平底略凹。近底处及底部内外呈红褐色。口径6.1、底径3.7、高4.6厘米（图5-257）。

T0810④标本：50，灰胎，釉脱落。内壁口沿以下呈红褐色。口径约6.8、残高2.4厘米（图5-258）。

T0811④标本：5，灰白胎，釉脱落。内壁口沿以下呈红褐色。口径6.4、残高2厘米（图5-259）。

T0811④标本：6，灰白胎，青黄釉脱落殆尽。口径约6.6、残高2.5厘米（图5-260）。

T0811④标本：21，灰白胎，青黄釉。残长1.1、胎厚0.1～0.25厘米（图5-261）。

T0910④标本：4，灰白胎。近底处及底部内外呈红褐色。底径3.3、残高2.3、胎厚0.4～0.6厘米（图5-262）。

T0811④标本：4，灰白胎。近底处及底部内外呈红褐色。底径3.1、残高1.7厘米（图5-263）。

图5-255　④层出土原始瓷杯（T0911④：1）

图 5-256　④层出土原始瓷杯（T0810④：1）

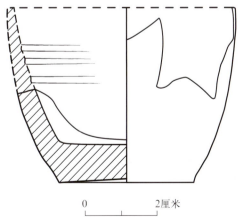

图 5-257　④层出土原始瓷杯（T0910④：3）

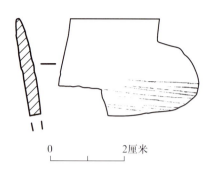

图 5-258　④层出土原始瓷杯（T0810 ④标本：50）

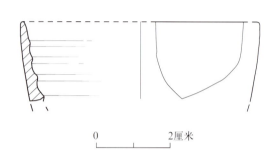

图 5-259　④层出土原始瓷杯（T0811 ④标本：5）

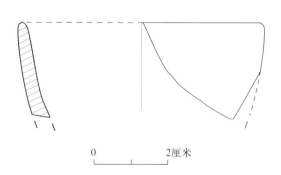

图 5-260　④层出土原始瓷杯（T0811 ④标本：6）

图 5-261　④层出土原始瓷杯（T0811 ④标本：21）

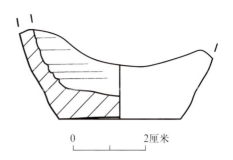

图 5-262　④层出土原始瓷杯（T0910 ④标本：4）

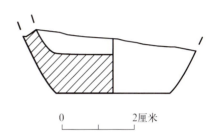

图 5-263　④层出土原始瓷杯（T0811 ④标本：4）

3. 原始瓷片

12 件。胎、釉特征大致分两类，一类为灰胎，施青灰釉，一类为灰白胎，施青黄釉。

T0911 ④标本：11，疑为钵残件。灰白胎，青黄釉多已脱落。深腹。残长 8.3、胎厚 0.4～0.8 厘米（图 5-264）。

T0810 ④标本：54，口沿残片。灰白胎，施青黄釉。尖圆唇。残长 2.8、胎厚 0.2～0.5 厘米（图 5-265）。

T0810 ④标本：52，灰胎，青灰釉。残长 3.7、胎厚 0.5～0.6 厘米（图 5-266）。

T0810 ④标本：53，灰胎，青灰釉。残长 3、胎厚 0.6 厘米（图 5-267）。

T0911 ④标本：10，灰白胎，青黄釉多已脱落。残长 4.6、胎厚 0.4～0.5 厘米（图 5-268）。

T0910 ④标本：1，口沿残片。灰白胎，青黄釉多已脱落。尖圆唇。残长 1.5、胎厚 0.26～0.34 厘米（图 5-269）。

T0811 ④标本：7，灰白胎，青黄釉。残长 2.6、残宽 2.05 厘米（图 5-270）。

T0910 ④标本：54，口沿残片。灰白胎，青黄釉。尖圆唇。外壁有轮旋纹。残长 2.5、胎厚 0.2～0.4 厘米（图 5-271）。

T0910 ④标本：25，灰白胎，青黄釉。外壁有轮旋纹。残长 4.3、胎厚 0.4～0.5 厘米（图 5-272）。

T0810 ④标本：55，口沿残片。灰白胎，青黄釉多已脱落。尖圆唇。残长 2.2、胎厚 0.2～0.4 厘米（图 5-273）。

T0810 ④标本：21，近底处残片。灰胎，青黄釉脱落殆尽。内外壁有细密的轮旋痕。残长 3.1、胎厚 0.4～0.6 厘米（图 5-274）。

T0811 ④标本：20，灰白胎。釉已脱落。长 2.7、胎厚 0.6 厘米（图 5-275）。

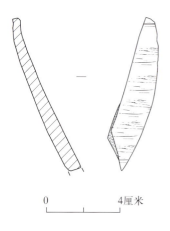

图 5-264　④层出土原始瓷片（T0911 ④标本：11）

图 5-265　④层出土原始瓷片（T0810 ④标本：54）

图 5-266　④层出土原始瓷片（T0810 ④标本：52）

图 5-267　④层出土原始瓷片（T0810④标本：53）

图 5-268　④层出土原始瓷片（T0911④标本：10）

图 5-269　④层出土原始瓷片（T0910④标本：1）

图 5-270　④层出土原始瓷片（T0811 ④标本: 7）

图 5-271　④层出土原始瓷片（T0910 ④标本: 54）

图 5-272　④层出土原始瓷片（T0910 ④标本: 25）

图 5-273　④层出土原始瓷片（T0810 ④标本：55）

图 5-274　④层出土原始瓷片（T0810 ④标本：21）

图 5-275　④层出土原始瓷片（T0811 ④标本：20）

第四节　遗迹堆积出土遗物

遗迹堆积出土的编号器物共 31 件，其中城壕 G1 各层堆积出土 11 件，灰沟 G2 出土 1 件，窑 Y1 出土 7 件，柱洞 D5 出土 1 件，灰坑 H3 出土 11 件。

一　城壕 G1 出土遗物

11 件。分别出土于 G1 ②、G1 ③、G1 ④、G1 ⑤层。

（一）G1 ②层

1 件。宋代瓷碗。

G1 ②：1，灰白胎，青黄釉，内壁满釉，外壁施釉不及底。敞口，尖唇，沿外凸，斜直腹，矮圈足，足墙边缘斜削一周。下腹饰二周细弦纹，外底墨书"吴四"。口径 15.5、足径 5.7、高 5.9 厘米（图 5-276）。

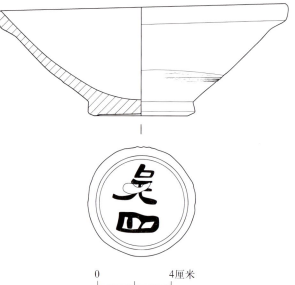

图 5-276　G1 ②层出土宋代瓷碗（G1 ②：1）

0 ————— 4厘米

（二）G1 ③层

1件。唐代陶瓮残件。

G1 ③标本：1，泥质硬陶，腹壁残片，较厚重，夹少量砂粒，灰胎，酱褐色陶衣，局部呈红褐色。内外壁有粗糙不齐的轮旋痕。残长 24、胎厚 1 ～ 2.2 厘米（图 5-277）。质料及腹壁特征与合浦英罗窑等唐代窑址出土的陶瓮一致。

（三）G1 ④层

5件。均出自 G1 ④ a 层。均为陶片，泥质印纹硬陶 3 件，泥质素面硬陶和泥质软陶各 1 件。

G1 ④标本：2，泥质硬陶，灰胎，灰黑色陶衣。饰 B 类米字纹。残长 5.1、胎厚 0.6 厘米（图 5-278）。

G1 ④标本：3，泥质硬陶，灰胎，灰黑色陶衣。饰 B 类米字纹。残长 5.6、胎厚 0.5 ～ 0.7 厘米（图 5-279）。

G1 ④标本：4，泥质硬陶，灰胎，灰黑色陶衣。饰 B 类米字纹。残长 8.7、胎厚 0.5 ～ 0.7 厘米（图 5-280）。

G1 ④标本：1，器底残片。泥质硬陶，灰胎。残长 3.5、胎厚 0.4 厘米（图 5-281）。

G1 ④标本：5，颈部残片。淡红色泥质软陶。残长 5.5、胎厚 1 厘米（图 5-282）。

图 5-277　G1 ③层出土唐代陶瓮残片（G1 ③标本：1）

0　　　　2厘米

图 5-278　G1 ④层出土 B 类米字纹陶片（G1 ④标本：2）

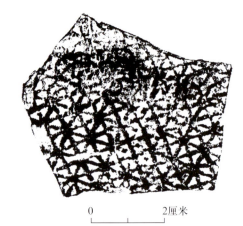

0　　　　　2厘米

图 5-279　G1 ④层出土 B 类米字纹陶片（G1 ④标本：3）

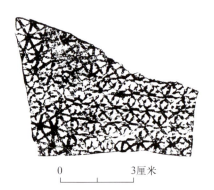

0　　　　　3厘米

图 5-280　G1 ④层出土 B 类米字纹陶片（G1 ④标本：4）

图 5-281　G1 ④层出土素面陶片（G1 ④标本：1）

图 5-282　G1 ④层出土素面陶片（G1 ④标本：5）

（四）G1 ⑤层

4 件。均为泥质硬陶。

G1 ⑤：1，陶瓮口沿残件。泥质硬陶，灰胎，黑褐色陶衣。侈口，折沿，尖唇，斜直颈，丰肩。肩部饰多重方框对角线纹。口径约 19、残高 5.7 厘米（图 5-283）。

G1 ⑤：2，陶工具，利用器底残片加工而成。泥质硬陶，灰胎，胎断面有层状纹理，胎面呈橙红色，陶衣呈灰黑色。近方形，扁薄，三边较直，另一边磨成光滑尖圆状。长边 5.5、短边 4、最厚 0.9 厘米（图 5-284）。

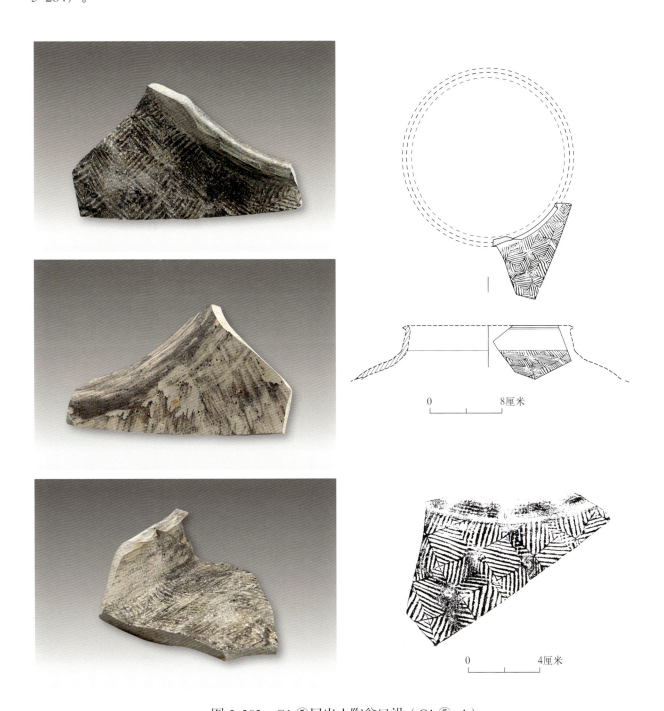

图 5-283　G1 ⑤层出土陶瓮口沿（G1 ⑤：1）

　　G1⑤标本：1，陶片。泥质硬陶，灰胎，褐色陶衣。饰 A 类米字纹。残长 3.2、胎厚 0.5 厘米（图5-285）。

　　G1⑤标本：2　陶片。泥质硬陶，灰胎，黑褐色陶衣。饰 B 类米字纹。残长 6、胎厚 0.5～0.7 厘米（图5-286）。

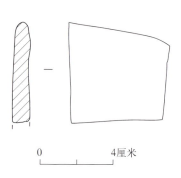

图 5-284　G1⑤层出土陶工具（G1⑤:2）

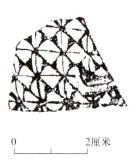

图 5-285　G1⑤层出土 A 类米字纹陶片（G1⑤标本:1）

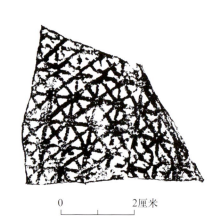

图 5-286　G1⑤层出土 B 类米字纹陶片（G1⑤标本:2）

二　灰沟 G2 出土遗物

1 件。

G2 标本：1，原始瓷杯口沿。灰白胎，青黄釉脱落殆尽。侈口，尖圆唇，斜直腹。内壁有轮旋纹。残长 1.8、胎厚 0.2 ～ 0.3 厘米（图 5-287）。

三　窑 Y1 出土遗物

7 件。有陶器、瓷器、金属器三类。其中 6 件为清代器物。

Y1 ①标本：1，陶片。泥质硬陶，灰胎，黑褐色陶衣。外壁饰 B 类二重方框对角线纹，内壁有片状修坯痕迹。残长 6、胎厚 0.9 ～ 1.1 厘米（图 5-288）。

Y1 ①：4，清代陶器盖。泥质灰陶。盖面下凹，槽内附泥条形纽，盖内凸面边缘戳印椭圆外框"广和"铭文，中心起乳凸。直径 6.5、高 0.9 厘米（图 5-289）。

Y1 ①：6，清代陶擂钵。灰胎，夹细砂。敛口，方唇，沿外折，沿面下凹，上腹鼓凸，下腹束收，平底略内凹，底面边缘有不明显的矮窄圈足。口径 19.4、底径 12.2、高 7.2 厘米（图 5-290）。

图 5-287　G2 出土原始瓷杯口沿（G2 标本：1）

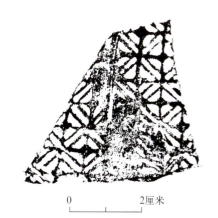

图 5-288　Y1 ①层出土 B 类二重方框对角线纹陶片（Y1 ①标本：1）

图 5-289　Y1 ①层出土清代陶器盖（Y1 ①：4）

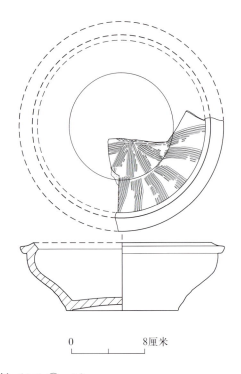

图 5-290　Y1 ①层出土清代陶擂钵（Y1 ①：6）

　　Y1 ①: 5，清代瓷碗。灰胎，酱青釉，外壁上部施釉，内壁满釉。直口微敛，方唇，折腹，平底。口径 13.2、底径 8.7、高 4.9 厘米（图 5-291）。

　　Y1 ①: 1，清代铜钱。钱面"嘉庆通宝"，背满文"宝泉"。钱径 2.4、穿宽 0.5、郭厚 0.2 厘米（图 5-292）。

　　Y1 ①: 2，清代铜钱。钱面"嘉庆通宝"，背满文"宝泉"。钱径 2.3、穿宽 0.5、郭厚 0.2 厘米（图 5-293）。

　　Y1 ①: 3，清代铅珠。圆珠状。直径 1.2 厘米（图 5-294）。

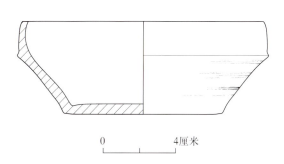

0　　　　4厘米

图 5-291　Y1 ①层出土清代瓷碗（Y1 ①: 5）

图 5-292　Y1 ①层出土清代铜钱（Y1 ①: 1）

图 5-293　Y1 ①层出土清代铜钱（Y1 ①: 2）

图 5-294   Y1①层出土清代铅珠（Y1①：3）

四   柱洞 D5 出土遗物

1 件。

D5 标本：1，陶片。泥质硬陶，灰胎，青灰色陶衣。饰 B 类方框对角线纹。残长 2.7、胎厚 0.7 厘米（图 5-295）。

五   灰坑 H3 出土遗物

11 件。陶器 10 件，可辨器形有釜、罐，余为碎片。原始瓷器 1 件。

H3：2，陶釜。淡红色夹砂硬陶，胎壁较厚，底稍薄，内外陶衣颜色有别，外壁呈红褐色，内壁呈深红色。敞口，宽沿外翻，尖圆唇，短束颈，溜肩，深弧腹，最大腹径靠下，圜底。颈、肩、腹、底部饰方格纹，颈部再饰一周指压痕，口沿有刻划符号（残缺）。下腹及底部有烟炱痕。口径 27.4、腹径 31.6、残高 23.4 厘米。经由 H3、T0910④层两个单位的残片拼合，主要出自 T0910④层（图 5-296）。

0   2厘米

图 5-295   D5 出土 B 类方框对角线纹陶片（D5 标本：1）

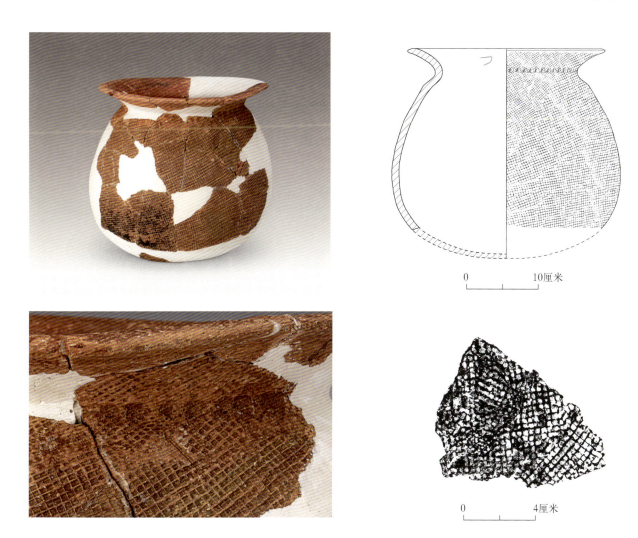

图 5-296 H3 出土陶釜（H3：2）

H3：1，陶瓮。灰白胎硬陶，含细小砂粒，胎壁较薄，外壁局部残存褐色陶衣。敞口，沿外翻，尖圆唇，束颈，溜肩，上腹圆鼓，最大腹径靠上，下腹斜收，平底内凹。饰方格纹和米字纹组合纹饰，颈、肩部饰方格纹，腹部主要是米字纹，局部有方格纹，纹样细小，浅而不显，纹路不甚规整，大部分比较模糊。口径 25.4、腹径 38.6、底径 20.6、高 36 厘米。经由 H3、T0810 ④层、T0811 ④层、T0910 ③层、T0910 ④层、T0911 ④层、T0912 ②层七个单位的残片拼合，主要出自 H3（图 5-297）。

H3 标本：5，陶片。泥质硬陶，灰白胎，灰黑色陶衣，饰 A 类二重方框对角线纹。残长 4.2、胎厚 0.75 厘米（图 5-298）。

H3 标本：7，陶片。泥质硬陶，灰白胎，灰黑色陶衣，饰 B 类二重方框对角线纹。残长 7.2、胎厚 0.82 ～ 1.03 厘米（图 5-299）。

H3 标本：1，陶片。泥质硬陶，灰白胎，褐色陶衣，饰 B 类米字纹。残长 4.66、胎厚 0.83 厘米（图 5-300）。

H3 标本：2，陶片。泥质硬陶，灰胎，褐色陶衣。饰 B 类米字纹。残长 9.9、胎厚 0.8 ～ 0.9 厘米（图 5-301）。

图 5-297　H3 出土陶瓮（H3：1）

图 5-298　H3 出土 A 类二重方框对角线纹陶片（H3 标本：5）

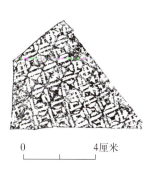

0   4厘米

图 5-299　H3 出土 B 类二重方框对角线纹陶片（H3 标本：7）

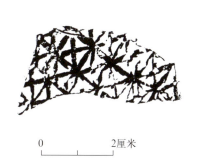

0   2厘米

图 5-300　H3 出土 B 类米字纹陶片（H3 标本：1）

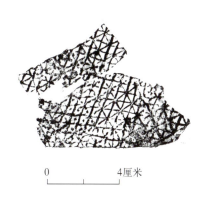

0   4厘米

图 5-301　H3 出土 B 类米字纹陶片（H3 标本：2）

　　H3 标本：3，陶片。泥质硬陶，灰白胎，灰黑色陶衣，饰 B 类米字纹。残长 7.8、胎厚 0.75 ～ 0.78 厘米（图 5-302）。

　　H3 标本：4，陶片。泥质硬陶，灰白胎，黑褐色陶衣，饰 B 类米字纹。残长 6.8、胎厚 0.93 ～ 1.02 厘米（图 5-303）。

　　H3 标本：6，陶片。泥质硬陶，灰白胎，褐色陶衣。饰 B 类米字纹。残长 3.6、胎厚 0.82 ～ 0.89 厘米（图 5-304）。

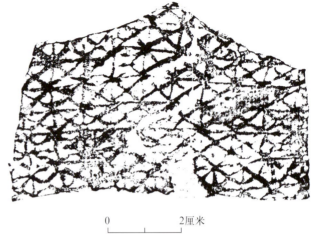

0　　　　2厘米

图 5-302　H3 出土 B 类米字纹陶片（H3 标本：3）

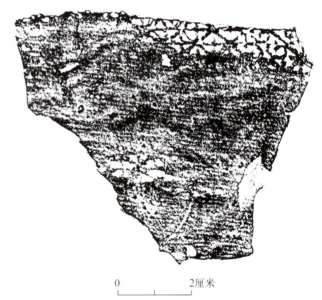

0　　　　2厘米

图 5-303　H3 出土 B 类米字纹陶片（H3 标本：4）

0　　　　2厘米

图 5-304　H3 出土 B 类米字纹陶片（H3 标本：6）

H3 标本：8，陶片。泥质硬陶，灰白胎，褐色陶衣。饰 B 类米字纹。残长 9.2、胎厚 0.75 ～ 0.85
厘米（图 5-305）。

H3：3，原始瓷杯。灰白胎，青灰薄釉，近底处及底部内外呈红褐色。侈口，尖圆唇，斜直腹，
近底处束收，平底略凹。内壁有轮旋纹，外底有细线切割痕迹。口径 6.6、底径 3.6、高 4.9 厘米。经
由 H3、T0910 ④层两个单位的残片拼合，主要出自 T0910 ④层（图 5-306）。

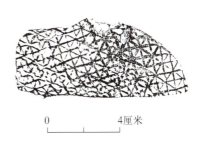

图 5-305　H3 出土 B 类米字纹陶片（H3 标本：8）

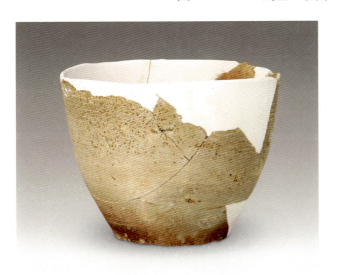
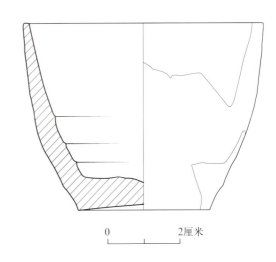

图 5-306　H3 出土原始瓷杯（H3：3）

第五节　遗物的类型和特征

本节对前面介绍的代表性战国器物（包括采集和出土的编号器物）进行分析和归纳。战国之后
的遗物因与城址年代相距较远，本节从略。

一　遗物类型

有石器、陶器、原始瓷器三类。

（一）石器

8件。可辨器形者7件，有锛、砧和砺石，另1件为片状工具。

锛   1件。T0812④：1（图5-307，1）。

砧   1件。T0812④：2（图5-307，2）。

砺石   5件。均出自发掘区①层、④层，分别为T0810④：6（图5-307，3）、T0810④：7（图5-307，4）、T0911①标本：5（图5-307，5）、T0811④：1（图5-307，6）、T0911④：2（图5-307，7）。

石片   1件。T0911④：3。

（二）陶器

276件。多为残件，仅部分网坠保存完整。可辨器形有釜、鼎、瓮、匜、碗、杯、网坠等，另有较多残缺的器口和器底。纹饰以几何印纹为大宗，另有少量刻划纹，部分器物有刻划符号。

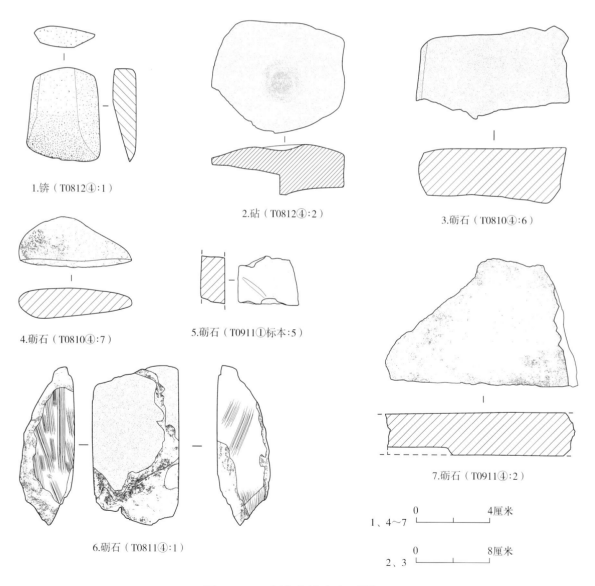

1.锛（T0812④:1）

2.砧（T0812④:2）

3.砺石（T0810④:6）

4.砺石（T0810④:7）

5.砺石（T0911①标本:5）

6.砺石（T0811④:1）

7.砺石（T0911④:2）

1、4～7
0   4厘米

2、3
0   8厘米

图5-307   大浪古城出土石器

1. 器形

釜 3件。出自 T0911 ④层和 H3。根据整体形态分为 A、B 两型。

A 型 2件。器体较小，素面夹砂软陶。分别为 T0911 ④：10（图 5-308，1）、T0911 ④：11（图 5-308，2）。

B 型 1件。器体较大，方格纹夹砂硬陶。H3：2（图 5-308，3）。

鼎 3件。均出自发掘区④层，分别为 T0910 ④：1（图 5-308，4）、T0911 ④：9、T0811 ④：3。

瓮 5件。发掘区④层出土 2件，G1 ⑤层出土 1件，H3 出土 1件，双坟墩采集 1件，形态各异。分别为 T0910 ④：4（图 5-308，5）、T0911 ④：6（图 5-308，6）、G1 ⑤：1（图 5-308，7）、H3：1（图 5-308，8）、采：58（图 5-308，9）。

匜 2件。均出自 T0911 ④层，胎质、器形、纹饰基本一致，分别为 T0911 ④：7（图 5-308，

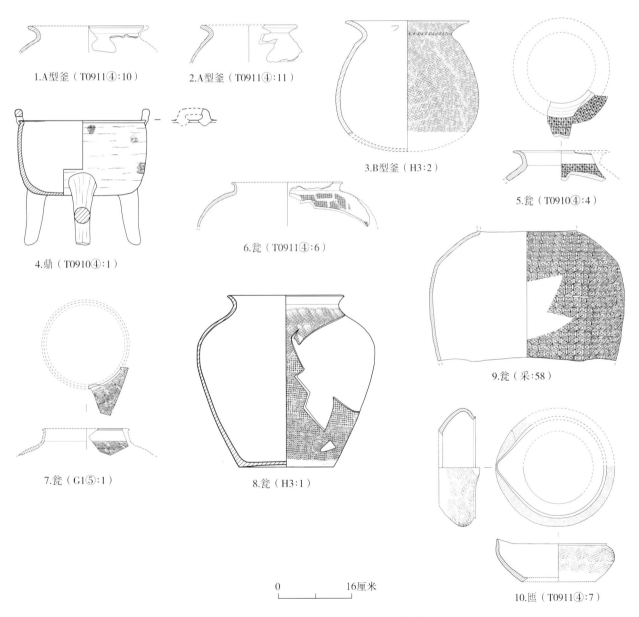

1.A型釜（T0911④:10）　　2.A型釜（T0911④:11）

3.B型釜（H3:2）

5.瓮（T0910④:4）

6.瓮（T0911④:6）

4.鼎（T0910④:1）

7.瓮（G1⑤:1）

8.瓮（H3:1）

9.瓮（采:58）

0　　　　16厘米

10.匜（T0911④:7）

图 5-308　大浪古城—双坟墩陶器

10）、T0911④：8。

碗　8件。均出自发掘区④层，形态差异不大。分别为 T0810④：5（图 5-309，1）、T0811④：2、T0811④：4（图 5-309，2）、T0811④：5（图 5-309，3）、T0811④标本：2、T0811④标本：3、T0910④：2（图 5-309，4）、T0911④标本：3。

杯　1件。T0910④标本：30。

网坠　35件，均出自发掘区④层，按形状分为 A、B 两型。

A 型　1件，球形。T0911④：5（图 5-309，5）。

B 型　34件，梭形。分别为 T0810④：2（图 5-309，6）、T0810④：3、T0911④：4、T0911④：12、T0911④：13、T0911④：14、T0911④：15、T0911④：16、T0911④标本：17、T0911④标本：26、T0911④标本：27、T0911④标本：33、T0911④标本：38、T0911④标本：39、T0911④标本：40、T0911④标本：41、T0911④标本：42、T0911④标本：43、T0911④标本：44、T0911④标本：45、T0911④标本：46、T0911④标本：47、T0911④标本：48、T0911④标本：49、T0911④标本：50、T0911④标本：51、T0911④标本：52、T0911④标本：53、T0911④标本：54、T0911④标本：55、T0911④标本：56、T0911④标本：57、T0911④标本：58、T0911④标本：59。

器口　12件。发掘区④层出土10件，双坟墩周边地表采集2件，多为瓮罐残件，形态各异。分别为 T0810④标本：42（图 5-310，1）、T0910④标本：5（图 5-310，2）、T0910④标本：6（图 5-310，3）、T0911④标本：1（图 5-310，4）、T0911④标本：2（图 5-310，5）、T0911④标本：7（图 5-310，6）、T0912④标本：4（图 5-310，7）、T0810④标本：46、T0811④标本：17、T0911④标本：36、采：7、采：42。

器底　14件。发掘区①层出土1件，④层出土9件，双坟墩周边地表采集4件，多为瓮罐残件，大部分形态各异，少量疑属同件器物。分别为 T0810④标本：11（图 5-311，1）、T0810④标本：34（图

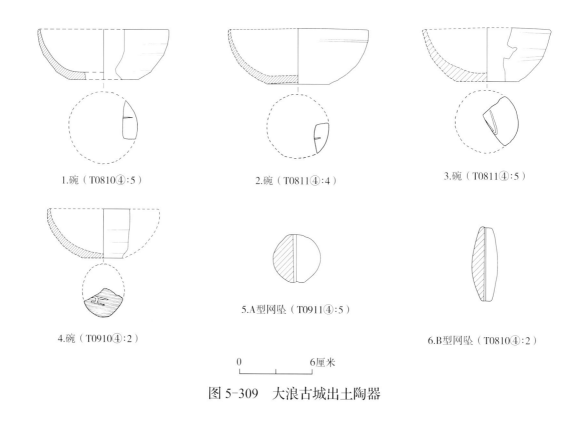

1.碗（T0810④：5）　　　2.碗（T0811④：4）　　　3.碗（T0811④：5）

4.碗（T0910④：2）　　　5.A型网坠（T0911④：5）　　　6.B型网坠（T0810④：2）

0　　　　6厘米

图 5-309　大浪古城出土陶器

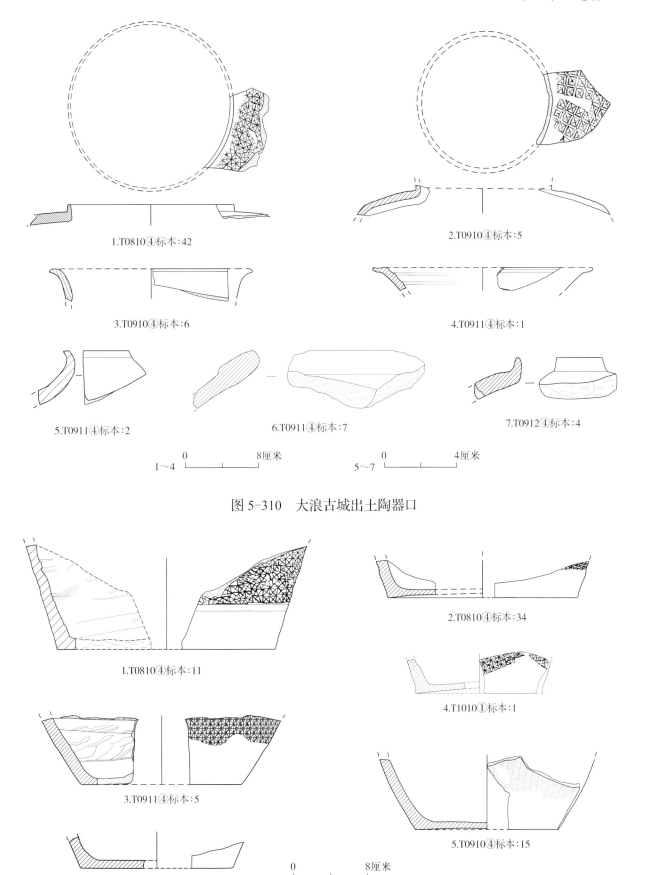

1.T0810④标本:42　　2.T0910④标本:5

3.T0910④标本:6　　4.T0911④标本:1

5.T0911④标本:2　　6.T0911④标本:7　　7.T0912④标本:4

0　　　　8厘米
1~4

0　　　　4厘米
5~7

图 5-310　大浪古城出土陶器口

1.T0810④标本:11　　2.T0810④标本:34

4.T1010①标本:1

3.T0911④标本:5　　5.T0910④标本:15

6.T0910④标本:21

0　　　　8厘米

图 5-311　大浪古城出土陶器底

5-311，2）、T0911 ④标本：5（图 5-311，3）、T1010 ①标本：1（图 5-311，4）、T0910 ④标本：15（图 5-311，5）、T0910 ④标本：21（图 5-311，6）、T0810 ④标本：37、T0811 ④标本：8、T0811 ④标本：11、T0911 ④标本：20、采：32、采：39、采：40、采：50。

工具　1 件。G1 ⑤：2。

2. 纹饰

这里关于纹饰的数量统计，包含上述有纹饰的可辨器形和器口、器底。

采集和出土陶器的纹饰共计 13 种，分别为勾连云雷纹、席纹、复线菱格纹、方格条线纹、多重方框对角线纹、三重方框对角线纹、二重方框对角线纹、方框对角线纹、米字纹、三角格纹、方格纹、弦纹、同心圆纹。有部分器物同时装饰两种纹饰，下面按组合纹进行统计。

勾连云雷纹　2 件。均出自发掘区 ④层，分别为 T0911 ④标本：60（图 5-312，1）、T0912 ④标本：3。

席纹　4 件。发掘区 ①层、④层各出土 1 件，采集 2 件，分别为 T1011 ①标本：1（图 5-312，2）、T0911 ④标本：19、采：5、采：44。

复线菱格纹　2 件。采集于双坟墩周边地表，分别为采：28（图 5-312，3）、采：57。

方格条线纹　2 件。采集于双坟墩周边地表，分别为采：49（图 5-312，4）、采：27。

多重方框对角线纹　8 件。发掘区 ④层出土 1 件，城壕 G1 ⑤层出土 1 件，双坟墩周边地表采集 6 件。分别为 G1 ⑤：1（图 5-312，5）、T0812 ④标本：5、采：18、采：23、采：24、采：29、采：43、采：48。

三重方框对角线纹　9 件。发掘区 ④层出土 2 件，双坟墩周边地表采集 7 件。分别为 T0911 ④标本：13（图 5-312，6）、T0912 ④标本：1（图 5-312，7）、采：3、采：6、采：17、采：22、采：25、采：38、采：55。

二重方框对角线纹　49 件。发掘区 ①层出土 2 件，④层出土 30 件，H3 出土 2 件，Y1 ①层出土 1 件，双坟墩周边地表采集 14 件。根据内框形态细分为 A、B 两类，A 类内框较大呈空心状，外框与相邻单元共用，B 类内框较小呈实心或近实心状，外框相互独立。

A 类　20 件。分别为 T0911 ④标本：16（图 5-312，8）、T0910 ④标本：15、T0910 ④标本：35、T0910 ④标本：36、T0911 ①标本：3、T0911 ④标本：21、H3 标本：5、采集：1、采：1、采：2、采：4、采：11、采：12、采：26、采：30、采：32、采：50、采：51、采：52、采：53。

B 类　29 件。分别为 T0810 ④标本：2（图 5-312，9）、T0910 ④标本：31（图 5-312，10）、T0810 ④标本：1、T0810 ④标本：3、T0810 ④标本：4、T0810 ④标本：8、T0810 ④标本：9、T0810 ④标本：10、T0810 ④标本：18、T0810 ④标本：23、T0810 ④标本：24、T0810 ④标本：25、T0810 ④标本：32、T0810 ④标本：33、T0810 ④标本：49、T0812 ④标本：1、T0910 ④标本：2、T0910 ④标本：5、T0910 ④标本：6、T0910 ④标本：37、T0911 ④标本：14、T0911 ④标本：23、T0911 ④标本：24、T0911 ④标本：32、T0911 ④标本：35、T1010 ①标本：2、H3 标本：7、Y1 ①标本：1、采：13。

方框对角线纹　29 件。发掘区 ①层、③层、D5 各出土 1 件，④层出土 15 件，双坟墩周边地表采集 11 件。根据对角线交叉点形态细分为 A、B 两类，A 类对角线在方框外的交叉点有方形实心凸块，B 类对角线自然交叉，没有凸块。

A 类　9 件。分别为 T0910 ④标本：8（图 5-312，11）、T0811 ④标本：1、T0910 ③标本：1、T0910 ④标本：3、T0910 ④标本：7、T0910 ④标本：9、T0910 ④标本：10、T0910 ④标本：32、

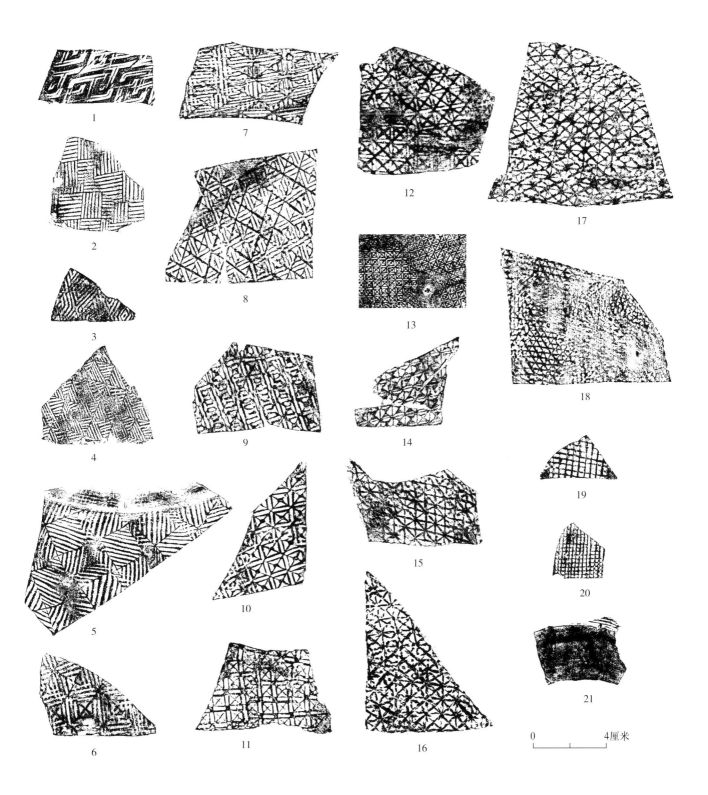

图 5-312 大浪古城—双坟墩陶器纹饰

1.勾连云雷纹（T0911④标本:60） 2.席纹（T1011①标本:1） 3.复线菱格纹（采:28） 4.方格条线纹（采:49） 5.多重方框对角线纹
（G1⑤:1） 6、7.三重方框对角线纹（T0911④标本:13、T0912④标本:1） 8.A类二重方框对角线纹（T0911④标本:16） 9～10.B类
二重方框对角线纹（T0810④标本:2、T0910④标本:31） 11.A类方框对角线纹（T0910④标本:8） 12、13.B类方框对角线纹（T0910④
标本:39、T0911④:6） 14.A类米字纹（T0812④标本:2） 15～17.B类米字纹（T0810④标本:20、T0812④标本:3 、T0910④标
本:38） 18.三角格纹（T0910③标本:2） 19、20.方格纹（T0911④标本:25、T0812④标本:6） 21.弦纹（T0911④标本:20）

T0911 ④标本：8。

B 类　20 件。分别为 T0910 ④标本：39（图 5-312，12）、T0911 ④：6（图 5-312，13）、T0810 ①标本：1、T0810 ④标本：35、T0811 ④标本：17、T0910 ④标本：11、T0911 ④标本：2、T0911 ④标本：18、D5 标本：1、采：7、采：8、采：10、采：16、采：19、采：20、采：21、采：34、采：37、采：47、采：54。

米字纹　82 件。发掘区①层出土 7 件，③层出土 2 件，④层出土 62 件，G1 ④层出土 3 件，G1 ⑤层出土 2 件，H3 出土 6 件。根据单元方框内对角线夹角形态细分为 A、B 两类，A 类对角线夹角有三角形凸块，B 类对角线自然交叉，没有凸块。

A 类　5 件。分别为 T0812 ④标本：2（图 5-312，14）、T0810 ④标本：6、T0810 ④标本：7、T0810 ④标本：42、G1 ⑤标本：1。

B 类　77 件。分别为 T0810 ④标本：20（图 5-312，15）、T0812 ④标本：3（图 5-312，16）、T0910 ④标本：38（图 5-312，17）、T0810 ①标本：2、T0810 ③标本：2、T0810 ④标本：5、T0810 ④标本：11、T0810 ④标本：12、T0810 ④标本：13、T0810 ④标本：14、T0810 ④标本：15、T0810 ④标本：16、T0810 ④标本：17、T0810 ④标本：19、T0810 ④标本：22、T0810 ④标本：26、T0810 ④标本：27、T0810 ④标本：28、T0810 ④标本：29、T0810 ④标本：30、T0810 ④标本：31、T0810 ④标本：34、T0810 ④标本：36、T0810 ④标本：38、T0810 ④标本：39、T0810 ④标本：41、T0810 ④标本：47、T0810 ④标本：48、T0811 ④标本：11、T0811 ④标本：12、T0811 ④标本：13、T0811 ④标本：14、T0811 ④标本：15、T0811 ④标本：16、T0811 ④标本：19、T0812 ①标本：1、T0812 ④标本：4、T0910 ④：4、T0910 ④标本：12、T0910 ④标本：13、T0910 ④标本：14、T0910 ④标本：16、T0910 ④标本：17、T0910 ④标本：18、T0910 ④标本：20、T0910 ④标本：22、T0910 ④标本：23、T0910 ④标本：33、T0910 ④标本：34、T0911 ①标本：1、T0911 ③标本：1、T0911 ④标本：1、T0911 ④标本：5、T0911 ④标本：6、T0911 ④标本：15、T0911 ④标本：22、T0911 ④标本：28、T0911 ④标本：29、T0911 ④标本：30、T0911 ④标本：31、T0911 ④标本：34、T0912 ④标本：2、T1010 ①标本：1、T1010 ①标本：3、T1010 ④标本：1、T1110 ①标本：1、T1110 ①标本：3、G1 ④标本：2、G1 ④标本：3、G1 ④标本：4、G1 ⑤标本：2、H3 标本：1、H3 标本：2、H3 标本：3、H3 标本：4、H3 标本：6、H3 标本：8。

三角格纹　1 件。T0910 ③标本：2（图 5-312，18）。

方格纹　19 件。发掘区③层出土 1 件，④层出土 8 件，H3 出土 1 件，双坟墩周边地表采集 9 件。分别为 T0911 ④标本：25（图 5-312，19）、T0812 ④标本：6（图 5-312，20）、T0810 ③标本：1、T0810 ④标本：40、T0811 ④：3、T0910 ④标本：19、T0911 ④标本：20、H3：2、采：9、采：33、采：59、T0910 ④：1、T0911 ④：9、采：35、采：36、采：41、采：42、采：45、采：56。

弦纹　1 件。T0911 ④标本：20（图 5-312，21）。

组合纹　5 件。发掘区④层出土 2 件，H3 出土 1 件，双坟墩周边地表采集 2 件。其中，H3：1 瓮为方格纹和 B 类米字纹组合（图 5-313，1）；T0911 ④标本：61 陶片为方格纹和勾连云雷纹组合（图 5-313，2）；采：15 陶片为方格纹和 A 类二重方框对角线纹组合（图 5-313，3）；采：46 陶片为方格纹和 B 类方框对角线纹组合（图 5-313，4）；T0911 ④：8 匜外壁饰方格纹，内底饰同心圆纹（表 5-1）。

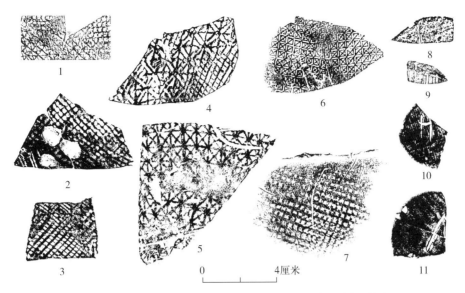

图 5-313 大浪古城—双坟墩陶器纹饰和刻划符号

1～4.组合纹（H3:1、T0911④标本:61、采:15、采:46） 5～11.刻划符号（T0810④标本:30、T0911④:6、T0911④:7、T0810④:5、T0811④:4、T0811④:5、T0910④:2）

表 5-1 大浪古城—双坟墩陶器纹饰统计表

纹饰类型	大浪古城出土		双坟墩采集		备注
	数量	占比（%）	数量	占比（%）	
勾连云雷纹	2	1.27	－	－	未计组合纹
席纹	2	1.27	2	3.64	
复线菱格纹	－	－	2	3.64	
方格条线纹	－	－	2	3.64	
多重方框对角线纹	2	1.27	6	10.91	
三重方框对角线纹	2	1.27	7	12.73	
二重方框对角线纹	35	22.15	14	25.45	未计组合纹
方框对角线纹	18	11.39	11	20.00	未计组合纹
米字纹	82	51.90	－	－	未计组合纹
三角格纹	1	0.63	－	－	
方格纹	10	6.33	9	16.36	未计组合纹
弦纹	1	0.63	－	－	
组合纹	3	1.90	2	3.64	
合计	158	100	55	100	

说明:本表仅统计带纹饰的器物,未计素面器物;有部分标本的纹饰、胎体基本一致,疑属同一器物,但未能拼合,所以,统计表仅能粗略反映各种纹样的占比情况。

3.刻划符号

12件。见于碗、釜、鼎、匜、瓮等器物。碗的腹身没有纹饰，但外底多见有刻划符号。釜的刻划符号在口沿内侧。鼎的刻划符号在腹部近底处。匜、瓮和陶片的刻划符号均以纹饰为背景出现。12件器物分别为T0810④标本：30陶片（图5-313，5）、T0912④标本：2陶片、T0911④：6瓮（图5-313，6）、T0911④：7匜（图5-313，7）、T0911④标本：20器底、T0811④：3鼎、H3：2釜、T0810④：5碗（图5-313，8）、T0811④：4碗（图5-313，9）、T0811④：5碗（图5-313，10）、T0910④：2碗（图5-313，11）、T0811④：2碗。

（三）原始瓷

共41件，皆为残件。可辨器形者28件，其中碗17件、杯11件，余为碎片，有的疑为钵残件（T0911④标本：11）。

碗　17件。发掘区①层出土2件，④层出土15件。分别为T0810④：4（图5-314，1）、T0810④标本：43（图5-314，2）、T0810④标本：45（图5-314，3）、T0910④标本：27（图5-314，4）、

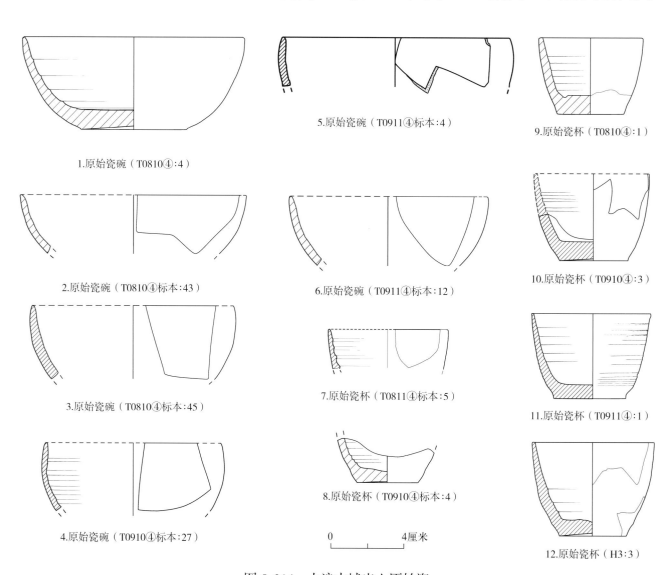

1.原始瓷碗（T0810④：4）

2.原始瓷碗（T0810④标本：43）

3.原始瓷碗（T0810④标本：45）

4.原始瓷碗（T0910④标本：27）

5.原始瓷碗（T0911④标本：4）

6.原始瓷碗（T0911④标本：12）

7.原始瓷杯（T0811④标本：5）

8.原始瓷杯（T0910④标本：4）

9.原始瓷杯（T0810④：1）

10.原始瓷杯（T0910④：3）

11.原始瓷杯（T0911④：1）

12.原始瓷杯（H3：3）

0　　　　　4厘米

图5-314　大浪古城出土原始瓷

T0911 ④标本：4（图 5-314，5）、T0911 ④标本：12（图 5-314，6）、T0810 ④标本：44、T0810 ④标本：51、T0811 ④标本：9、T0910 ④标本：24、T0910 ④标本：26、T0910 ④标本：28、T0910 ④标本：29、T0911 ①标本：2、T0911 ④标本：9、T0911 ④标本：37、T1110 ①标本：2。

　　杯　11 件。发掘区④层出土 9 件，H3 出土 1 件，G2 出土 1 件。分别为 T0811 ④标本：5（图 5-314，7）、T0910 ④标本：4（图 5-314，8）、T0810 ④：1（图 5-314，9）、T0910 ④：3（图 5-314，10）、T0911 ④：1（图 5-314，11）、H3：3（图 5-314，12）、T0810 ④标本：50、T0811 ④标本：4、T0811 ④标本：6、T0811 ④标本：21、G2 标本：1。

二　遗物特征

　　陶器可辨器形有釜、鼎、瓮、匜、碗、杯、网坠等，纹饰以几何印纹为主，少量为刻划纹，部分器物有刻划符号。瓮等大型器物的坯体为轮制，内外壁多见有轮旋痕迹，内壁尤为明显，内壁还用手指或片状工具进行修整，常见拉坯指痕和片状刮痕，器身与器底分制后再拼接，有的可能在轮盘上隔垫一层夹细砂的粉末，拿起陶坯时外底附着一薄层的粉末；陶衣的施加可能采用刷釉或浸釉的方式，部分器物的口沿内壁或外底见有流滴状斑痕，与陶衣颜色一致，应是浸刷陶衣时留下的痕迹。碗等小型器物的坯体也是轮制，并以拉锯方式切底，形成平行的线状切割痕迹；表面一般直接露胎，局部见有疑似脱釉的迹象。

　　原始瓷胎质比陶器细腻，胎色多呈灰白或灰色，有的烧成温度较高，有的稍低，内外施釉但一般不及底，釉色呈青灰或青黄色，釉层稀薄，有的因胎壁凹凸不平而施釉不均匀，多见斑点状积釉，多数胎釉结合不紧密，釉层多已脱落。施釉不及底，多呈红褐或酱褐色。内壁多见有凹凸相间的轮旋纹，有的轮旋纹在外壁。外底有细线切割痕迹，线切痕多呈偏心螺纹状，与硬陶碗等器底的平行切割方式不同。有的碗底有刻划符号（T0810 ④标本：51 和 T0911 ④标本：9）。

　　综合历年考古发现来看[1]，大浪古城和双坟墩的遗物均以几何印纹陶和原始瓷为显著特征，几何印纹以广义"米"字纹为主[2]，遗物风格与浙江、广东一带的战国越文化遗存有诸多共性，属于学界习称的"米"字纹陶文化遗存。

---

　　[1]　大浪古城和双坟墩以往的考古发现，见广西文物工作队课题组：《西汉海上丝绸之路始发港——合浦港的考古学实践与初步认识》，《海上丝绸之路研究——中国·北海合浦海上丝绸之路始发港理论研讨会论文集》，科学出版社，2006 年，第 39～50 页；广西文物保护与考古研究所等：《广西合浦县大浪古城址的发掘》，《考古》2016 年第 8 期；广西文物保护与考古研究所：《广西合浦县双坟墩土墩墓发掘简报》，《考古》2016 年第 4 期。

　　[2]　广义"米"字纹包括重方框对角线纹、方框对角线纹、米字纹、三角格纹等纹饰。

第六章　年代与性质

第一节　明清文献对大浪古城的记录[1]

大浪古城的年代和性质，长期以来是文献学家困惑的问题。明清时期提到大浪古城的文献，作者都知道大浪古城的存在，但无法将其具体对应于历史上的州、郡、县故城，又不能置之不理，所以只好将其含糊推测为历史上某个时期的廉州故城、合浦故城或故县。最早提及大浪古城的文献是明嘉靖四十年（1561年）黄佐本《广东通志》，随后有多本文献因袭其观点。清乾隆《大清一统志》对大浪古城的表述进行了修改，自后又有多本文献因袭。这些文献可分为三类。

第一类，明嘉靖·黄佐《广东通志》舆地志七·古迹："廉州故城，一在府治北七十五里蓬莱乡，唐州治也；一在府治西北十五里合浦县多欢乡"。文献提到的蓬莱乡廉州故城在今浦北县泉水镇旧州村，现称施渡坡古城，这是隋唐五代州郡故城，但不是汉合浦郡故址；多欢乡古城即大浪古城，多欢乡[2]是大浪古城所在地在明代的行政单位（下面引文的同类记录不赘释）。廉州是唐贞观八年改越州为廉州始得名，唐代之后廉州治所换了两处地点，一处是北宋开宝五年迁治石康县（今石康城址）[3]，另一处是北宋咸平元年撤销太平军复置廉州，治合浦县（今合浦县城），自后沿袭到民国元年。明人黄佐把大浪古城定为廉州故城，表述亦连贯置于唐之后，后面也没有另行介绍宋初廉州故城（但有越州故城的介绍），其用意恐是推测大浪古城为宋初廉州故城。明崇祯《廉州府志》、清顾炎武《肇域志》、清康熙《廉州府志》、清乾隆《廉州府志》等文献因袭此说。

第二类，清康熙《合浦县志》地理志·古迹："合浦故城，在县北七十五里蓬莱乡，唐州治也；一在合浦县多欢乡，西北一十五里"。合浦和廉州都是合浦历史上影响深远的行政地名，而出现时间较早、使用时间最长的是合浦，作者把廉州换成合浦，也合乎历史。这里的合浦故城看似可以泛指合浦历史上的郡或州故城，但是，由于古代文献认为汉合浦郡、唐廉州等治所都在蓬莱乡旧州村[4]，因此其他合浦故城一般认为是唐代之后的[5]。所以，这类文献对大浪古城的推测与黄佐《广东

---

[1]　本节提到的大浪古城、越州故城、施渡坡古城、石康城址等城址的位置示意图，见第一章第二节图1-1。

[2]　（明崇祯）《廉州府志》卷二："多欢乡一图，在县治西北十里，领白沙都，今石湾、猛水、宾秋、州江口诸村。"

[3]　本报告将北宋开宝五年（972年）迁治于石康县的廉州称为宋初廉州（故城），以区分北宋咸平元年（998年）复置、治于合浦县的廉州。

[4]　（南宋）潘自牧《记纂渊海》卷十六："合浦，本汉合浦县治，吴珠官、晋合浦、宋以后越州、唐廉州皆置此。"

[5]　汉晋之后合浦郡县治所发生迁移，但郡县名称未变，久而久之，随着汉晋故城逐渐湮没无闻，后世学人见不到古迹，或疏于考证，便以为汉唐治所是前后相袭、没有变迁的，因而形成了误判。同样，顾祖禹《读史方舆纪要》和阮元《广东通志》等文献认为的合浦郡西汉治徐闻县东汉徙治合浦县的徙治之说，应是作者循着南朝范晔《后汉书》"凡县名先书者郡所治也"的义例逆推东汉班固《汉书》而来，亦为误判，事实上，《汉书》未言明义例，传世《汉书》首县并非皆为郡治，合浦郡即是其中一例，详参王文楚：《关于〈中国历史地图集〉第二册西汉图几个郡国治所问题——答香港刘福注先生》，《历史地理》第五辑，上海人民出版社，1987年；周振鹤、张莉：《汉书地理志汇释》（增订本），凤凰出版社，2021年，第1073～1074页。目前的考古发现，既纠正了汉唐合浦郡治都在同一个地方的认识，也修正了汉代合浦郡的徙治之说。

通志》是一致的。

第三类，清乾隆《大清一统志》卷二百八十四："合浦故城，在合浦县东北，汉置，唐为廉州治；《寰宇记》：开宝五年，自旧州移理西南四十里，地名长沙，置州，太平兴国八年，废州入石康县；《九域志》：咸平元年复置廉州，乃置合浦县为治；《明统志》：府城东北七十五里蓬莱乡，唐州治此，《通志》：今名旧州村。又有故县在今县西北十五里多欢乡"。作者征引多种史料，把合浦的郡、州沿革梳理了一遍，发现无处安插大浪古城，便将其另行推测为历史上某个时期的县城，可见作者并没有受到大浪古城的过多干扰，也没有规避《太平寰宇记》的记录[1]，坚持认为宋初廉州故城是在长沙（场），不是大浪古城。清嘉庆《大清一统志》、清许鸿磐《方舆考证》、清阮元《广东通志》、清道光《廉州府志》、民国《合浦县志》等文献因袭此说。

另外，还有些文献因为不知道大浪古城的真面目，干脆就置之不提。如明万历三十年（1602年）郭棐本《广东通志》卷五十三："汉唐故城，在府城东北七十五里蓬莱乡旧州村，汉合浦、唐廉州俱治此；宋故城，在石康县，东北濒江，宋开宝五年徙合浦郡（实为廉州）治于长沙场，即其地"。作者坚持《宋史》等史籍记录[2]，明确指出宋初廉州故城就在长沙场的石康县址，与大浪古城无涉。

据上可知，大浪古城对明清文献造成的最大干扰是关于宋初廉州故城的推定，因为这两个城址相距不远（相距5.5千米），影响了文献学家的判断。尽管《太平寰宇记》和《宋史》等史籍已经明确指出宋初廉州治所迁移到达的地点在长沙场，即为石康县治，实乃南汉常乐州旧治，石康县直至明代成化八年（1472年）才并入合浦县，长沙地名到明末仍在沿用[3]，但是，黄佐等文献学家仍然认为大浪古城可能是宋初廉州故城，故而含糊其辞，意有所指。不过，后人也意识到了前人认识的不当之处，进行了时代条件所能及的修改。

古代文献没法解决的问题，只有依靠考古学。

第二节　大浪古城与双坟墩的关系

从遗存特征及空间位置看，大浪古城与双坟墩应是同一聚落的两个重要组成单位（下文简称大浪古城—双坟墩聚落）。两地相距仅750米，之间是连续的江边台地，也是连续统一的文化区，二者主要器物特征都是几何印纹陶和原始瓷，而且与居住相关的遗迹均为柱洞和灰坑等。不过，在不同的阶段，两地的功能侧重点不同，这在遗存中有体现。

其一，从调查情况看，近年在大浪古城—双坟墩一带采集到的几何印纹陶片，主要发现于双坟

---

[1]　（北宋）乐史《太平寰宇记》卷一百六十九："太平军，理海门。本廉州，皇朝开宝五年自旧州理移西南四十里地名长沙置州，并封山、蔡龙、大廉三县为合浦一县；仍（因袭）废常乐州，以博电、零绿、盐场三县并为石康一县来属。至太平兴国八年废廉州，移就海门三十里建太平军，其廉州并入石康一县。"

[2]　（元）脱脱等《宋史》卷九十："廉州，下，合浦郡，军事。开宝五年，废封山、蔡龙、大廉三县，移州治于长沙场，置石康县。太平兴国八年，改太平军，移治海门镇。咸平元年复……石康。下。本常乐州，宋并为县。"（元）马端临《文献通考》卷三百二十三："廉州……宋开宝五年，废封山、蔡龙、大廉，移州治于长沙场，置石康县。太平兴国八年，改太平军，移治海门镇。咸平元年，复旧。属广西路……石康，本常乐州，宋并为县。"

[3]　（明崇祯）《廉州府志》卷二～卷三："马鞍岭，在废石康县东一里长沙村后……（乌木）江在石康北一里，发源大廉山，西南流经长沙村，南流入（南流）江……武乐坊，在（合浦）县东北三十里，今石康、长沙附近村乡即是，当作乡，曰坊者，仍（因袭）石康之旧也……（海北盐课提举司洪武元年）始迁于本府故石康县长沙埠，三年，提举孙信迁入县城内，成化间贼陷石康城，遂移府治东门内，以还珠旧驿为之。"

墩及其周围。

其二，从发掘情况看，双坟墩西墩 D2 在做墓地之前曾是一处居址，第④层文化堆积出土印纹陶和砺石等遗物，下面叠压着柱洞等建筑遗迹，第①和第②层堆积也出土较多几何印纹陶片等遗物[1]。

其三，从遗物特征看，大浪古城和双坟墩都出有较早的遗物，如勾连云雷纹、席纹、重方框对角线纹陶等，但是，两地印纹陶的整体风格和构成比例有差异。双坟墩一带的遗物整体偏早，几何印纹主要是重方框对角线纹、方框对角线纹、方格条线纹、复线菱格纹、席纹等相对繁缛的纹饰，鲜见米字纹[2]，而大浪古城的遗物既有偏早的，也有偏晚的，重方框对角线纹等繁缛纹饰虽然仍占有一定的比例，但总体以米字纹为主，还出现了更为简化的三角格纹。从遗物风格看，双坟墩的印纹陶多数质地坚硬，器形规整，纹饰清晰，而大浪古城的印纹陶在硬度、密度、厚度、规整程度和纹饰等方面有简约化的趋势，部分方框对角线纹和米字纹的单元线框变得细小，纹样不甚规整，纹路浅而不显。

这些现象表明，双坟墩在整个聚落中作为居址使用的时间稍早一些，营建大浪古城的人群当中应有部分居住于此；聚落的活动中心起先在双坟墩，大浪古城建好之后则移至城内。

双坟墩西墩 D2 已发掘的土墩墓（M2～M4），墓葬形制和随葬器物与浙江、广东等地的越墓基本一致（表 6-1）[3]，年代应当推定为战国中期[4]。

表 6-1　双坟墩与绍兴越墓出土陶瓷器对比

合浦双坟墩	绍兴越墓
陶瓿（D2M2∶1）	陶罐（小家山 M17∶3）
陶杯（D2M3∶1）	陶罐（小黄山 M13∶52）

---

[1]　广西文物保护与考古研究所：《广西合浦县双坟墩土墩墓发掘简报》，《考古》2016 年第 4 期。

[2]　双坟墩在本次调查中未发现米字纹陶，历年发掘已发表的材料中也未见有米字纹陶。2002 年调查时将大浪古城至双坟墩一带视为连续统一的范围，发表材料中有 5 片米字纹陶，但未能区分采自哪个区域。

[3]　浙江省文物考古研究所等：《绍兴越墓》，文物出版社，2016 年；揭阳考古队等：《揭东县面头岭墓地发掘报告》，《揭阳考古》，科学出版社，2005 年。

[4]　李岩：《广西合浦双坟墩土墩墓年代及相关问题浅析》，中国社会科学院考古研究所夏商周考古研究室：《三代考古（九）》，科学出版社，2021 年，第 550～559 页。

合浦双坟墩	绍兴越墓
原始瓷杯（D2M4∶1）	原始瓷罐（小家山 M17Q∶28）
原始瓷杯（D2M3∶5）	原始瓷杯（小黄山 M13∶27）
原始瓷碗（D1∶2）	原始瓷碗（小黄山 M13∶118）

第三节　大浪古城年代的考古学观察

大浪古城的年代，包括营建、使用、废弃三个连续的过程，整个过程所对应的时代为战国中晚期，这也是大浪古城—双坟墩聚落的存续时间。年代判断的依据分别阐述如下[1]。

一　营建

城池面积约 5.9 万平方米，有一定的规模和工程量，营建需要一定的时间。从考古层位学看，可资判断城址年代的考古单位主要有四组：一是城墙堆土；二是城墙叠压的第⑤层；三是城壕底部两层即 G1 ⑥和 G1 ⑤层淤积；四是城内叠压城墙的第④层堆积。前两组用于判断筑城前及筑城时的时间，后两组用于判断城的使用时间。

其中，城墙堆土取自城壕挖土，堆土中未发现遗物；城墙叠压的第⑤层，是筑城时的表土层，很纯净，仅在表面发现零星的夹砂软陶片和河卵石，与第④层器物类同，应是筑城活动时遗留的。这两个现象表明，在筑城之前，该地没有人活动并留下遗物。

所以，从层位关系和出土遗物看，大浪古城是突然出现的，此前该地没有文化基础。至于城池开始营建的时代，可以参考大浪古城—双坟墩聚落的开始时间。

---

[1]　年代判断参考了城壕堆积G1④a、G1⑤和G1⑥层出土炭粒的碳–14年代测试报告，测试报告见附录二。

二 使用

城内第④层、城壕 G1 ⑥层和 G1 ⑤层，都是城池使用期间形成的堆积。由于文化堆积整体较薄、出土遗物和相关遗迹不多，在层位学上无法再细分，因此对于遗物分期和年代判断只能通过类型学进行分析。

G1 ⑥层目前仅发现炭粒，未见陶瓷等遗物，G1 ⑤层出土几何印纹陶和河卵石，第④层出土几何印纹陶、原始瓷、夹砂软陶、石器和河卵石等遗物。因石器和河卵石的时代特征不明显，故可资类比的器物主要是 G1 ⑤层及第④层出土的几何印纹陶、夹砂软陶和原始瓷。另外，灰坑 H3 填土中出土的陶瓮、陶釜、原始瓷杯等器物，是和第④层陶瓷片一起拼接起来的，这些器物也用于判断城的使用时间。下面分别从器形、纹饰进行分析及对比。

G1 ⑤层、第④层及 H3 出土的陶瓷器，从器形看，带有明显的从浙江等地战国早中期陶瓷器沿用、演变而来的迹象，器物在演变过程中，质地、形制、纹饰发生了不同程度的变化。演变的趋势主要体现在三个方面：一是原始瓷器形的陶质化，二是形制的变化，三是器物制作的简约化。大浪古城陶瓷器的测试结果显示，原始瓷可能从浙江直接带入合浦，而大部分陶器则可能产自两广地区 [1]。

原始瓷器方面，可辨器形有碗和杯等，器形既与浙江战国早期的同类器对应，如 T0911 ④：1 杯与绍兴小黄山墓 M3 Ⅱ式杯（M3：10）近似 [2]、T0810 ④：4 碗与绍兴小黄山墓 M13 浅弧腹碗（M13：119）等近似 [3]，又与广东战国中晚期的同类器对应，如与揭阳面头岭战国中期墓 M2 的碗和战国晚期墓 M11 的盅（杯）近似（表 6-2）[4]。结合原始瓷器的测试结果及双坟墩出土的同类器分析，大浪古城——双坟墩聚落出土的碗、杯等小型便携的原始瓷器，与来源地——浙江地区相比，器形变化不大，可能是从江浙地区直接带到合浦，并在沿用一段时间后，催生出本土陶制品作为替代物。

碗、杯、鼎、匜，在江浙地区是常见的原始瓷器形，在大浪古城则向陶质演变，而且在演变过程中都有简约化的趋势，如表面凹凸粗糙，或陶质硬度偏低、纹饰漫漶不清等。陶碗的形制与原始瓷碗类似，但形体偏小一些，与揭阳面头岭战国中期墓 M2、M10 出土的原始瓷碗在形制和大小方面接近 [5]，也与广宁龙嘴岗战国晚期墓 M16 出土的陶碗近似（表 6-2）[6]。

陶鼎为"立耳盆形鼎"，这是浙江地区战国早中期原始瓷的常见器形 [7]。类似的陶瓷器形在两广地

[1] 陶瓷器分析报告见附录一。

[2] 浙江省文物考古研究所等：《绍兴越墓》，文物出版社，2016年，第112～113页。

[3] 浙江省文物考古研究所等：《绍兴越墓》，文物出版社，2016年，第128～130页；浙江省文物考古研究所等：《德清亭子桥——战国原始瓷窑址发掘报告》，文物出版社，2011年；浙江省文物考古研究所：《杭沪甬高速公路考古报告》，文物出版社，2002年。

[4] 揭阳考古队等：《揭东县面头岭墓地发掘报告》，《揭阳考古》，科学出版社，2005年。

[5] 揭阳考古队等：《揭东县面头岭墓地发掘报告》，《揭阳考古》，科学出版社，2005年。

[6] 广东省文物考古研究所：《广宁龙嘴岗墓地》，《肇庆古墓》，科学出版社，2008年，第4～26页。

[7] 浙江省文物考古研究所等：《绍兴越墓》，文物出版社，2016年；浙江省文物考古研究所等：《德清亭子桥——战国原始瓷窑址发掘报告》，文物出版社，2011年；王晓红等：《上虞董村牛山战国墓清理》，《东方博物》2010年第3期；浙江省文物考古研究所：《古越瓷韵——浙江出土商周原始瓷集萃》，文物出版社，2010年；浙江省文物考古研究所：《锁钥——先秦印纹硬陶原始瓷器特展》，文物出版社，2019年；程亦胜：《早期越国都邑初探——关于古城遗址及龙山墓群的思考》，《东南文化》2006年第1期。

区其他战国遗存中很难见到，有略似的铜鼎见于岑溪花果山[1]、广东四会鸟旦山等地战国墓中（表6-2）[2]。

　　陶匜目前共发现5件，本次发掘出土2件，以往发掘出土3件[3]，可修复的3件陶匜形制各不相同。其中，T0911④∶7陶匜形制与广州园岗山战国晚期墓M1出土的陶匜近似[4]，另一件陶匜（IT0203③∶1）装饰水波纹加圆圈纹的组合纹特征[5]，与园岗山陶匜装饰水波纹加弦纹的组合纹有相似之处。陶匜是大浪古城出土陶器中与原始瓷同类器形差别最大的一种，形制、纹饰与浙江地区[6]、广东揭阳面头岭[7]等地战国早中期原始瓷匜对比有一定的区别（表6-2）[8]。

　　陶瓮（H3∶1）的制作有简约化趋势，如形制不甚规整，口沿略变形，器壁较薄，硬度偏低，米字纹线框细小，纹路浅而不显。器形特征是腹部最大径靠上，往下斜收，腹径略大于高度。这个器形带有浙江战国早中期印纹硬陶罐（坛）的遗风，如与绍兴小黄山战国早期墓M3罐（M3∶12）和小家山战国中期墓M20坛（M20下∶9）等相似[9]，也与广东战国早中期的增城西瓜岭瓮（原报告图五-3）及封开利羊墩瓮（H1∶2）接近[10]。同时，又与广州园岗山战国晚期瓮（M1∶1）近似[11]，二者的口沿、颈部、纹饰更接近，不过园岗山瓮的最大腹径已略下移，显示出更晚的特征（表6-2）。

　　B型陶釜（H3∶2）与广东始兴白石坪山战国晚期遗址出土的缶（釜）近似[12]，与揭阳面头岭战国晚期墓M28出土的平底陶罐（M28∶1）也有相似之处，二者的区别主要是底部形状不同[13]。大浪古城一双坟墩出土的夹砂硬陶和夹砂软陶釜是圜底的，而揭阳面头岭有些陶釜（罐或缶）是平底或凹底的，这是两地釜形器在形制方面的一些区别（表6-2）。

　　大浪古城出土的夹砂软陶釜残件（A型釜），有一定的数量，但比较残碎，难以修复，这类陶

　　[1]　广西壮族自治区文物工作队等：《岑溪花果山战国墓清理简报》，广西壮族自治区博物馆：《广西考古文集》，文物出版社，2004年，第213～227页。

　　[2]　广东省博物馆：《广东四会鸟旦山战国墓》，《考古》1975年第2期；广东省博物馆等：《广东德庆发现战国墓》，《文物》1973年第9期；广东省博物馆：《广东广宁县铜鼓岗战国墓》，《考古学集刊·1》，中国社会科学出版社，1981年。

　　[3]　广西文物保护与考古研究所等：《广西合浦县大浪古城址的发掘》，《考古》2016年第8期。

　　[4]　广州市文物考古研究所：《广州市萝岗区园岗山越人墓发掘简报》，《华南考古2》，文物出版社，2008年；张强禄、李岩：《对于秦及西汉南越国时期几组具有典型意义遗存的认识——以陶瓷器为主要线索》，中国古陶瓷学会：《中国古陶瓷研究辑丛——印纹硬陶与原始瓷研究》，故宫出版社，2016年。

　　[5]　广西文物保护与考古研究所等：《广西合浦县大浪古城址的发掘》，《考古》2016年第8期。

　　[6]　浙江省文物考古研究所等：《德清亭子桥——战国原始瓷窑址发掘报告》，文物出版社，2011年；浙江省文物考古研究所等：《绍兴越墓》，文物出版社，2016年；浙江省文物考古研究所：《古越瓷韵——浙江出土商周原始瓷集萃》，文物出版社，2010年；浙江省文物考古研究所：《锁钥——先秦印纹硬陶原始瓷器特展》，文物出版社，2019年。

　　[7]　揭阳考古队等：《揭东县面头岭墓地发掘报告》，《揭阳考古》，科学出版社，2005年。

　　[8]　淮阴市博物馆：《淮阴高庄战国墓》，《考古学报》1988年第2期；上海市文物保管委员会：《上海市金山县戚家墩遗址发掘简报》，《考古》1973年第1期。

　　[9]　浙江省文物考古研究所等：《绍兴越墓》，文物出版社，2016年；陆耀华：《嘉兴印纹陶遗址与土墩墓》，《东南文化》1989年第6期。

　　[10]　广东省文物管理委员会等：《广东增城、始兴的战国遗址》，《考古》1964年第3期；杨式挺等：《广东封开利羊墩墓葬群发掘简报》，《南方文物》1995年第3期。

　　[11]　广州市文物考古研究所：《广州市萝岗区园岗山越人墓发掘简报》，《华南考古2》，文物出版社，2008年；张强禄、李岩：《对于秦及西汉南越国时期几组具有典型意义遗存的认识——以陶瓷器为主要线索》，中国古陶瓷学会：《中国古陶瓷研究辑丛——印纹硬陶与原始瓷研究》，故宫出版社，2016年。

　　[12]　莫稚：《广东始兴白石坪山战国遗址》，《考古》1963年第4期；广东省文物管理委员会等：《广东增城、始兴的战国遗址》，《考古》1964年第3期；廖晋雄：《广东始兴县白石坪山战国晚期遗址》，《考古》1996年第9期。

　　[13]　揭阳考古队等：《揭东县面头岭墓地发掘报告》，《揭阳考古》，科学出版社，2005年。

釜的胎芯呈灰黑色，陶衣呈红褐色，素面无纹，质料风格与双坟墩夹砂软陶釜（D2Z1：1）一致，形制特征与广东揭阳面头岭战国早期墓 M13 出土的灰胎酱褐衣泥质陶罐（M13：2）接近（表 6-2）[1]。

其他一些可辨识口沿和颈肩部形状的瓮罐类陶器，与同时期遗址、墓葬出土的同类器形相似。如 G1 ⑤：1 多重方框对角线纹瓮形制与浙江绍兴香山战国中期墓 M1 筑墓堆积出土的米字纹坛（M1ZD：11）接近[2]，也与揭阳面头岭战国中期墓出土的方格纹瓮（M12：1）近似[3]。T0911 ④：6 瓮与双坟墩瓮（D1：4）接近，二者均饰方框对角线纹，有所不同的是，后者线框单元比较宽大，前者变得细小，多处漫漶不清，有简约化的趋势，后者形制与广东战国中期墓出土的重方框对角线纹瓮（封开利羊墩 M20：4 和揭阳面头岭 M8：1）近似[4]。T0910 ④：4 粗米字纹瓮与岑溪花果山战国晚期墓出土的粗米字纹瓮（M14：6）一致[5]，形制也与双坟墩方格纹瓮（D1：3）近似。T0911 ④标本：7 泥质软陶瓮与双坟墩出土的敛口鼓腹瓮（D2M3：6 和 D2M4：7）是同类器形[6]，形制特征和质料风格与绍兴小黄山战国早期墓出土的泥质软陶瓮（M13：79 和 M13：99）相似[7]，是同一习俗的传承（表6-2）。

G1 ⑤层、第④层及 H3 出土陶器的纹饰，占比最大的是米字纹，其次是重方框对角线纹、方框对角线纹、方格纹，还有少量的勾连云雷纹、席纹等，其中方格纹和席纹沿用时间长，难以用来断代。所以，大浪古城能用来判断年代的纹饰主要是勾连云雷纹、重方框对角线纹、方框对角线纹、米字纹。另外，城内第③层底部出土的 1 件三角格纹陶片（T0910 ③标本：2），也是断代的重要依据。纹饰的发展演变也有一个明显的简约化趋势，即纹样由繁缛向简约演化，同时对应纹饰的载体陶器在硬度、密度和陶衣颜色等方面也发生变化，最明显的演变，是从多重、三重、二重方框对角线纹，到方框对角线纹，再到米字纹，最后到三角格纹的演化过程，框线越往后越减少，有的线框单元由宽大变得细小，纹路也由深且明显变得浅而不显。

从陶器纹饰分类排序的情况看，大浪古城出土的几何印纹，从勾连云雷纹，到重方框对角线纹、方框对角线纹，再到米字纹、三角格纹，这个发展脉络是连续的，中间未见明显中断的迹象。因此，若从陶器纹饰发展演变的角度判断年代，则大浪古城从营建到废弃的过程可以归结为一句话：始于勾连云雷纹的末尾，终于三角格纹的开头。

勾连云雷纹陶目前在大浪古城发现 3 片，整个大浪古城—双坟墩聚落共发现约 10 片（有些与方格纹组合）[8]，数量较少，应是到了这种纹饰使用的末尾阶段。从广东罗定背夫山战国早期墓等地出

[1]　揭阳考古队等：《揭东县面头岭墓地发掘报告》，《揭阳考古》，科学出版社，2005年；广东省博物馆等：《广东揭阳县战国墓》，《考古》1992年第3期。

[2]　浙江省文物考古研究所等：《绍兴越墓》，文物出版社，2016年。

[3]　揭阳考古队等：《揭东县面头岭墓地发掘报告》，《揭阳考古》，科学出版社，2005年。

[4]　杨式挺等：《广东封开利羊墩墓葬群发掘简报》，《南方文物》1995年第3期；揭阳考古队等：《揭东县面头岭墓地发掘报告》，《揭阳考古》，科学出版社，2005年；广东省文物管理委员会办公室等：《广东文物普查成果图录（出土文物部分）》，广东科技出版社，1990年，第58页。

[5]　广西壮族自治区文物工作队等：《岑溪花果山战国墓清理简报》，广西壮族自治区博物馆：《广西考古文集》，文物出版社，2004年。

[6]　广西文物保护与考古研究所：《广西合浦县双坟墩土墩墓发掘简报》，《考古》2016年第4期。

[7]　浙江省文物考古研究所等：《绍兴越墓》，文物出版社，2016年。

[8]　广西文物保护与考古研究所：《广西合浦县双坟墩土墩墓发掘简报》，《考古》2016年第4期；广西文物工作队课题组：《西汉海上丝绸之路始发港——合浦港的考古学实践与初步认识》，《海上丝绸之路研究——中国·北海合浦海上丝绸之路始发港理论研讨会论文集》，科学出版社，2006年。

表 6-2　大浪古城—双坟墩与其他遗址、墓葬出土器物对比

器形 ＼ 出土遗址	大浪古城—双坟墩		其他遗址、墓葬	
原始瓷碗	T0810 ④：4	双坟墩 D1：2	绍兴小黄山 M13：119	揭阳面头岭 M2：9
原始瓷杯	T0911 ④：1	双坟墩 D2M3：5	绍兴小黄山 M13：27	揭阳面头岭 M11：4
陶碗	T0811 ④：4	双坟墩 D2 ①：4	广宁龙嘴岗 M16：9	广宁龙嘴岗 M16：6
鼎	T0910 ④：1（陶鼎）		绍兴小家山 M17Q：18（原始瓷鼎）	岑溪花果山采：27（铜鼎）
匜	T0911 ④：7（陶匜）	Ⅰ T0203 ③：1（陶匜）	揭阳面头岭 M14：28（原始瓷匜）	广州园岗山 M1：11（陶匜）
陶瓮	H3：1		绍兴小黄山 M3：12（原报告称为陶罐）	广州园岗山 M1：1
陶釜	H3：2		始兴白石坪（原报告称为陶缶）	揭阳面头岭 M28：1（原报告称为陶罐）
陶釜	T0911 ④：10	双坟墩 D2Z1：1	揭阳面头岭 M13：2（原报告称为陶罐）	

出土遗址＼器形	大浪古城—双坟墩	其他遗址、墓葬
陶瓮	G1⑤：1	揭阳面头岭 M12：1
陶瓮	T0911④：6　　双坟墩 D1：4	封开利羊墩 M20：4　　揭阳面头岭 M8：1
陶瓮	T0910④：4　　双坟墩 D1：3	岑溪花果山 M14：6
陶瓮	T0911④标本：7　　双坟墩 D2M4：7	绍兴小黄山 M13：99　　绍兴小黄山 M13：79

土的完整器来看，勾连云雷纹一般见于高（敞）领深腹的瓮罐类器物，常见与方格纹组合[1]。广东勾连云雷纹陶器还见于封开利羊墩战国早期墓 M16 和 H1、四会鸟旦山战国早中期墓填土陶片、增城西瓜岭遗址（战国早中期）、博罗银岗遗址（春秋时期）、揭阳赤岭埔遗址（春秋晚期至战国早期）、五华狮雄山及周边遗址（先秦时期）等[2]。浙江绍兴香山战国中期墓 M1 原生地层堆积也出有勾连云雷纹陶片[3]。"广东同行将印纹硬陶上的勾连云雷纹之时代确定在春秋战国之际至战国早期"[4]。然而，勾连云雷纹陶究竟结束于何时？这仍是个有待解决的问题。从大浪古城、绍兴香山的地层堆积观察，勾连云雷纹是与重方框对角线纹共存的。还有一个值得注意的单位是广东封开利羊墩 H1，既

[1]　广东省博物馆：《广东罗定背夫山战国墓》，《考古》1986年第3期。

[2]　杨式挺等：《广东封开利羊墩墓葬群发掘简报》，《南方文物》1995年第3期；广东省博物馆：《广东四会鸟旦山战国墓》，《考古》1975年第2期；广东省文物管理委员会等：《广东增城、始兴的战国遗址》，《考古》1964年第3期；广东省文物考古研究所：《广东博罗银岗遗址发掘简报》，《文物》1998年第7期；广东省文物考古研究所：《广东博罗银岗遗址第二次发掘》，《文物》2000年第6期；揭阳考古队等：《揭西县赤岭埔遗址调查报告》，《揭阳考古》，科学出版社，2005年；广东省文物考古研究所：《五华狮雄山》，科学出版社，2014年；广东省文物考古研究所等：《广东五华县华城屋背岭遗址与龙颈坑窑址》，《考古》1996年第7期。

[3]　浙江省文物考古研究所等：《绍兴越墓》，文物出版社，2016年，第51页。

[4]　李岩：《广西合浦双坟墩土墩墓年代及相关问题浅析》，中国社会科学院考古研究所夏商周考古研究室：《三代考古（九）》，科学出版社，2021年，第553页。

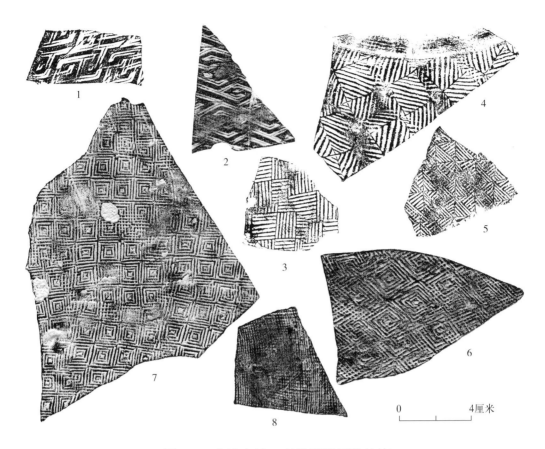

图 6-1　大浪古城—双坟墩沿用的纹饰

1、2.勾连云雷纹（T0911④标本：60、双坟墩第④层）　3.席纹（T1011①标本：1）　4.多重方框对角线纹（G1⑤：1）　5.方格条线纹（采：49）　6.复线菱格纹（双坟墩第④层）　7."回"字纹（双坟墩第④层）　8.小方格纹（双坟墩第④层）

出有勾连云雷纹陶，也出有三重方框对角线纹陶，发掘者不确定这些器物是否属于同一墓，故将看似较早的勾连云雷纹陶归为战国早期，而将三重方框对角线纹陶瓷作为战国中期器物看待。另外，广东增城西瓜岭等遗址中也发现勾连云雷纹与重方框对角线纹同出的现象[1]。大浪古城—双坟墩聚落作为一个连续的活动场所，显然经历了勾连云雷纹在合浦印纹陶中的最后使用阶段，而这个阶段正是重方框对角线纹流行之时（图 6-1）[2]。

———————

[1]　广东省文物管理委员会等：《广东增城、始兴的战国遗址》，《考古》1964年第3期；广东省文物考古研究所：《五华狮雄山》，科学出版社，2014年；揭阳考古队等：《揭西县赤岭埔遗址调查报告》，《揭阳考古》，科学出版社，2005年。勾连云雷纹、多重方框对角线纹、方格条线纹等相对繁缛的几何印纹，在两广地区不多见，完整器较少，也难以见到明确的层位关系，这些纹饰主要发现于广东东部的揭阳、五华到增城一带，如揭阳赤岭埔遗址就见有这几种纹饰，其中多重方框对角线纹（多线菱格对角线纹）和方格条线纹（三角填线纹或菱格填线纹）见于完整器，但器物皆为采集所得，层位关系和组合关系不明，魏峻先生认为这些器物的年代大体为春秋晚期至战国早期。

[2]　勾连云雷纹在大浪古城第④层与席纹、多重方框对角线纹共存，在双坟墩第④层还与复线菱格纹、"回"字纹等共存，另外再加上采集所得的方格条线纹，这些纹饰在大浪古城—双坟墩聚落的印纹陶中占比不大，说明其在合浦应处于沿用阶段，此时流行的是二重和三重方框对角线纹，方框对角线纹也已在使用。值得注意的是，勾连云雷纹、席纹等几何纹饰，虽然在战国早期之后的印纹陶中已经少见，但是并未完全消失，直到汉唐时期仍装饰于北流型和灵山型等"几何纹铜鼓"，详见吴崇基、罗坤馨、蔡荭：《古代铜鼓装饰艺术》，文物出版社，2018年。席纹仍见于秦至西汉初的陶器，与方框对角线纹、米字纹、三角格纹共存，详参广州市文物管理处等：《广州秦汉造船工场遗址试掘》，《考古》1977年第4期；李珍等：《广西兴安秦城研究》，《汉代海上丝绸之路考古与汉文化》，科学出版社，2019年。

广东地区相关纹饰的发展脉络是，重方框对角线纹流行于战国中期，方框对角线纹流行于战国中晚期，米字纹流行于战国晚期，三角格纹流行于秦至西汉早期[1]。情况在广西也一样，而且有明显的体现，如双坟墩和大浪古城因每个阶段的功能侧重点不同，导致两个地点的纹饰状况有差异，即双坟墩以重方框对角线纹为主，鲜见米字纹，而大浪古城则以米字纹为主。岑溪花果山战国晚期墓的陶器也是以米字纹为主，未见重方框对角线纹和方框对角线纹，而且情况与大浪古城相似，陶器制作趋于简约化，原始瓷器形陶质化[2]。

综合 G1 ⑤层、第④层及 H3 出土陶瓷器的器形和纹饰来看，大浪古城的遗物虽然不算丰富，但是年代跨度比较大，既有战国早期的孑遗因素如勾连云雷纹陶等，也有战国中晚期的器物。综合相关现象判断，夹砂软陶釜（A 型釜）、重方框对角线纹陶及原始瓷碗、杯等器物的年代应属战国中期，与双坟墩同类器物基本一致（表 6-2），说明城池营建于战国中期，在筑城时已有人在里面活动；而陶器纹饰的发展脉络是连续的，中间未见明显中断的迹象，并且主体纹饰是米字纹，部分器形已到战国晚期，说明城池连续使用到战国晚期。

三　废弃

大浪古城发现的 5 件陶匜中，T0911 ④：7 陶匜形制与广州园岗山战国晚期墓 M1 陶匜近似[3]，另一件陶匜（ⅠT0203 ③：1）则饰有水波纹加圆圈纹的组合纹，之前也采集过弦纹加水波纹等组合纹陶片[4]，出现了战国末至西汉初常见的组合纹饰。从一个时间节点观察，大浪古城第④层较晚的器物与园岗山 M1 随葬器物比较接近，二者在器形、纹饰、习俗等方面近似，都喜用小石子、砺石及陶瓷碗、杯、匜、瓮等器物。

大浪古城还发现 1 件具有断代意义的陶片，即城内第③层底部出土的三角格纹陶（T0910 ③标本：2），从大浪古城连续使用的情况及陶器纹饰发展演变的脉络分析，这片三角格纹陶应是最接近城址年代下限的遗物，也就是说，城池的废弃时间，应是三角格纹开始出现之时。

三角格纹陶主要见于两广地区秦至西汉早期的城址和墓葬中，广西兴安秦城通济城、贵港贵城

[1] 揭阳考古队等：《揭东县面头岭墓地发掘报告》，《揭阳考古》，科学出版社，2005 年；杨式挺：《广东封开利羊墩墓葬群发掘简报》，《南方文物》1995 年第 3 期；李岩：《广东印纹陶及原始瓷发展脉络》，浙江省文物考古研究所：《中国南方先秦考古学术研讨会论文集》，文物出版社，2019 年；李岩：《广西合浦双坟墩土墩墓年代及相关问题浅析》，中国社会科学院考古研究所夏商周考古研究室：《三代考古（九）》，科学出版社，2021 年；李岩、张强禄：《考古百年视野下的岭南文明化进程》，《文博学刊》2021 年第 2 期。

[2] 广西壮族自治区文物工作队等：《岑溪花果山战国墓清理简报》，广西壮族自治区博物馆：《广西考古文集》，文物出版社，2004 年。

[3] 广州市文物考古研究所：《广州市萝岗区园岗山越人墓发掘简报》，《华南考古 2》，文物出版社，2008 年；张强禄、李岩：《对于秦及西汉南越国时期几组具有典型意义遗存的认识——以陶瓷器为主要线索》，中国古陶瓷学会：《中国古陶瓷研究辑丛——印纹硬陶与原始瓷研究》，故宫出版社，2016 年。

[4] 广西文物保护与考古研究所等：《广西合浦县大浪古城址的发掘》，《考古》2016 年第 8 期；广西文物工作队课题组：《西汉海上丝绸之路始发港——合浦港的考古学实践与初步认识》，《海上丝绸之路研究——中国·北海合浦海上丝绸之路始发港理论研讨会论文集》，科学出版社，2006 年。

遗址、武宣勒马城等城址出土三角格纹陶的比例高于米字纹陶[1]。然而，三角格纹开始出现于何时？
这也是个悬而未决的问题。两广地区出土三角格纹陶的地点中，广东广州南越宫苑遗址水井97J17
和五华狮雄山灰坑H22的年代定为秦（图6-2）[2]，另外还有一些年代定为战国的遗址和墓葬[3]，广
西梧州塘源、岑溪大榔、北流圭江大桥等地也发现战国末至西汉初的三角格纹陶瓮和罐（图6-3）[4]。
因此，大体而言，三角格纹出现的时间应在战国末至秦代这个阶段。

　　大浪古城与秦城通济城、贵城遗址、勒马城、南越宫苑遗址等两广地区秦至西汉初的城址对比，
出土遗物有明显的区别。其一，建筑材料方面，秦汉城址的瓦、瓦当等构件是伴随着城的营建同步
出现的，且数量不少，而大浪古城虽然规模远大于勒马城（中留县城）等秦汉非郡治类县城，但是
经过多次调查、勘探及1300多平方米面积的发掘均未发现秦汉时期瓦构件。其二，原始瓷方面，原
始瓷器虽在秦汉之交的越人墓中仍有发现[5]，但在秦汉城址中很难见到，能见到的是类似原始瓷器形
的陶碗和杯等器物，实际上，原始瓷碗和杯在广西地区战国晚期已经少见，逐渐被陶质器形取代，
大浪古城和岑溪花果山墓地就出现了这种陶质化的趋势[6]，而武鸣安等秧墓地则更为明显，其碗和杯
虽在形制上仍接近于原始瓷器，但在质料方面已基本转为陶质，墓葬的整体文化面貌也相对较晚[7]。
其三，陶器器形方面，大浪古城的陶匜和立耳鼎等器形在秦汉城址中很难见到，秦至西汉初流行的
盒、盆、瓿、壶等器形在大浪古城也难得一见。其四，陶器纹饰方面，大浪古城的勾连云雷纹和重
方框对角线纹等相对繁缛的几何印纹，到秦汉城址和墓葬已基本不见，这时方框对角线纹仅偶有发
现；大浪古城的主体纹饰——米字纹，在秦至西汉初的城址和墓葬中出现的比例大幅下降，这段时
期三角格纹虽处于流行期但在陶器纹饰中占比不大，此时常见的是弦纹与水波纹、锯齿纹（曲折纹）、

[1]　广西文物保护与考古研究所发掘资料。李珍等：《广西兴安秦城研究》，《汉代海上丝绸之路考古与汉文化》，科学出
版社，2019年；谢广维：《贵港贵城遗址，明确了秦桂林郡及汉郁林郡郡治的位置》，广西文物保护与考古研究所：《广西基本
建设考古重要发现》，广西科学技术出版社，2015年；蒙长旺：《广西武宣发现勒马秦汉城址》，《中国文物报》2020年3月20
日。

[2]　南越王宫博物馆筹建处等：《南越宫苑遗址——1995、1997年考古发掘报告（下）》，文物出版社，2008年，第
363～369页；广东省文物考古研究所：《五华狮雄山》，科学出版社，2014年。

[3]　广东省文物管理委员会等：《广东增城、始兴的战国遗址》，《考古》1964年第3期；李岩：《广东印纹陶及原始瓷发展
脉络》，浙江省文物考古研究所：《中国南方先秦考古学术研讨会论文集》，文物出版社，2019年，第52～55页；莫稚：《广东
始兴白石坪山战国遗址》，《考古》1963年第4期；广东省文物考古研究所：《广东博罗银岗遗址发掘简报》，《文物》1998年第
7期；广东省文物考古研究所：《广东博罗银岗遗址第二次发掘》，《文物》2000年第6期；深圳博物馆：《深圳叠石山遗址发
掘简报》，《文物》1990年第11期；杨式挺等：《广东封开利羊墩墓葬群发掘简报》，《南方文物》1995年第3期。《广州汉墓》
M1125出土的三角格纹陶瓮（M1125:3）与封开利羊墩M12出土的陶瓮（M12:1）形制近似，二者年代应接近，详参广州市文物管
理委员会等：《广州汉墓》，文物出版社，1981年，93～94页。

[4]　广西梧州市博物馆、岑溪市文物管理所、北流市博物馆藏品。梧州市博物馆：《梧州市博物馆文物藏品精粹》，2013年
新馆正式开馆宣传册；于少波：《古老的几何印纹陶——玉林出土的先秦时期印纹陶器赏鉴》，《玉林晚报》2018年1月7日第8
版；《玉博文物大讲堂》第3期：《古老的几何印纹陶——玉林出土的先秦时期印纹陶器赏鉴》，微信公众号"玉林市博物馆"，
2020年2月24日。

[5]　广州市文物考古研究所：《广东增城浮扶岭M511发掘简报》，《文物》2015年第7期；张强禄、李岩：《对于秦及西汉
南越国时期几组具有典型意义遗存的认识——以陶瓷器为主要线索》，中国古陶瓷学会：《中国古陶瓷研究辑丛——印纹硬陶与
原始瓷研究》，故宫出版社，2016年；张强禄：《增城浮扶岭M511再研究》，《文博学刊》2020年第1期。

[6]　广西壮族自治区文物工作队等：《岑溪花果山战国墓清理简报》，广西壮族自治区博物馆：《广西考古文集》，文物出
版社，2004年。

[7]　广西文物保护与考古研究所等：《武鸣马头先秦墓》，文物出版社，2017年。与武鸣安等秧器物风格类似的墓地，还有
广东广宁龙嘴岗等，详见广东省文物考古研究所：《广宁龙嘴岗墓地》，《肇庆古墓》，科学出版社，2008年。

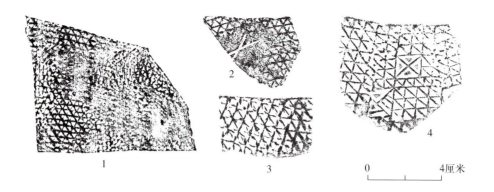

图 6-2　大浪古城与秦代遗迹出土三角格纹对比图

1.三角格纹（大浪古城T0910③标本：2）　2.三角格纹和刻划符号（五华狮雄山H22②）　3.三角格纹（广州南越宫苑97J17②:3）　4.三角格纹和方形几何图案（广州南越宫苑97J17②:5）

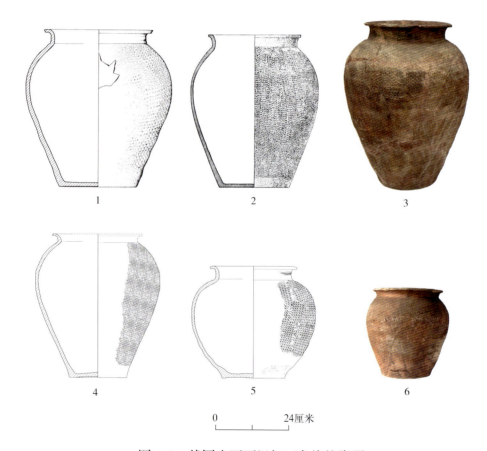

图 6-3　战国末至西汉初三角格纹陶器

1.瓮（五华狮雄山H22③:33）　2.瓮（《广州汉墓》M1125:3）　3.瓮（梧州塘源）　4.瓮（岑溪大榔）　5.罐（岑溪大榔）　6.罐（北流圭江大桥）

篦纹、绹纹等纹饰的组合纹，以及以方格纹为底加弦纹、戳印纹的组合纹。

大浪古城与秦汉城址的区别，一方面证明大浪古城的年代明显早于秦汉城址，另一方面表明大浪古城没有经历过秦汉文化的洗礼。

总而言之，大浪古城从出土及采集遗物看，其废弃时间大体在战国末至秦代，再根据城址未见秦汉代表性器物的情况进一步推断，其年代下限应在秦定岭南之前。

第四节 大浪古城—双坟墩聚落的性质

综合考古发现及历史文献判断，大浪古城—双坟墩聚落应是战国中期江浙地区的越人南下合浦所组建的一处活动场所，并连续使用到战国晚期。性质判断的依据分别阐述如下。

一 考古发现

大浪古城—双坟墩聚落发现的战国中期器物，与浙江地区同时期或稍早时段的同类器基本一致。到了战国晚期，器物虽然发生了不同程度的变化，如原始瓷器形的陶质化、陶器形制和纹饰的演化、器物制作的简约化等，但是依然保留着浓郁的越文化遗风。

大浪古城的陶瓷器测试结果表明，大浪古城—双坟墩聚落出土的碗、杯等小型便携的原始瓷器，应是直接从浙江带到合浦。双坟墩出土的细布纹（麻布纹）杯、瓿（罐）等陶器，很可能也是直接从浙江带过来的。大部分的陶器则是在两广地区重新烧制，器物在制作过程中，形制、陶衣、纹饰、刻划符号等方面的技术和传统被继承了下来。

大浪古城的方形结构及营建模式，在浙江地区已有先例，如安吉县两座春秋战国时期的越国城址安吉古城和窑山城址就是标准的方形结构，安吉古城的城墙也是平地堆土筑成；双坟墩土墩的营建、形态及土墩墓的墓葬形制，符合江浙地区同类遗存的基本特点，如土墩底部平地向上用土垫高、地面以上有明显隆起的封土、墩内墓葬有很浅的竖穴土坑、墓内器物集中堆放一端、墓内出土遗物主要是印纹硬陶和原始瓷器[1]。

显然，大浪古城—双坟墩聚落的遗物、城址形制和墓葬形制，与江浙地区同类遗存基本一致。从考古发掘情况看，大浪古城—双坟墩聚落是突然出现的，此前该地并没有文化基础，因此，这种与江浙地区一致性的遗存，不是文化传播的现象，而是人群迁移的结果。

那么，若是人群迁移，从浙江到合浦，相隔千里，沿途有没有发现一些重要的节点？答案是肯定的。广东沿海的揭阳面头岭和湛江硇洲岛等地就发现了与浙江一致性的遗存[2]。北海市沿海地区也发现了越来越多的几何印纹陶遗址，陶器纹饰有夔纹、席纹、重方框对角线纹、方框对角线纹、米字纹、三角格纹等（图6-4）[3]。这表明，从浙江经广东到广西的海路，在先秦时期已经开通，南迁到合浦

[1] 浙江省文物考古研究所等：《浙江安吉县古城遗址2017年发掘简报》，《考古》2021年第9期；田正标、黄昊德：《安吉县窑山春秋至汉代城址》，中国考古学会：《中国考古学年鉴·2017》，中国社会科学出版社，2018年；林成博：《浙江安吉窑山遗址》，《大众考古》2021年第5期；程亦胜：《早期越国都邑初探——关于古城遗址及龙山墓群的思考》，《东南文化》2006年第1期；田正标：《北部湾寻越踪——广西合浦纪行》，微信公众号"考古大家谈"，2020年7月9日。除安吉古城和窑山城址外，浙江衢江新发现1座西周时期城址（石角山城址），由壕沟、夯土墙、台地组成，总面积约7万平方米，详参黄昊德、张森：《越文化和"姑蔑"考古新发现——浙江衢江西周高等级土墩墓群》，《中国文物报》2022年3月25日；浙江考古研究所等：《浙江衢江西周高等级土墩墓群》，微信公众号"文博中国"，2022年2月23日；王红岭等：《石角山古城址考古项目正式启动》，微信公众号"兴衢班"，2022年5月31日。

[2] 揭阳考古队等：《揭东县面头岭墓地发掘报告》，《揭阳考古》，科学出版社，2005年；李岩：《广东印纹陶及原始瓷发展脉络》，浙江省文物考古研究所：《中国南方先秦考古学术研讨会论文集》，文物出版社，2019年，第50页；李岩：《广西合浦双坟墩土墩墓年代及相关问题浅析》，中国社会科学院考古研究所夏商周考古研究室：《三代考古（九）》，科学出版社，2021年，第550～559页；李岩、张强禄：《考古百年视野下的岭南文明化进程》，《文博学刊》2021年第2期。

[3] 北海市博物馆、广西文物保护与考古研究所调查资料。

图 6-4　北海市沿海地区部分陶片纹饰

1.夔纹　2、3.席纹　4～6.重方框对角线纹　7、8.方框对角线纹　9～13.米字纹　14、15.三角格纹

的人群很可能是走海路。

　　从大的视野观察，大浪古城—双坟墩聚落并不是一个孤例，它只是两广地区众多"米"字纹陶文化遗存中的一个点，而"米"字纹陶文化实际上是江浙越文化向两广强势推进所形成的文化类型。

　　"米"字纹陶文化是两广地区战国时期至西汉早期的重要文化类型，也是重要的考古学年代标尺，其代表性纹饰和器物——重方框对角线纹、方框对角线纹、米字纹陶和原始瓷器，源头都是江浙地区，换句话说，两广"米"字纹陶文化实际上是由来自吴越地区的越文化因素主导形成的文化类型。其基本过程为：春秋晚期至战国中期，两广地区受到长江下游越文化的强烈影响，特别是战国中期，重方框对角线纹在两广尤其是广东突然大量出现，之前未见的一些原始瓷器形也随之进入[1]；战国晚

[1]　李岩、张强禄：《考古百年视野下的岭南文明化进程》，《文博学刊》2021年第2期；李岩：《广西合浦双坟墩土墩墓年代及相关问题浅析》，中国社会科学院考古研究所夏商周考古研究室：《三代考古（九）》，科学出版社，2021年，第550～559页。

期，米字纹在两广多处开花，广西米字纹陶主要分布在湘桂铁路以东地区[1]；秦至西汉早期，米字纹大幅减少，三角格纹在陶器纹饰中占比也不大；西汉武帝平南越国后，拍印的米字纹和三角格纹基本消失。

所以，从大的时代背景看，广西地区在战国秦汉时期经历了两次外来文化的大洗礼：前一次是战国时期江浙越文化西进[2]，广西因此而出现了新的文化类型——"米"字纹陶文化，其影响范围主要到达湘桂铁路以东地区；后一次是秦汉时期中原文化南下，岭北模式的城邑和墓葬纷纷出现在广西的重要位置，在中原文化的强烈冲击之下，"米"字纹陶文化融入到了统一的秦汉文化当中[3]。显而易见，大浪古城—双坟墩聚落在广西历史进程中所处的阶段，当属于越文化西进的战国时期，在秦汉文化来袭之前退出了历史舞台。

二　历史文献

西汉·司马迁《史记·南越列传》云："秦时已并天下，略定杨越，置桂林、南海、象三郡。"东汉·班固《汉书·地理志》云："粤地，牵牛、婺女之分野也。今之苍梧、郁林、合浦、交趾、九真、南海、日南，皆粤分也。其君禹后，帝少康之庶子云，封于会稽，文身断发，以避蛟龙之害。后二十世，至勾践称王。"唐·房玄龄《晋书》卷一十五："交州。案《禹贡》扬州之域，是为南越之土……广州。案《禹贡》扬州之域，秦末赵他（佗）所据之地。"

据史籍可知，越国历史悠久，东周时期曾是强国，国势在越王勾践称霸时最为显赫，岭南是越国的势力范围。随着考古发现不断向纵深拓展，学界对岭南越文化的认识也不断深入[4]。大浪古城—双坟墩聚落的考古发现，进一步印证了史籍关于先秦时期岭南地区属于越国势力范围的记载，填补了战国时期越国势力到达合浦及其组建的聚落模式等信息。

---

[1] 广西壮族自治区文物工作队：《广西几何印纹陶的分布概况》，《文物集刊·3》，文物出版社，1981年；蒋廷瑜：《广西考古通论》，广西科学技术出版社，2012年。广西"米"字纹陶文化遗存主要发现于湘桂铁路以东地区，以西地区也有少量发现，如大新县交岭战国墓发现重方框对角线纹陶罐、武鸣县安等秧墓地和伊岭村发现米字纹陶，另外龙州县庭城遗址（主体是汉城）也出土汉代米字形戳印纹陶。随着考古调查的展开，合浦及周围地区发现了越来越多的"米"字纹陶文化遗址，其中合浦县南流江流域累计发现5处（包括大浪古城—双坟墩聚落），北海市沿海地区近年新发现15处，浦北县历年发现25处。合浦县另外4处米字纹陶遗址与大浪古城的相对位置为：一在西南12.2千米的廉州镇草鞋村遗址（另有三角格纹陶）；二在西南12.6千米星岛湖镇上洋村委南流江西岸的中间村（在草鞋村遗址西北7千米）；三在东南7.8千米廉州镇青山村委清水江水库旁的谭屋村；四在东北19.2千米常乐镇陂山村南流江西岸的大平坡（另有二重方框对角线纹陶）。北海市沿海地区的陶片纹饰既有重方框对角线纹、方框对角线纹，也有米字纹和三角格纹，另外还有夔纹和席纹等纹饰。浦北县第三次全国文物普查登记的"米"字纹陶文化遗址就有25处，陶片纹饰有米字纹、重方框对角线纹、方框对角线纹和三角格纹。另从历年文物考古发现的情况来看，桂东南（梧州、玉林、贵港）和桂南（北海、钦州、防城港）地区应当还有不少"米"字纹陶文化遗址未被发现。

[2] 就大体方位而言，广西的地理位置在江浙西南方向，故从江浙到广西按习惯可简称为"南下"，另外，从江浙到广西的海岸线大体是向西拐弯的，因此按古代沿海路线也可简称为"西进"。

[3] 从族群及文化融合的角度观察，广西因两次历史变革而形成的结果，前者为越（粤）化，主要遗存特征为江浙模式的印纹陶和原始瓷，后者为秦汉化，主要文化特征为岭北模式的城邑和墓葬。

[4] 李岩、张强禄：《考古百年视野下的岭南文明化进程》，《文博学刊》2021年第2期；李岩：《广东印纹陶及原始瓷发展脉络》，浙江省文物考古研究所：《中国南方先秦考古学术研讨会论文集》，文物出版社，2019年，第52页；李岩：《广西合浦双坟墩土墩墓年代及相关问题浅析》，中国社会科学院考古研究所夏商周考古研究室：《三代考古（九）》，科学出版社，2021年，第550～559页；张强禄：《增城浮扶岭M511再研究》，《文博学刊》2020年第1期；张强禄：《论西汉南越国时期的高等级墓葬》，《考古学报》2021年第4期；张强禄：《岭南腰坑墓再认识》，《文博学刊》2022年第1期。

第七章　相关问题的讨论

第一节　大浪古城在合浦历史进程中的作用

战国时期江浙越人南下合浦，组建聚落，营建城池，直接推进了合浦的文明化进程，为汉代合浦的加速发展奠定了基础。因此，合浦汉代的繁华[1]，离不开以大浪古城为代表的历史基础，尤其是南下越人经过战国中晚期的休养生息和长期经营，既构成了合浦郡的设郡基础，也形成了汉代"海上丝绸之路"的基础。

一　立郡基础

苏秉琦先生总结："秦汉设郡大致都是以现专区一级范围的古文化古国为基础的"[2]；"岭南文化的形成不是秦汉设郡以后的事，没有当地的'古文化''古城''古国'，设不了郡"[3]。显然，大浪古城—双坟墩中心聚落及其周围的"米"字纹陶文化圈[4]，即是合浦设郡的基础。大浪古城是岭南地区已发现的最早城址，是战国中晚期岭南先进文化的代表，其在岭南文明化进程中的意义不言而喻。

因此，合浦并不是传统认为的因汉武帝设郡而突然兴起，而是设郡乃事态发展之必然结果，其不仅在先秦时期有历史积淀，在南越国时期（西汉早期）也具有重要地位。南越国本身因缺乏文字记载，其行政建制并不明晰，合浦此时的建制情况，只在相关文献中有所反映。据北魏郦道元《水经注》卷三十七引《交州外域记》（已佚）云："越王令二使者典主交趾、九真二郡民，后汉遣伏波将军路博德讨越王。路将军到合浦，越王令二使者赍牛百头、酒千钟及二郡民户口簿，诣路将军。乃拜二使者为交趾、九真太守。诸雒将主民如故。"《水经注》征引《交州外域记》的目的是为了说明交趾郡泠县的沿革，引文内容记录的是汉武帝平南越国时交趾郡和九真郡的政权更迭情况，其中有涉及合浦的信息。从文献可知，汉平南越时合浦之名与交趾、九真二郡名并列，伏波将军路博德正是在合浦进行了交趾和九真等郡的受降仪式，这表明，合浦在南越国时期已等同于郡一级的建制，在地缘上更是南进交趾、九真等郡的必经支点[5]。由此可见，汉武帝平定南越国之后所置的合浦、交趾、九真等郡，应是根据南越国已有行政建制顺势进行的调整。

---

[1]　见第一章第一节"自然和人文环境"。

[2]　苏秉琦：《中国文明起源新探》，三联书店，1999年，第144页。

[3]　苏秉琦：《岭南考古开题——杨式挺〈岭南文物考古论集〉序》，杨式挺：《岭南文物考古论集》，广东省地图出版社，1998年，第1页。

[4]　合浦及周边地区"米"字纹陶文化遗存的考古发现情况，见第六章第四节第一部分"考古发现"的正文和注释部分。

[5]　汉代交趾郡、九真郡和日南郡，故址在越南中北部。

考古发现也印证了文献记载。合浦草鞋村遗址的考古发现，基本明确了草鞋村遗址就是两汉时期合浦郡郡城之所在，另从遗址发现的大量西汉早期遗存看，城址的始筑年代要明显早于汉武帝元鼎六年（公元前 111 年），表明合浦在汉武帝设郡之前就已经存在未被史书记录的行政建制[1]。另外，合浦汉墓群目前发掘的西汉早期墓葬数量[2]，已经远超武宣勒马发现的两汉墓葬总数。所以，从城址遗存规格和墓葬数量等情况进行对比，武宣勒马城—汉墓群所反映的西汉早期中留县城聚落[3]，与合浦草鞋村遗址—汉墓群所反映的西汉早期聚落有着很大的差距，换言之，合浦在西汉早期的建制和地位，并不是中留县等非郡治类县城所能比的（图 7-1）。

二　海丝基础

合浦成为汉代"海上丝绸之路"的重镇，不是偶然的现象，而是历史基础与时代机遇相结合的结果。历史基础包括战国时期从江浙地区南迁到岭南地区的越人，尤其是南下合浦的人群，他们本就向海而生，又富于开拓精神，既然能够做到千里迢迢的族群迁徙，也能够以合浦为新起点进一步开拓更远的路线。越人沿海路南下合浦的情况还表明，"海上丝绸之路"不是汉代突然出现的，而是早在先秦时期，至少已经抵达了北部湾的合浦[4]。可见，合浦能够成为汉代对外交往贸易的窗口，既在于优越的地理位置，又赖于已有的历史积淀，南迁越人在先秦时期已开通到达合浦的海路，至汉代又顺应时代潮流，进一步开拓向海之路。

第二节　广西战国秦汉时期水上交通工具

梁钊韬先生根据广西贵县（今贵港市）罗泊湾一号墓出土石寨山型铜鼓（M1：10）装饰的羽人双身船图像（图 7-2）[5]和文献资料及民族学材料，认为双身船（舫船）能载重，航行稳定，是古代沿海岛屿族群在大海大江航行的交通工具，也是先秦时期浙江等地的越人南迁广西贵港等地的交通工具[6]。后来，广州南越王墓（西汉早期）出土的铜提筒（B59）也发现羽人船图像[7]。另外，浙江鄞县 1976 年出土的先秦时期铜钺亦装饰有羽人船图像[8]。铜钺和铜鼓都是象征权力的礼仪重器，装饰

[1]　广西文物保护与考古研究所等：《广西合浦县草鞋村汉代遗址发掘简报》，《考古》2016年第8期；广西文物保护与考古研究所：《广西文物考古60年》，文物出版社，2020年，第86页。

[2]　合浦汉墓群已发表的西汉早期墓，主要收录于广西文物保护与考古研究所：《广西合浦文昌塔汉墓》，文物出版社，2017年。

[3]　蒙长旺：《武宣县勒马秦汉城址》，中国考古学会：《中国考古学年鉴·2020》，中国社会科学出版社，2021年，第399、400页。

[4]　李岩：《广西合浦双坟墩土墩墓年代及相关问题浅析》，中国社会科学院考古研究所夏商周考古研究室：《三代考古（九）》，科学出版社，2021年，第550~559页。

[5]　罗泊湾一号墓的年代为西汉早期，墓主应是秦征岭南时从中原南下的将领，后来成为南越国桂林郡的郡守或郡尉，铜鼓可能是墓主生前所获的掳掠品或馈赠品。详见广西壮族自治区博物馆：《广西贵县罗泊湾汉墓》，文物出版社，1988年；蒋廷瑜：《贵县罗泊湾汉墓墓主族属的再分析》，《学术论坛》1987年第1期；张强禄：《论西汉南越国时期的高等级墓葬》，《考古学报》2021年第4期。

[6]　梁钊韬：《西瓯族源初探》，《学术研究》1978年第1期。

[7]　广州市文物管理委员会等：《西汉南越王墓》，文物出版社，1991年。

[8]　曹锦炎、周生望：《浙江鄞县出土春秋时代铜器》，《考古》1984年第8期。

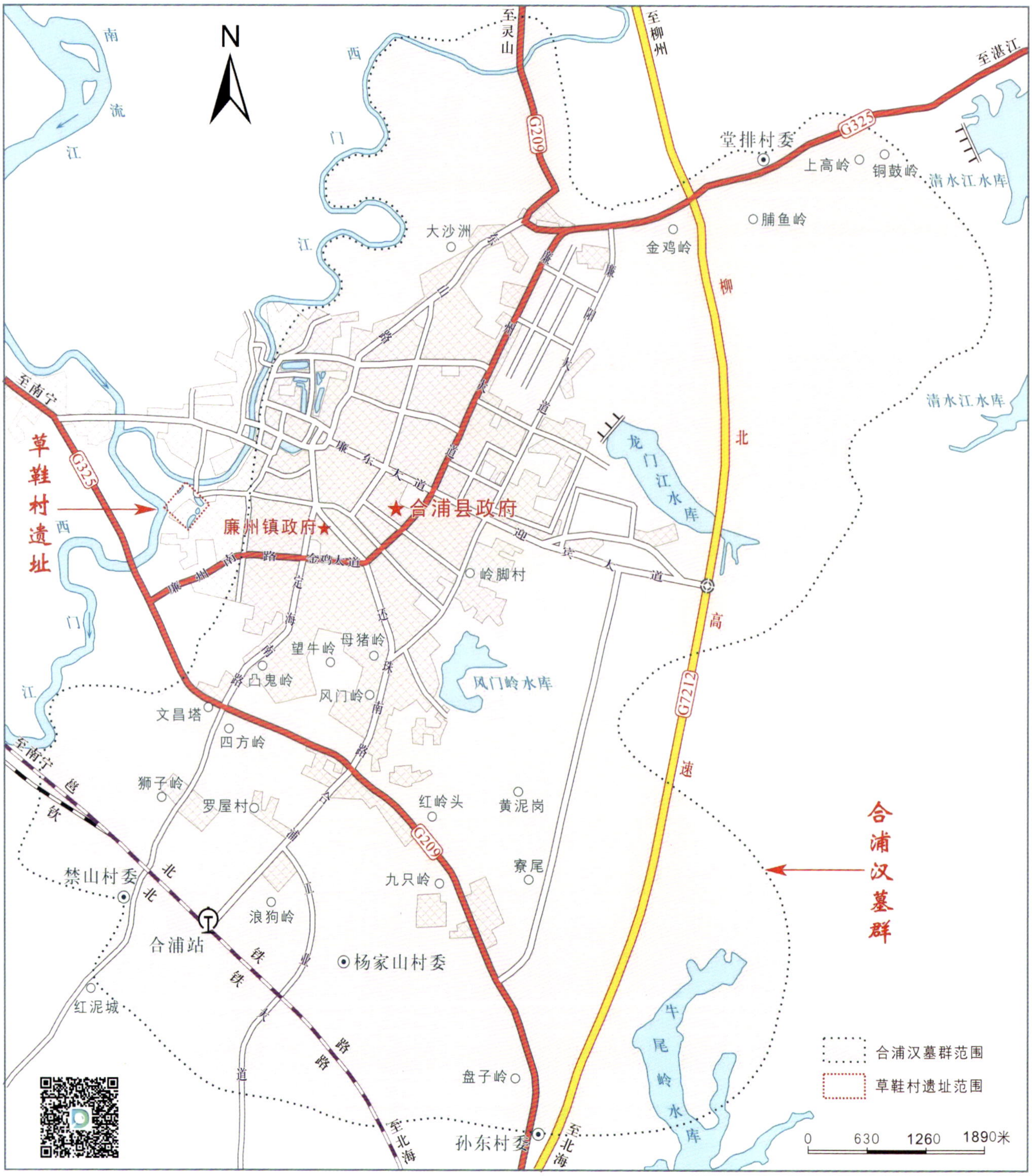

图 7-1　合浦汉墓群与草鞋村遗址位置示意图　　　　　审图号：桂S（2022）05-7号

在上面的图案必有其寓意，羽人船图像多次发现于南方地区的铜鼓和铜钺等礼器[1]，表明这些形象与族群信仰密切相关，应是族群活动常态的礼仪表现形式。据《越绝书·记地传》云："（越王勾践

图 7-2　贵港罗泊湾一号墓出土铜鼓及鼓胸装饰的羽人双身船和动物图像[2]

[1]　吴崇基、罗坤馨、蔡荭：《古代铜鼓装饰艺术》，文物出版社，2018年；蒋廷瑜：《先秦越人的青铜钺》，《广西民族研究》，1985年第1期；张强禄：《"羽人竞渡纹"源流考》，《考古》2018年第9期。

[2]　图像来源于吴崇基、罗坤馨、蔡荭：《古代铜鼓装饰艺术》，文物出版社，2018年，第56页。原文介绍为："罗泊湾M1∶10号鼓船纹共6组，首尾皆饰双层羽饰，华美大气，被人称为'双身船'。每船上有化装羽人6名，大多头戴高大的令箭状羽冠，肩后有长飘带，装束华美。船头有人手中捧着作为祭祀标志的长翎。船间出现海龟、鲨鱼、海鸟等海生动物，表明此船正处于近海的环境。船头下方有菱形大锚，船尾有利于在急流中转弯的梢，可在近海或内河游弋，并可随时随处停泊。这支由宽敞华丽船只组成、载着盛装水手的船队，实际上就是庞大的祭祀队伍，要在水上祭祀那些居无定所的水神。"整个单元图案环绕一周装饰于铜鼓胸部，图像采用散点透视表现手法，图中船、人和动物形象逼真，但比例不协调。

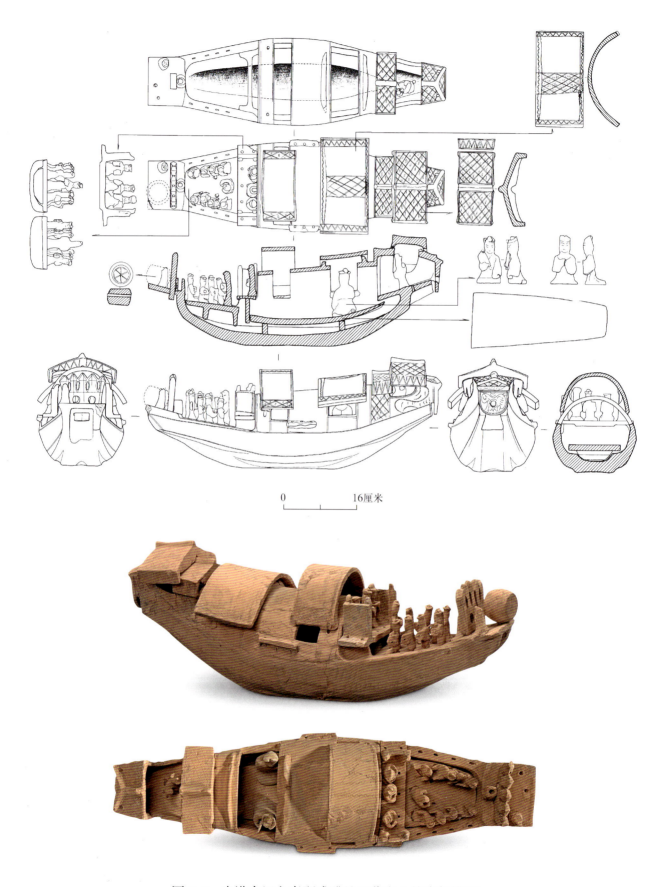

0 16厘米

图 7-3 贵港东汉九真郡咸驩县丞墓出土的陶船模型

对孔子说）夫越性脆而愚，水行而山处，以船为车，以楫为马，往若飘风，去则难从，锐兵任死，越之常性也。"《淮南子·齐俗训》亦云："胡人便于马，越人便于舟。"可知，舟船乃是越人基本的交通工具，善水习舟是越人的基本特征。

两广地区出土的汉代木船和陶船模型多为单体船，有的结构相对复杂，如贵港东汉九真郡咸驩县（县址在越南中部）县丞墓出土的陶船模型（M14：13），底呈深弧形，首尾高，中部低，分为前、中、后三舱，顶有可移动的舱盖，船内活动面铺板支撑，船头平台有挡板和鼓，船上共有15俑，中舱2俑体型较大（图7-3）[1]。秦汉对岭南用兵，主要靠楼船，秦征岭南[2]，西汉征南越[3]，东汉征交趾[4]，都派出了楼船之师。汉武帝为了征讨南越国等南方沿海国[5]，大修昆明池和楼船训练水军[6]。汉代楼船大军能够远距离航行，到达最南境的日南郡（今越南中部）[7]。汉代楼船的形象在实物中很难见到[8]，不过，东晋顾恺之《洛神赋图》绘下了晋代楼船（游舫）的形象[9]，这时的楼船由两船并联而成，应是从双身船演变而来的[10]。楼船最初可能都是战船，它稍后就发展成军用船和非军用船两个支系，非军用船既有皇家御用船，也有一般民用大型交通运输工具的座船与货船[11]。

第三节　广西先秦"米"字纹陶文化遗存的族属

先秦时期，越国势力范围和越文化不仅到达岭南地区，还扩至江西赣江流域和湖南湘江流域。越王勾践之后越国屡败于楚国，导致国土丢失、国家破散、诸族子争立，浙江等地的部分越人退居

---

[1]　广西文物保护与考古研究所等：《广西贵港马鞍岭梁君垌汉至南朝墓发掘报告》，《考古学报》2014年第1期。

[2]　（西汉）司马迁《史记·平津侯主父列传》云："又使尉屠睢将楼船之士南攻百越。"

[3]　（西汉）司马迁《史记·南越列传》云："今吕嘉、建德等反，自立晏如，令罪人及江淮以南楼船十万师往讨之。"《史记·东越列传》云："至元鼎五年，南越反，东越王馀善上书，请以卒八千人从楼船将军击吕嘉等。"《史记·平准书》云："于是天子为山东不赡，赦天下，因南方楼船卒二十馀万人击南越。"

[4]　（南朝宋）范晔《后汉书·马援传》云："于是玺书拜援伏波将军，以扶乐侯刘隆为副，督楼船将军段志等南击交趾。"

[5]　（东汉）班固《汉书·严朱吾丘主父徐严终王贾传》云："臣（淮南王刘安）闻越非有城郭邑里也，处溪谷之间，篁竹之中，习于水斗，便于用舟，地深昧而多水险，中国之人不知其势阻而入其地，虽百不当其一。得其地，不可郡县也；攻之，不可暴取也……前时南海王反，陛下先臣（淮南王刘长）使将军间忌将兵击之，以其军降，处之上淦。后复反，会天暑多雨，楼船卒水居击棹，未战而疾死者过半……且越人绵力薄材，不能陆战，又无车骑弓弩之用，然而不可入者，以保地险，而中国之人不能其水土也。臣闻越甲卒不下数十万，所以入之，五倍乃足，挽车奉饷者，不在其中。"淮南王刘安的封地靠近闽越和南越等南方沿海国，其门客对越地比较熟悉，其谏言最初是为了对付闽越国，后来事态发展的趋势表明，汉武帝为征讨南越国也做了充分准备。

[6]　（西汉）司马迁《史记·平准书》云："是时越欲与汉用船战逐，乃大修昆明池，列观环之。治楼船，高十馀丈，旗帜加其上，甚壮。"

[7]　（南朝宋）范晔《后汉书·马援传》云："援将楼船大小二千余艘，战士二万余人，进击九真贼徵侧余党都羊等。"（北魏）郦道元《水经注》卷三十六引《林邑记》云："建武十九年（公元43年），马援树两铜柱于象林南界，与西屠国分，汉之南疆也。"

[8]　广州东汉墓出有木楼船模型（4013：戊26），但未能复原。详见广州市文物管理委员会等：《广州汉墓》，文物出版社，1981年，第356页，图版一二一～一二三。

[9]　席龙飞：《中国造船史》，湖北教育出版社，1999年，第81～82页。

[10]　梁钊韬：《西瓯族源初探》，《学术研究》1978年第1期。

[11]　王冠倬、王嘉：《中国古船扬帆四海》，人民教育出版社，1996年，第85页。

于福建和岭南[1]。

秦统一时，战国末最后一代越王无诸被废，后因率众佐汉灭楚有功被复立为闽越王，辖闽中故地，都于东冶（今福建福州）[2]。另一位越王后人闽君摇，也因率众佐汉灭楚有功被立为东海王，都于东瓯（今浙江温州），又称东瓯王[3]。西汉武帝时，东瓯和闽越举国迁往江淮间[4]。汉初受封的越王勾践后人，除闽越王无诸、东瓯王摇外，还有南海王（南武侯）织，后来织一再遭受淮南王刘长的欺压，不能上达天听，被迫一反再反，沦为"南海民王"[5]。

那么，南迁到两广地区的越人后裔，在后世文献中出现的名称是什么？秦定岭南时的君王是谁？

广西学者已注意到，广西先秦时期两大陶器文化系统分别对应两大族群，即以绳纹夹砂圜底器为基本特征的文化遗存对应骆越[6]，以几何印纹硬陶为基本特征的文化遗存对应西瓯[7]。从考古学文

[1] 越国在楚国遭到吴国痛击濒亡时曾出兵攻打吴国，越王勾践称霸时又将"淮上地"让给楚国，但之后楚国与越国长期争霸，公元前333年楚国大败越国，此后楚国仍在寻机攻打已经崩析的越国。据司马迁《史记·孙子吴起列传》云："楚悼王素闻（吴）起贤，至则相楚……于是南平百越。"《史记·越王句践世家》云："王无彊时，越兴师北伐齐，西伐楚，与中国争彊……楚威王兴兵而伐之，大败越，杀王无彊，尽取故吴地至浙江，北破齐于徐州。而越以此散，诸族子争立，或为王，或为君，滨于江南海上，服朝于楚。"《史记·樗里子甘茂列传》云："且（楚怀）王前尝用召滑于越，而内行章义之难，越国乱，故楚南塞厉门而郡江东。"《越绝书·记地传》云："（越王无彊孙）尊子亲，失众，楚伐之，走南山。"可见，战国时期楚国多次寻机攻打越国，以消除其"问鼎中原"的后顾之忧，而越国遭到楚国打击之后，不仅江浙本部君民被迫退居于南方沿海地区，远在湖南的越人也逾岭南下。从考古发现看，桂东北湘漓流域的桂林地区以及潇水之南贺江流域的贺州地区，也是广西先秦时期重方框对角线纹等几何印纹硬陶的重要分布区，这个现象可能与岭北越人南迁有关。相关考古发现及论述见广西壮族自治区文物工作队：《广西几何印纹陶的分布概况》，《文物集刊·3》，文物出版社，1981年；蒋廷瑜：《广西考古通论》，广西科学技术出版社，2012年；李岩、张强禄：《考古百年视野下的岭南文明化进程》，《文博学刊》2021年第2期；张强禄：《岭南腰坑墓再认识》，《文博学刊》2022年第1期；张强禄：《论西汉南越国时期的高等级墓葬》，《考古学报》2021年第4期。

[2] （西汉）司马迁《史记·东越列传》云："句践之裔，是曰无诸。"（东汉）班固《汉书·高帝纪》云："故粤（越）王亡（无）诸世奉粤祀，秦侵夺其地，使其社稷不得血食。诸侯伐秦，亡诸身帅闽中兵以佐灭秦，项羽废而弗立。今以为闽粤王，王闽中地，勿使失职。"可知无诸是战国末最后一代越王，主持着越国的祭祀。详参李学勤：《关于楚灭越的年代》，《江汉论坛》1985年第7期。

[3] （西汉）司马迁《史记·东越列传》云："闽越王无诸及越东海王摇者，其先皆越王句践之后也，姓驺氏。秦已并天下，皆废为君长，以其地为闽中郡。及诸侯畔秦，无诸、摇率越归鄱阳令吴芮，所谓鄱君者也，从诸侯灭秦。当是之时，项籍主命，弗王，以故不附楚。汉击项籍，无诸、摇率越人佐汉。汉五年，复立无诸为闽越王，王闽中故地，都东冶。孝惠三年，举高帝时越功，曰闽君摇功多，其民便附，乃立摇为东海王，都东瓯，世俗号为东瓯王。"

[4] （西汉）司马迁《史记·东越列传》云："东瓯请举国徙中国，乃悉举众来，处江淮之间……于是天子曰东越狭多阻，闽越悍，数反覆，诏军吏皆将其民徙处江淮间。东越地遂虚。"（东汉）班固《汉书·西南夷两粤朝鲜传》云："东粤请举国徙中国，乃悉与众处江、淮之间……于是天子曰东粤狭多阻，闽粤悍，数反复，诏军吏皆将其民徙处江、淮之间。东粤地遂虚。"从《史记》和《汉书》记载可知，"东越"既可统称闽海沿岸的东瓯和闽越两个越人政权，也可单指东瓯。

[5] （东汉）班固《汉书·高帝纪》云："南武侯织，亦粤（越）之世也，立以为南海王。"《汉书·严朱吾丘主父徐严终王贾传》云："（淮南王刘安曰）前时南海王反，陛下先臣（淮南王刘长）使将军间忌将兵击之，以其军降，处之上淦（今江西樟树、新干一带）。后复反。"（西汉）司马迁《史记·淮南衡山列传》云："南海民王织上书献璧皇帝，忌擅燔其书，不以闻。"近年，江西樟树以筑卫城为核心的东周时期遗址群的考古发现，特别是国字山越国贵族墓的发现，证明该地在战国时期确是越国的重要据点，印证了史书关于南海王织也是越王勾践后人的记载。相关考古发现见国字山考古队等：《江西樟树国字山战国墓的发掘》《新发现、大突破——"江西樟树国字山墓葬发掘成果论证会"纪要》《东周时期的清江盆地》，《中国文物报》2022年2月25日；江西省文物考古研究院等：《江西樟树市国字山战国墓》，《考古》2022年第7期。

[6] 绳纹、夹砂、圜底器，是广西本地自新石器时代以来的陶器文化传统，说明与之对应的"骆越"应是广西的世居族群。早时，"骆"族群一般单称"骆"或"雒"，或加后缀称为"雒民"等，或有音近者称为"路人"，而以"越骆"或"骆越"连缀并称者，恐不单指"骆"，应还有"越"。后来，"骆越"作为族群名称专指"骆"族群，此时"骆"已经泛化为"越"的分支。

[7] 广西文物考古研究所等：《广西先秦岩洞葬》，科学出版社，2007年，第171页；谢广维：《再论骆越，兼谈西瓯》，广西民族博物馆：《民博论丛·2019》，广西人民出版社，2020年。

化区与族群活动区相对应的情况观察，广西几何印纹硬陶尤其是"米"字纹陶文化遗存的分布区，与西瓯的活动区相吻合[1]，因此，广西战国时期"米"字纹陶文化遗存的族属应是西瓯。从考古学文化谱系研究来看，两广"米"字纹陶文化实际上是由来自吴越地区的越文化因素主导形成的文化类型，这表明西瓯应是以南下越人为主导的族群共同体。

由此观之，西瓯之名其实本身就指明了其与故土江浙的亲缘关系、大体方位以及迁徙到达的具体地点，即先秦时期浙江等地的越人南迁，到达两广的称为西瓯，与浙闽的东瓯东西相应[2]。东瓯有君王，西瓯也有；东瓯王的名号，既与领地名称对应，也与新族群名称对应，西瓯君的情况亦然。因此，秦定岭南时的西瓯君译吁宋，与越王无诸（闽越王）、闽君摇（东瓯王或东海王）、南武侯织（南海王）一样，也应是越王勾践的后人，这与他作为两广抗秦势力首领的身份相符。然而，译吁宋的结局甚为壮烈，不像另外几位越王（君或侯）那样失位而复得。据西汉·刘安《淮南子·人间训》云："（秦始皇）乃使尉屠睢发卒五十万，为五军，一军塞镡城之岭，一军守九疑之塞，一军处番禺之都，一军守南野之界，一军结余干之水，以与越人战，杀西呕（瓯）君译吁宋。而越人皆入丛薄中，与禽兽处，莫肯为秦虏。相置桀骏以为将，而夜攻秦人，大破之，杀尉屠睢，伏尸流血数十万，乃发谪戍以备之。"可见，西瓯君译吁宋的结局与闽越王、东瓯王、南海王不一样，因其远处岭南，又抗秦身亡，且领地易主，以致后世文献没能明确其越君的身份[3]。

---

[1] （西汉）司马迁《史记·南越列传》："（今广州）其西瓯、骆、裸国亦称王。"（东汉）班固《汉书·西南夷两粤朝鲜传》云："蛮夷中西有西瓯，其众半羸，南面称王。"（北宋）李昉等《太平御览》卷一百七十一："《山海经》曰：瓯在海中。郭璞注云：今临海永宁县即东瓯在岐海中也，南海中郁林郡（秦桂林郡汉郁林郡故址在广西贵港市区贵城遗址）为西瓯……《郡国志》曰：永嘉为东瓯，郁林为西越（西瓯）。"（唐）李吉甫《元和郡县图志》卷三十八："贵州（今广西贵港等地）……本西瓯、骆越之地，秦并天下，置桂林郡。"（北宋）乐史《太平寰宇记》卷一百六十六："贵州……秦并天下，略定扬越，立桂林郡，以谪人徙之。《舆地志》云：故西瓯、骆越之地，秦虽立郡，仍有瓯、骆之名。汉武元鼎六年改桂林郡为郁林郡。"（后晋）刘昫《旧唐书》卷四十一："贵州……郁平（县），汉广郁县地，属郁林郡。古西瓯、骆越所居。后汉谷永为郁林太守，降乌浒人十万，开七县，即此也。"《旧唐书》卷四十一："党州（今广西玉林），下。古西瓯所居。秦置桂林郡，汉为郁林郡。"《旧唐书》卷四十一："潘州（今广东茂名）……茂名（县），州所治。古西瓯、骆越地，秦属桂林郡，汉为合浦之地。"（北宋）欧阳忞《舆地广记》卷三十七："郁林州（今广西玉林等地），古蛮夷之地。春秋、战国为西瓯。秦立桂林郡，后为南越尉佗所并。汉以后属合浦、郁林二郡。"（南宋）王象之《舆地纪胜》卷一百二十一："郁林古郡，治岭海之间……永嘉为东瓯，郁林为西瓯（郡国志）。"（明）欧大任《百越先贤志·自序》："译吁宋旧壤，湘漓而南，故西越（西瓯）也。"蒋廷瑜：《广西考古通论》，广西科学技术出版社，2012年。

[2] 梁钊韬：《西瓯族源初探》，《学术研究》1978年第1期。

[3] 西瓯之名最早出现于西汉文献，《淮南子》收录的秦与西瓯战事，是西瓯在文献中出现的最早事迹，秦之前西瓯的情况不详，汉平南越后，西瓯后人不再以西瓯之名出现，可见，西瓯在史书中出现的时间并不长，只是在历史大变革时期闪现了一段时间，关于西瓯的源流和分布等情况，史书都没来得及明确，而且西瓯的新主南越国本身也没有留下文字记载，因此，后世文献主要是根据《淮南子》《史记》《汉书》中的少量记载来追述西瓯。其中，淮南王刘安的封地靠近岭南，门客来自四面八方，有年长者对秦进军岭南的情况比较了解，对抵抗秦军的势力也有了解，所以他们所作的《淮南子》就较为详细地描述了秦军的军队数量、军事部署和战斗过程，并明确指出两广抗秦势力最初的首领是西瓯君译吁宋，译吁宋阵亡后又推桀骏为将。司马迁《史记》关于西汉早期西瓯余部的具名记载，恐是根据陆贾出使南越国归来后转呈南越王赵佗的书信内容进行转述，自己对汉之前西瓯的情况想必也不甚了解，所以在记录秦与西瓯战事时只是转述严安上书的内容，把抗秦势力泛称为"越人"，而不具名西瓯，也没有提及西瓯君。班固《汉书》对同一战事的转述则明确指出是来自于淮南王刘安的谏书，并把严安上书的相近内容也一并转述。如司马迁《史记·平津侯主父列传》云："（秦始皇）又使尉屠睢将楼船之士南攻百越，使监禄凿渠运粮，深入越，越人遁逃。旷日持久，粮食绝乏，越人击之，秦兵大败。秦乃使尉佗将卒以戍越。"班固《汉书·严朱吾丘主父徐严终王贾传》云："臣（淮南王刘安）闻长老言，秦之时尝使尉屠睢击越，又使监禄凿渠通道。越人逃入深山林丛，不可得攻。留军屯守空地，旷日引久，士卒劳倦，越出击之。秦兵大破，乃发适戍以备之。"《汉书·严朱吾丘主父徐严终王贾传》又云："又使尉屠睢将楼船之士攻越，使监禄凿渠运粮，深入越地，越人遁逃。旷日持久，粮食乏绝，越人击之，秦兵大败。秦乃使尉佗将卒以戍越。"

　　西瓯能够重创数十万秦军，把秦军统帅屠睢都杀了，说明其有一定的人口规模[1]，还有很强的组织联络能力和战斗力。后来坐镇岭南的大吏任嚣和赵佗，再次统兵征伐才统一了岭南[2]。所以，从越王世系的角度讲，秦平西瓯定岭南实际上是秦兼并越的最后一战。

　　至于秦定岭南后西瓯如何融入新的族群共同体，史籍不录[3]。赵佗建立南越国后，秉承汉高祖旨意实施"和集百越"政策[4]。至汉文帝初，仍未融合的西瓯余部活动在南越国西部[5]，译吁宋的族人仍"南面称王"[6]，并与西边的骆越相攻[7]。汉武帝平定南越国后，西瓯后人不再以西瓯之名出现，但后世文献仍用西瓯之名追述往事。

---

　　[1]　据东汉班固《汉书·西南夷两粤朝鲜传》载："（公元前111年）粤桂林监居翁谕告瓯骆四十余万口降，为湘城侯。"同书《汉书·地理志》又载，西汉平帝元始二年（公元2年），苍梧、南海、郁林、合浦四郡（辖区包含今两广大部分地区）的官方统计人口总数为390555人，其中苍梧郡146160人、南海郡94253人、郁林郡71162人、合浦郡78980人，此时距秦定岭南已有二百余年，期间人口增加主要是自然增长及北方军民南下，但曾发生过秦定岭南及汉平南越两次大的战争，也损失了不少人口。不过很明显，《汉书》这两条记录所反映的人口数量有出入，汉平南越时仅桂林郡人口就有四十余万，而百余年之后合四郡之众竟不足四十万，显然有悖常理。另据南朝范晔《后汉书·南蛮西南夷列传》载："灵帝建宁三年（公元170年），郁林太守谷永以恩信招降乌浒人十余万内属，皆受冠带，开置七县。"此事发生在东汉永和五年（公元140年）全国人口统计之后，说明郁林郡在统计人口时少算了一部分，《后汉书》作者恐有鉴于此，在抄录永和五年各郡户口统计数据时就没有录入郁林郡的数据。这个现象表明，汉平南越后苍梧、郁林、合浦等郡有相当数量的人口未列入编户（其中应包括尚未归顺朝廷的西瓯余部后裔），他们避离郡邑，"弥历年纪"，及至南朝，经过统治者的不断征伐和招抚，才在酋首的号召下归附朝廷（相关内容见第一章第二节"历史沿革"之南朝越州注释）。

　　[2]　（西汉）司马迁《史记·秦始皇本纪》云："三十三（公元前214年），发诸尝逋亡人、赘婿、贾人略取陆梁地，为桂林、象郡、南海，以適遣戍。"（唐）房玄龄《晋书》卷一十五："秦始皇既略定扬越，以谪戍卒五十万人守五岭。自北徂南，入越之道，必由岭峤，时有五处，故曰五岭。后使任嚣、赵他（佗）攻越，略取陆梁地，遂定南越，以为桂林、南海、象等三郡，非三十六郡之限，乃置南海尉以典之，所谓东南一尉也。"

　　[3]　从方言的角度观察，广西历史上西瓯族群的主要活动区，是今日广西粤方言的主要使用区（桂林除外），"粤"古同"越"。

　　[4]　（西汉）司马迁《史记·南越列传》："高帝已定天下，为中国劳苦，故释佗弗诛。汉十一年，遣陆贾因立佗为南越王，与剖符通使，和集百越，毋为南边患害，与长沙接境。"

　　[5]　从考古发现看，广西秦至西汉早期的城址和墓葬有越文化因素，表明有部分越人（西瓯）融入了新的族群共同体。从史籍文献看，秦定岭南后西瓯余部的主要活动区在桂林郡（郡址在广西贵港市区贵城遗址），桂林郡（郁林郡）在"南海中"，"治岭海之间"，辖区广大。桂林郡是秦在岭南所设三郡（桂林、南海、象郡）之一，西汉武帝平定南越国后，桂林郡改为郁林郡，但辖区较秦时已大为缩减，减少的区域已划为苍梧郡（郡址在广西梧州市区）和合浦郡（郡址在广西合浦县城草鞋村遗址），详参周振鹤、张莉：《汉书地理志汇释》（增订本），凤凰出版社，2021年，第1055～1076页。

　　[6]　（东汉）班固《汉书·西南夷两粤朝鲜传》云："蛮夷中西有西瓯，其众半羸，南面称王。"

　　[7]　（西汉）司马迁《史记·南越列传》云："瓯、骆相攻，南越动摇。"

附录一　大浪古城出土战国陶瓷器分析报告

周雪琪　崔剑锋

（北京大学考古文博学院）

一　前言

　　大浪古城遗址位于广西壮族自治区北海市合浦县石湾镇大浪村，2019 ～ 2021 年发掘出土许多战国时期的陶器和原始瓷器，我们从中挑选 35 件代表性样品进行了成分测试，初步讨论其制作工艺与来源。

二　样品

　　陶瓷器检测样品共 35 件，其中陶器 28 件、原始瓷器 7 件（表一；图一、二）。陶器按有无纹饰可分为印纹陶（19 件）和素面陶（7、22、24、27、31 ～ 35 号样品，共 9 件）；按质料可分为泥质硬陶、泥质软陶（24 和 27 号样品）、夹砂硬陶（2 和 13 号样品）、夹砂软陶（31 ～ 35 号样品）。从分类情况可以看出，印纹陶包括泥质硬陶和夹砂硬陶，素面陶主要是泥质硬陶碗、泥质软陶和夹砂软陶。

　　全部样品分为三类进行检测：一是原始瓷器；二是泥质硬陶、泥质软陶、夹砂硬陶并为一类，合称陶器；三是夹砂软陶单独作为一类。在讨论过程中，重点关注原始瓷和印纹陶。

表一　大浪古城陶瓷器检测样品编号

序号	出土单位	器物名称	序号	出土单位	器物名称
1	T0810 ④标本：31	陶片	6	T0811 ④：3	陶鼎残件
2	T0810 ④标本：40	夹砂红陶片	7	T0811 ④标本：2	陶碗口沿
3	T0810 ④标本：42	陶器口沿	8	T0811 ④标本：4	原始瓷杯底
4	T0810 ④标本：43	原始瓷碗口沿	9	T0811 ④标本：6	陶瓮残片
5	T0810 ④标本：54	原始瓷碗口沿	10	T0811 ④标本：20	陶片

序号	出土单位	器物名称	序号	出土单位	器物名称
11	T0812④标本：1	陶片	24	T0911④标本：7	陶瓷口沿
12	T0812④标本：5	陶片	25	T0911④标本：25	陶片
13	H3：2	陶釜口沿	26	T0911④标本：29	陶片
14	T0910③标本：2	陶片	27	T0911④标本：38	陶网坠
15	T0910④标本：9	陶片	28	G1⑤：1	陶瓷残件
16	T0910④标本：39	陶片	29	G1⑤标本：1	陶片
17	T0910④标本：27	原始瓷碗口沿	30	H3：1	陶瓷底
18	T0910④标本：26	原始瓷碗口沿	31	T0811④样品：1	夹砂陶片
19	T0910④标本：25	原始瓷片	32	T0812⑤样品：1	夹砂陶片
20	T0911④：9	陶鼎残件	33	T0812⑤样品：2	夹砂陶片
21	T0911④标本：60	陶片	34	T0910④样品：1	夹砂陶片
22	T0911④标本：3	陶碗口沿	35	T0911④样品：1	夹砂陶片
23	T0911④标本：4	原始瓷碗口沿			

三 测试方法

主量成分分析主要采用 ED-XRF，能量色散型 X 射线荧光光谱仪为 Horida 公司的 XGT-7000 型，对样品胎和釉进行无损分析，X 光管电压 30kV，电流 0.062mA; 信号采集时间 100 秒。微量元素分析所用的便携式 XRF 为美国 THERMO FISHER 公司生产的 NITON XL3t 型，使用内建于该设备的土壤模式对瓷器样品的釉进行分析，检测时间为 70 秒。

烧成温度的测试采用光学热膨胀法，热膨胀仪型号为 BAHR 2.0 Build 1053，采用 7060 型炉腔，升温速率 7℃ /min。

四 结果

（一）成分分析结果

1.XRF 主量元素分析

（1）原始瓷（表二、三）

图一　陶器样品照片

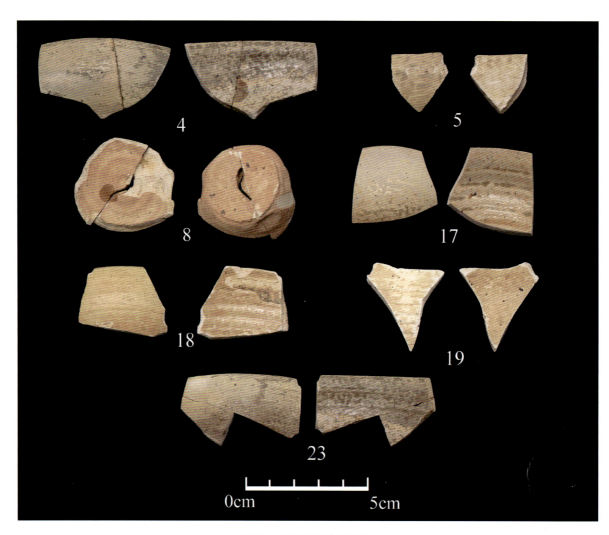

图二 原始瓷样品照片

表二 原始瓷胎体成分

指数：%

编号	Na$_2$O	MgO	Al$_2$O$_3$	SiO$_2$	K$_2$O	CaO	TiO$_2$	MnO	Fe$_2$O$_3$
5-1	0.9	1.0	21.0	70.9	1.4	0.3	1.0	b. d.	3.6
5-2	0.9	b. d.	19.9	73.2	1.5	0.2	0.9	b. d.	3.4
8	0.8	0.4	23.6	66.8	3.7	0.8	0.6	b. d.	3.3
17	0.8	0.7	24.9	66.4	1.2	0.6	1.2	b. d.	4.3
18-1	0.8	0.4	23.4	69.9	0.4	0.1	1.4	b. d.	3.6
18-2	0.9	0.4	22.2	70.0	0.5	0.7	1.4	b. d.	3.9
19	0.8	0.5	23.2	69.4	0.3	0.6	1.3	b. d.	4.0
23	0.9	0.4	22.5	71.3	0.9	0.2	1.0	b. d.	2.8

*b.d.指低于检出限，后同。

表三　原始瓷釉层成分

指数：%

编号	Na$_2$O	MgO	Al$_2$O$_3$	SiO$_2$	K$_2$O	CaO	TiO$_2$	MnO	Fe$_2$O$_3$
4	0.9	2.2	16.5	66.2	2.2	7.7	0.9	0.2	3.2
5	0.8	1.5	18.6	63.9	1.8	8.8	0.9	0.2	3.4
17-1	0.8	2.0	17.0	63.9	1.7	9.0	0.8	0.3	3.4
17-2	0.9	2.7	15.7	63.2	1.9	10.8	0.8	0.4	2.9
18-1	0.8	1.6	22.1	64.6	1.8	4.2	0.8	0.2	3.9
18-2	0.9	2.2	17.1	67.1	1.6	6.8	0.8	0.2	3.4
19	0.8	1.7	19.3	65.2	1.5	5.6	1.0	0.1	4.4
23-1	0.9	2.6	15.6	64.1	2.3	10.4	0.7	0.3	2.4
23-2	0.9	2.3	14.7	66.0	2.3	9.5	0.7	0.3	2.5

　　大浪古城出土原始瓷采用的胎料 Al$_2$O$_3$ 含量一般在 19%～23% 之间，且 Fe$_2$O$_3$ 含量较高（2%～4%），其原料可能为风化程度较高的瓷石质黏土。釉层则主要以 CaO 为助熔剂，属于我国古代常见的高温钙釉类型。

　　（2）陶器（表四、五）

表四　陶器胎体成分

指数：%

编号	测试位置	Na$_2$O	MgO	Al$_2$O$_3$	SiO$_2$	K$_2$O	CaO	TiO$_2$	MnO	Fe$_2$O$_3$
1	内壁胎体	0.5	0.8	36.4	54.7	1.2	0.1	0.7	b. d.	5.6
1	内壁胎体	0.7	0.3	34.8	57.9	1.2	0.1	0.7	b. d.	4.3
2	胎体截面	0.4	1.4	42.1	45.3	0.3	0.1	1.0	b. d.	9.5
3	内壁胎体	0.5	0.2	42.4	48.4	1.6	0.2	0.9	b. d.	5.9
6	内壁胎体	0.6	0.3	33.2	56.1	2.8	0.7	0.7	0.1	5.6
7	内壁胎体	0.6	0.4	36.8	53.7	4.6	0.5	0.7	b. d.	2.7
7	内壁胎体	0.6	0.8	35.8	53.8	5.2	0.5	0.8	b. d.	2.5
7	内壁胎体	0.6	0.7	35.2	54.2	4.9	1.1	0.7	b. d.	2.6
7	内壁胎体	0.6	1.0	36.8	52.1	5.2	1.1	0.7	b. d.	2.6
7	外壁胎体	0.6	0.3	36.9	54.3	3.0	0.5	0.9	b. d.	3.5
9	外壁胎体	0.7	0.3	27.3	61.6	3.2	0.4	0.7	b. d.	5.7
9	外壁胎体	0.7	0.3	28.8	59.8	3.2	0.5	1.0	b. d.	5.7

编号	测试位置	Na$_2$O	MgO	Al$_2$O$_3$	SiO$_2$	K$_2$O	CaO	TiO$_2$	MnO	Fe$_2$O$_3$
9	内壁胎体	0.7	b. d.	28.9	61.2	3.0	0.4	0.8	b. d.	5.2
10	内壁胎体	0.7	0.6	26.9	63.9	2.5	1.1	0.8	0.1	3.5
10	外壁胎体	0.8	0.4	23.5	67.1	3.0	0.9	0.9	b. d.	3.4
11	外壁胎体	0.7	0.3	28.8	53.1	3.6	0.7	0.9	b. d.	12.1
11	外壁胎体	0.6	0.5	30.2	51.9	4.0	0.5	0.8	b. d.	11.4
11	内壁胎体	0.7	0.3	31.6	58.7	0.9	0.2	0.8	b. d.	7.0
11	内壁胎体	0.7	0.3	32.1	58.5	0.7	0.2	0.8	b. d.	6.8
11	内壁断面	0.7	0.3	27.8	53.4	1.2	0.3	0.8	b. d.	15.6
11	内壁断面	0.7	0.3	28.2	59.8	1.8	0.2	0.8	b. d.	8.2
12	胎体截面	0.6	0.5	32.1	63.3	0.9	b. d.	0.9	b. d.	1.7
13	胎体截面	0.6	0.4	37.6	54.1	0.5	0.1	0.9	b. d.	5.8
13	胎体截面	0.6	0.3	38.7	54.1	0.1	0.1	1.2	b. d.	5.1
13	外壁胎体	0.5	0.2	42.9	47.7	0.6	0.3	1.0	b. d.	6.7
13	外壁胎体	0.5	0.2	40.6	52.6	0.3	0.1	0.9	b. d.	4.7
14	内壁胎体	0.6	b. d.	36.2	55.9	2.4	0.2	0.7	b. d.	4.0
15	胎体截面	0.5	b. d.	42.2	52.2	0.9	0.1	1.0	b. d.	3.2
15	内壁胎体	0.6	0.3	38.0	55.4	2.0	0.4	0.8	b. d.	2.7
15	内壁胎体	0.5	0.3	40.6	52.4	2.2	0.3	0.8	b. d.	3.0
16	胎体截面	0.7	0.8	28.0	64.5	1.8	0.1	0.9	b. d.	3.1
16	胎体截面	0.6	0.3	37.6	55.0	1.0	0.1	1.0	b. d.	4.4
16	胎体截面	0.7	0.3	30.8	61.3	1.6	0.3	1.1	b. d.	4.0
16	外壁胎体	0.6	0.3	34.6	53.4	5.3	0.7	0.9	b. d.	4.2
16	外壁胎体	0.6	0.3	33.3	55.2	5.2	0.7	0.9	b. d.	3.9
16	内壁胎体	0.6	0.3	39.3	51.4	2.3	0.5	0.9	b. d.	4.7
20	胎体截面	0.6	1.5	27.3	64.8	2.9	0.1	0.7	b. d.	2.1
20	胎体截面	0.6	1.3	28.6	63.6	2.9	0.1	0.7	b. d.	2.2
20	外壁胎体	0.5	0.5	39.7	50.9	3.7	0.4	0.8	b. d.	3.5
20	外壁胎体	0.6	0.3	35.8	55.0	3.2	0.7	0.7	b. d.	3.7

编号	测试位置	Na$_2$O	MgO	Al$_2$O$_3$	SiO$_2$	K$_2$O	CaO	TiO$_2$	MnO	Fe$_2$O$_3$
21	胎体截面	0.7	0.3	32.5	60.0	0.5	0.3	1.2	b. d.	4.5
21	胎体截面	0.6	1.1	34.3	58.2	0.4	0.3	1.3	b. d.	3.8
21	胎体截面	0.7	0.7	28.1	60.9	2.5	0.3	0.9	b. d.	6.0
21	外壁胎体	0.6	0.8	35.7	56.6	2.6	0.5	1.0	b. d.	2.3
22	胎体截面	0.6	1.1	33.5	60.5	1.9	0.1	0.7	b. d.	1.6
24	胎体截面	0.5	0.8	39.1	52.2	0.2	1.7	1.3	b. d.	4.3
25	内壁胎体	0.5	0.3	40.6	52.0	3.1	0.3	0.8	b. d.	2.4
26	胎体截面	0.7	1.1	31.3	58.8	1.3	0.6	0.8	b. d.	5.5
26	内壁胎体	0.6	0.3	33.4	57.3	2.3	0.3	0.9	b. d.	4.9
27	外壁胎体	0.7	0.5	21.3	55.2	2.4	0.2	0.7	b. d.	19.0
29	内壁胎体	0.6	0.3	38.3	54.8	1.8	0.2	0.8	b. d.	3.2
29	内壁胎体	0.6	0.3	38.1	55.5	1.8	0.2	0.8	b. d.	2.9
30	内壁胎体	0.6	1.1	33.1	58.0	2.6	0.8	0.5	b. d.	3.2
30	外壁胎体	0.6	2.0	28.7	59.6	2.8	0.7	0.6	b. d.	5.1

　　大浪古城出土陶器的胎体铝含量都较高，与原始瓷胎的用料显著不同，其 Al$_2$O$_3$ 含量较高，基本大于 30%，可能含有一定量的高岭石，Fe$_2$O$_3$ 含量浮动较大，一般在 2%～5%，偶有较高者达10% 以上。

表五　陶器陶衣成分

指数：%

编号	测试位置	Na$_2$O	MgO	Al$_2$O$_3$	SiO$_2$	K$_2$O	CaO	TiO$_2$	MnO	Fe$_2$O$_3$
1	外壁灰褐衣	0.6	0.5	35.5	49.5	2.6	0.6	0.8	b. d.	10.0
1	外壁灰褐衣	0.7	0.3	26.7	60.3	3.6	1.4	0.9	0.1	6.1
1	外壁灰褐衣	0.7	0.3	30.1	58.1	3.0	1.3	0.9	0.1	5.6
3	外壁黑衣	0.6	0.3	34.5	54.0	2.3	0.6	0.8	0.1	7.0
3	外壁黑衣	0.6	0.7	34.6	53.8	2.2	0.5	0.8	0.1	6.9
3	内壁黑衣	0.6	0.3	32.4	53.6	2.1	0.4	0.7	0.1	10.0
3	内壁黑衣	0.6	1.0	30.9	53.0	2.3	0.2	0.7	0.1	11.2
6	外壁黑褐衣	0.7	0.3	29.0	60.0	3.0	0.3	0.9	b. d.	5.9
6	外壁黑褐衣	0.6	0.3	31.7	54.3	2.7	0.3	0.7	b. d.	9.4

编号	测试位置	Na₂O	MgO	Al₂O₃	SiO₂	K₂O	CaO	TiO₂	MnO	Fe₂O₃
13	内壁红褐衣	0.5	b. d.	40.2	46.5	0.2	0.1	1.2	b. d.	11.4
13	内壁红褐衣	1.7	2.1	36.9	44.4	0.2	0.1	1.3	b. d.	13.4
14	外壁黑衣	0.6	1.5	30.5	54.3	4.9	0.3	0.7	b. d.	7.1
14	外壁黑衣	0.7	0.5	30.7	54.5	4.4	0.3	0.8	b. d.	8.2
15	外壁灰黑衣	0.5	0.3	36.4	50.7	3.7	0.9	0.8	b. d.	6.7
15	外壁灰黑衣	0.6	0.3	36.4	51.0	2.9	1.1	0.9	0.1	6.8
21	内壁灰黑衣	0.7	2.0	25.5	60.7	1.7	0.3	0.8	b. d.	8.3
22	外壁灰黑衣	0.6	0.3	35.7	56.4	2.8	0.4	0.7	b. d.	3.1
22	内壁灰黑衣	0.5	1.6	39.2	50.9	2.9	0.8	0.7	b. d.	3.3
22	内壁灰黑衣	0.6	1.7	37.6	52.9	3.0	0.8	0.7	0.1	2.7
25	外壁黑衣	0.6	1.0	31.6	52.6	4.4	0.4	0.8	b. d.	8.6
25	外壁黑衣	0.6	0.3	31.0	53.4	4.9	0.6	0.8	b. d.	8.3
25	内壁黑斑	0.6	2.0	32.0	54.7	4.4	0.5	0.8	b. d.	5.0
26	外壁黑褐衣	0.7	0.4	28.9	57.2	3.8	1.6	1.0	0.1	6.5
26	外壁黑褐衣	0.6	0.3	30.9	56.0	3.3	2.1	0.9	0.1	5.8
26	外壁釉滴	1.1	0.5	9.2	74.9	11.3	1.2	0.4	0.1	1.4
26	外壁釉滴	0.9	0.4	15.0	71.3	7.1	1.3	0.6	0.1	3.4
26	外壁釉滴	1.1	0.5	9.5	74.5	11.4	1.3	0.3	0.1	1.3
28	外壁黑褐衣	0.7	0.3	27.0	58.8	3.0	1.7	0.8	b. d.	7.8
28	外壁黑褐衣	0.7	0.3	28.1	59.9	3.8	1.3	0.8	b. d.	5.3
28	内壁黑褐衣	0.6	0.3	34.2	58.5	3.0	0.2	0.7	b. d.	2.5
28	内壁黑褐衣	0.7	0.3	30.9	62.0	3.0	0.2	0.8	b. d.	2.2
29	外壁褐衣	0.6	0.3	38.0	53.7	2.9	0.3	0.9	b. d.	3.4

陶器表面多施有灰黑、黑、灰褐、黑褐、褐等颜色的陶衣，陶衣主要以 Fe₂O₃ 为着色剂和助熔剂，同时也含有一定量的 K₂O。26 号样品表面有一个釉滴，K₂O 含量为 11%，可能为滴落的窑汗。从 3 号、22 号、28 号样品可以看出，陶衣的施加似乎使用了浸釉（3 号）或者刷釉（22、28 号）的方式。

（3）夹砂软陶（表六）

表六　夹砂软陶胎体成分

指数：%

编号	Na₂O	MgO	Al₂O₃	SiO₂	K₂O	CaO	TiO₂	MnO	Fe₂O₃
31-1	0.7	0.3	24.8	59.5	2.0	0.3	1.1	0.1	10.1
31-2	0.7	0.3	24.9	60.4	1.6	0.3	1.0	b. d.	9.7
32	0.5	0.6	33.0	56.0	2.1	0.2	0.8	b. d.	6.7
33	0.6	0.3	31.0	58.1	2.9	0.1	0.7	b. d.	6.3
34-1	0.7	0.3	23.4	71.5	1.3	0.2	0.6	b. d.	2.1
34-2	0.8	0.4	21.6	73.8	1.1	0.1	0.5	b. d.	1.8
35-1	b. d.	0.4	16.6	70.7	1.7	0.2	0.8	b. d.	8.8
35-2	0.8	0.4	19.9	69.8	1.7	0.1	0.8	b. d.	5.7

2. 便携式 XRF 微量元素分析（表七）

表七　陶器与原始瓷的便携式 XRF 微量元素成分

指数：%

陶 器												
编号	Zr	Sr	Rb	Th	Zn	Fe	Mn	Cr	V	Ti	Ca	K	Ba
1	549	19	96	48	32	29985	80	87	158	6878	250	14303	311
2	476	6	13	58	229	77500	209	166	243	11117	1125	2789	404
3	520	20	106	54	64	29281	118	102	225	7883	b. d.	17314	467
6	441	33	164	46	40	32023	349	68	143	5691	5171	31838	419
6	406	31	168	42	30	52382	279	70	186	5392	3731	41625	391
7	307	53	236	52	68	16894	113	116	167	7131	2254	39693	517
9	460	41	223	54	157	36176	291	86	124	6954	2909	41670	576
10	295	64	131	19	62	18693	187	136	159	8042	8535	36499	560
11	505	18	71	56	51	55889	105	126	172	6465	303	11927	388
11	537	24	118	61	91	70667	195	156	179	7940	3001	52597	374
12	643	17	66	44	49	10005	b. d.	109	156	8030	b. d.	9098	264
12	277	50	187	26	83	15781	73	108	164	6217	376	38336	289

陶 器												
编号	Zr	Sr	Rb	Th	Zn	Fe	Mn	Cr	V	Ti	Ca	K	Ba
13	441	6	21	51	332	42539	123	125	112	8596	b. d.	8270	152
14	460	26	132	44	31	28909	149	90	167	7152	653	28136	500
15	439	25	138	57	48	18324	168	106	170	7450	1068	25931	390
15	426	28	157	50	52	28454	202	88	195	6750	4692	39464	392
16	410	37	163	41	44	24572	222	93	174	8021	1482	27384	501
16	429	33	204	39	103	23318	207	100	138	7918	5187	66249	547
20	229	52	196	20	93	28249	179	69	118	6048	4600	33405	694
20	243	56	211	23	94	16366	137	88	137	7270	3602	50577	645
21	593	23	59	47	95	23046	b. d.	182	332	9831	2252	35406	b. d.
22	278	51	183	22	86	15307	b. d.	96	169	5959	436	35088	339
24	481	13	28	56	132	25213	87	125	253	9745	b. d.	18888	198
25	210	64	242	19	62	13236	156	66	133	6423	934	34497	692
26	455	24	128	49	52	29720	93	105	191	7031	b. d.	31045	491
28	336	48	180	24	70	14152	78	50	130	5441	b. d.	31687	484
29	570	17	127	62	52	18937	119	132	197	7927	b. d.	25116	349
29	594	16	124	65	105	22009	226	125	211	6826	816	36240	342
30	322	34	355	68	125	21100	233	45	59	3833	5507	32448	394
原始瓷（釉层）												
编号	Zr	Sr	Rb	Th	Zn	Fe	Mn	Cr	V	Ti	Ca	K	Ba
4	306	128	103	16	69	11167	1407	b. d.	85	4583	104547	27658	481
5	361	117	105	17	82	15779	826	48	135	6197	94314	31036	510
18	501	41	37	32	37	19562	689	71	178	7853	39049	19510	121
19	495	44	41	29	71	20810	314	58	165	7791	31251	19931	–
17	366	109	125	24	69	15582	1138	43	135	6230	96681	25216	278
23	308	135	105	18	74	11130	1506	34	105	4750	101482	26020	305

采用微量元素进行统计学分析，尝试观察几组数据间的异同，从而揭示可能存在的产地差异。具体的分析结果见下面讨论部分。

（二）热膨胀法烧成温度分析

烧成温度方面，印纹陶也多高于原始瓷，这与它们的原料选择息息相关，较高的 Al_2O_3 含量下印纹硬陶所需的烧成温度更高（表八；图三）。

表八　样品的烧成温度

品种	原始瓷		印纹陶		
编号	17	23	14	26	28
烧成温度（℃）	1186	1160	1251	1219	1193

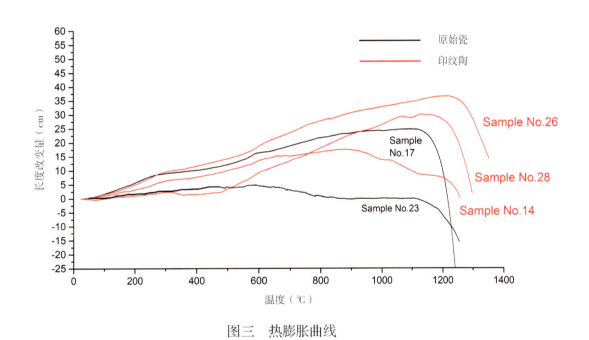

图三　热膨胀曲线

<h1 align="center">五　讨论</h1>

根据检测结果与成分箱式图（图四）可知，大浪古城的原始瓷与印纹陶在 Al_2O_3 成分上有显著的差异，印纹陶具有较高的 Al_2O_3，需要在更高烧结温度下烧成，其烧成温度也略高于原始瓷。

至于这些原始瓷与印纹陶的来源，或可以从其时代背景上找到一些线索。春秋晚期至战国中期，岭南地区受到长江下游越文化的强烈影响，楚败越后，浙境部分越人南迁，直接推动了岭南尤其是广东和桂南地区文明化进程的加速发展[1]。有研究指出，广东、广西地区战国时期随葬原始瓷的墓主人多为越人[2]。观察这些原始瓷的器形、纹饰、釉面状态，发现它们与浙江地区出土的战国时期原始

[1]　李岩、张强禄：《考古百年视野下的岭南文明化进程》，《文博学刊》2021年第2期。

[2]　刘昕：《战国秦汉墓葬出土原始瓷器分期研究》，《南方文物》2019年第1期。

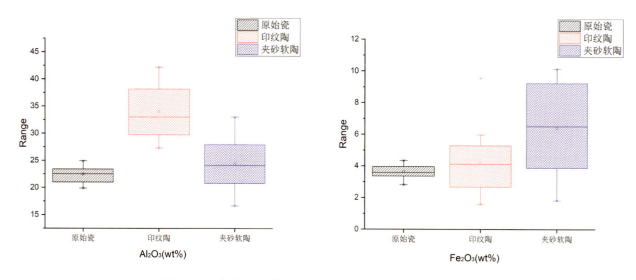

图四   三类陶瓷器样品的 Al_2O_3、Fe_2O_3 含量箱式图

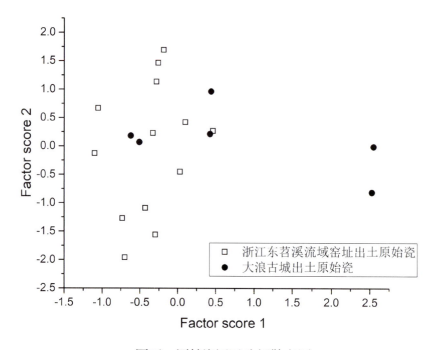

图五   原始瓷因子分析散点图

瓷类似[1]，在胎釉成分方面，胎料、釉层的主量成分也符合浙江地区原始瓷的特点[2]。此外，我们还采用便携式 XRF 对样品进行微量元素测试，利用 Zr、Sr、Rb、Th、Zn、Fe、Mn、V、Ti、Ca、K 这些元素进行因子分析，作因子散点图（图五），对比大浪古城与浙江德清东苕溪流域战国时期窑址（亭子桥、叉路岭、鸡笼山）出土原始瓷的异同，发现大浪古城的 6 件带釉原始瓷中，4 件样品的成分与浙江原始瓷成分点聚在一处，暗示其可能来自浙江德清地区。同时也有两件样品（18、19）

[1]   浙江省文物考古研究所：《锁匙——先秦印纹硬陶原始瓷器特展》，文物出版社，2019年。

[2]   浙江省文物考古研究所：《原始瓷起源研究论文集》，文物出版社，2015年，第13～22页。

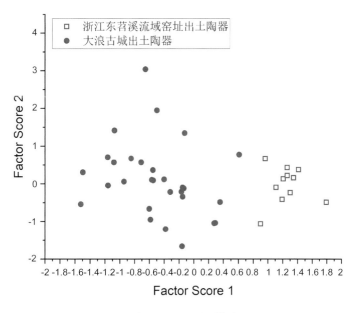

图六　陶器因子分析散点图

落在别处，可能源自其他地区，如浙江绍兴、萧山等其他原始瓷烧造中心，今后还需进一步扩充样品库进行研究。

　　关于印纹硬陶，广西地区夏商时期的考古发掘资料并不多[1]。就大浪古城的样品而言，其印纹陶在纹饰上与浙江地区的一些同类样品十分相似，显示其物质文化受到越人南下的影响，但又多在成分上有所区别。大浪古城出土的印纹陶具有 30% 左右的 Al_2O_3、4% 左右的 Fe_2O_3，与浙江地区常见的 Al_2O_3 含量 20%、Fe_2O_3 含量 6% 左右的战国时期硬陶有显著不同[2]，所以大浪古城的印纹陶并非来自浙江地区。便携式 XRF 微量元素分析也支持上述观点，利用 Zr、Sr、Rb、Th、Zn、Fe、Cr、Mn、V、Ti、Ca、K、Ba 进行因子分析并对因子 1 与因子 2 作散点图（图六），发现浙江东苕溪流域战国时期窑址出土的硬陶与大浪古城出土的大部分硬陶在微量元素成分上有比较明显的区别，分别聚于不同的区域。至于大浪古城所产的硬陶是否本地生产，还缺乏确切的证据。根据广西土壤分布特征——全区大面积分布脱硅富铝型红壤，富赤铁矿与高岭石[3]，这些印纹陶的成分符合本地红壤的特征。不过，广东地区也同样覆盖着大面积富含高岭土和铁氧化物的红土[4]，并在当时受到越人南迁的文化输入。尽管目前暂无广东地区出土战国时期硬陶的成分分析数据，但是该地区所出土春秋时期的硬陶也具有高铝的特征[5]，故不能排除这些硬陶产自广东地区的可能。

　　除了胎体本身，大浪古城出土的许多印纹陶上还施有含有较高 Fe_2O_3、K_2O 的陶衣装饰，同时陶衣的 Al_2O_3 也多在 30% 以上。这种陶衣的原料与工艺，或可追溯到浙江地区夏商时期一类被学界称

[1]　中国社会科学院考古研究所：《中国考古学·夏商卷》，中国社会科学出版社，2003年。

[2]　金志斌：《部分商周遗址出土原始瓷及印纹硬陶的ICP-AES研究》，北京大学硕士论文，2009年；李家治主编：《中国科学技术史·陶瓷卷》，科学出版社，1998年。

[3]　赵其国、黄国勤主编：《广西红壤》，中国环境科学出版社，2014年。

[4]　杜恒俭主编：《地貌学及第四纪地质学》，地质出版社，1981年。

[5]　吴隽、吴军明、李其江等：《横岭山先秦墓葬群出土陶瓷的系统研究》，《中国科学 E辑：科学技术》，2009年第39卷第6期，第1074～1080页。

为"泥釉黑陶"或"着黑陶"的产品，多具有瓷石质黏土（Al_2O_3 含量较低，多低于 20%）制作的胎体，而其釉层（或称其为陶衣）以 Fe_2O_3、K_2O 为主要助熔剂，同时含有一定量的 Al_2O_3，被认为可能由紫金土类黏土制作[1]。与之相比，大浪古城印纹陶的胎料含有较高的 Al_2O_3（30% 以上），而陶衣的成分则较为类似，可能属于同类工艺的传播与延续。

至于大浪古城出土的夹砂软陶，其烧成温度较低，胎质疏松，羼有大颗粒石英，有较为严重的渗碳现象，应系本土生产。

六　结　论

大浪古城出土的战国陶瓷制品中，瓷石质胎、高温钙釉的原始瓷可能来自浙江地区的原始瓷烧制中心，由越人南迁时直接或间接（经广东）传入。印纹硬陶胎体中 Al_2O_3 含量较高，主微量元素都与浙江地区的印纹硬陶有较大差异，可见其并非产自浙江。广西当地存在这种印纹陶的制胎黏土——富铝红土，所以不排除本地生产的可能性。同时，这种黏土也在广东有广泛的分布，并且根据有限的资料可知，大浪古城的印纹硬陶与广东地区春秋时期印纹硬陶的成分较为接近。总的来说，要确定上述样品的具体来源，还需更多数据的支持。

---

[1]　李家治：《浙江江山泥釉黑陶及原始瓷的研究》，《中国古陶瓷研究》，科学出版社，1987年，第56～63页。

附录二 加速器质谱（AMS）碳-14测试报告[1]

北京大学 Peking University

NO.2022016

加速器质谱（AMS）碳-14 测试报告

送样单位 广西文物保护与考古研究所

送样人 蒙长旺

测定日期 2022-3

Lab编号	样品	样品原编号	出土地点	碳十四年代（BP）	校正后日历年代		
					1σ（68.2%）	2σ（95.4%）	
BA212184	木炭	T1210G1④	广西壮族自治区北海市合浦县石湾镇大浪村大浪古城遗址	1930±20	66AD（68.3%）125AD	25AD（91.9%）168AD 186AD（3.5%）203AD	
BA212185	木炭	T1210G1④	广西壮族自治区北海市合浦县石湾镇大浪村大浪古城遗址	1810±20	215AD（53.4%）250AD 296AD（14.9%）310AD	206AD（64.9%）256AD 284AD（30.5%）326AD	
BA212186	木炭	T1210G1④	广西壮族自治区北海市合浦县石湾镇大浪村大浪古城遗址	2395±20	479BC（68.3%）404BC	540BC（95.4%）400BC	
BA212187	木炭	T1210G1⑤	广西壮族自治区北海市合浦县石湾镇大浪村大浪古城遗址	2440±20	725BC（11.2%）704BC 662BC（6.3%）651BC 544BC（43.7%）464BC 436BC（7.1%）421BC	748BC（21.8%）688BC 666BC（8.9%）642BC 566BC（64.7%）411BC	
BA212188	木炭	T1210G1⑤	广西壮族自治区北海市合浦县石湾镇大浪村大浪古城遗址	样品无法满足实验需要			

---

[1] Lab编号为BA212184～BA212186的3件木炭样品均出自探方T1210的G1④a层堆积。

NO.2022016

BA212189	木炭	T1210G1⑤	广西壮族自治区北海市合浦县石湾镇大浪村大浪古城遗址	2380±25	478BC（68.3%）398BC	540BC（95.4%）394BC	
BA212190	木炭	T1210G1⑤	广西壮族自治区北海市合浦县石湾镇大浪村大浪古城遗址	2515±20	772BC（17.2%）750BC 685BC（14.1%）667BC 636BC（33.4%）588BC 578BC（3.6%）572BC	776BC（21.8%）740BC 694BC（18.4%）662BC 648BC（55.2%）547BC	
BA212191	木炭	T1210G1⑤	广西壮族自治区北海市合浦县石湾镇大浪村大浪古城遗址	2405±25	514BC（10.6%）496BC 490BC（57.7%）408BC	725BC（3.7%）706BC 664BC（2.6%）651BC 545BC（89.2%）400BC	
BA212192	木炭	T1210G1⑤	广西壮族自治区北海市合浦县石湾镇大浪村大浪古城遗址	2170±20	348BC（35.7%）312BC 206BC（32.5%）172BC	356BC（49.9%）280BC 252BC（0.2%）250BC 232BC（45.3%）151BC	
BA212193	木炭	T1210G1⑤	广西壮族自治区北海市合浦县石湾镇大浪村大浪古城遗址	2375±20	465BC（25.4%）436BC 422BC（42.9%）396BC	516BC（95.4%）394BC	
BA212194	木炭	T1210G1⑥	广西壮族自治区北海市合浦县石湾镇大浪村大浪古城遗址	2365±20	454BC（8.5%）444BC 416BC（59.7%）394BC	514BC（2.6%）500BC 486BC（92.9%）391BC	
BA212195	木炭	T1210G1⑥	广西壮族自治区北海市合浦县石湾镇大浪村大浪古城遗址	3100±20	1414BC（35.0%）1382BC 1341BC（33.2%）1311BC	1426BC（47.3%）1367BC 1358BC（48.2%）1294BC	
BA212196	木炭	T1210G1⑥	广西壮族自治区北海市合浦县石湾镇大浪村大浪古城遗址	2360±20	448BC（1.7%）446BC 416BC（66.6%）392BC	512BC（0.9%）506BC 480BC（94.6%）388BC	

北京大学
Peking University

NO.2022016

BA212197	木炭	T1210G1⑥	广西壮族自治区北海市合浦县石湾镇大浪村大浪古城遗址	2365±30	476BC（28.4%）432BC 424BC（39.9%）392BC	540BC（95.4%）387BC
BA212198	木炭	T1210G1⑥	广西壮族自治区北海市合浦县石湾镇大浪村大浪古城遗址	2380±20	468BC（31.3%）434BC 422BC（37.0%）398BC	516BC（95.4%）396BC
BA212199	木炭	T1210G1⑥	广西壮族自治区北海市合浦县石湾镇大浪村大浪古城遗址	2375±20	465BC（25.4%）436BC 422BC（42.9%）396BC	516BC（95.4%）394BC

注：所用碳十四半衰期为 5568 年，碳十四年代 BP 为距 1950 年的年代。

样品无法满足实验需要，即有如下原因：送测样品无测量物质；样品成份无法满足制样需要；样品中碳含量不能满足测量需要。

树轮校正所用曲线为 IntCal20 atmospheric curve (Reimer et al 2020)，所用程序为 OxCal v4.4.2 Bronk Ramsey (2021)。

1. Reimer, P., Austin, W., Bard, E., Bayliss, A., Blackwell, P., Bronk Ramsey, C., Butzin, M., Cheng, H., Edwards, R., Friedrich, M., Grootes, P., Guilderson, T., Hajdas, I., Heaton, T., Hogg, A., Hughen, K., Kromer, B., Manning, S., Muscheler, R., Palmer, J., Pearson, C., van der Plicht, J., Reimer, R., Richards, D., Scott, E., Southon, J., Turney, C., Wacker, L., Adolphi, F., Büntgen, U., Capano, M., Fahrni, S., Fogtmann-Schulz, A., Friedrich, R., Köhler, P., Kudsk, S., Miyake, F., Olsen, J., Reinig, F., Sakamoto, M., Sookdeo, A., & Talamo, S. (2020). The IntCal20 Northern Hemisphere radiocarbon age calibration curve (0–55 cal kBP). *Radiocarbon, 62.*

2. Bronk Ramsey, C. (2009). Bayesian analysis of radiocarbon dates. *Radiocarbon, 51*(1), 337–360.

3. Christopher Bronk Ramsey (2021), https://c14.arch.ox.ac.uk/oxcalhelp/hlp_contents.html

审核人 吴小红

北京大学考古文博学院
科技考古实验室

2022/4/1

附录三　大浪古城保护历程

　　1981年9月5日，合浦县人民政府公布大浪古城遗址为第二批县重点文物保护单位：大浪古城遗址，在石湾公社大浪大队，一九八〇年发现[1]。

　　1983年9月19日，合浦县人民政府公布大浪古城遗址的保护范围：大浪古城遗址。在石湾公社大浪大队古城头村。方城，各边长215米，东西两面已毁为民房基地。西北两面城垣，内侧多为农户住宅，外侧至护城河，宽12米。在此保护范围内，不得开荒及毁城建房[2]。

　　2003年9月16日，合浦县人民政府为保护好大浪古城遗址，特作如下通告：

　　一、保护范围：东、西、南、北四面的城垣各长215米，城基宽18米；东、南、北三面的护城河宽20米以内（从城基处起）；西城垣外宽35米以内；位于双坟墩村（红花坎村）的两座古墓，以每座古墓封土堆的顶点为圆心，20米半径的范围内，以及文物部门在古城遗址及其附近范围发掘的考古探方、探沟和古墓葬室，或经有关部门核定需原地保护的实体等，均须严加保护，不准随意损坏。

　　二、控制地带：东、西、南、北四面城垣以内的全部范围；东、南、北三面的古护城河及沿河岸外侧50米以内；西城垣保护范围的外侧50米以内；双坟墩村两座古墓封土堆脚外侧，周围30米以内。位于古城遗址西北角遗存的古河道，即红花塘、小沙塘、大沙塘等，也属控制地带，不得随便垦用、建设。

　　三、上述范围，严禁取土、开垦、挖塘或随意回填土方，更不准乱搞工程、建筑。违者，按有关规定重罚[3]。

　　2009年5月4日，广西壮族自治区人民政府公布大浪古城遗址为第六批自治区文物保护单位[4]。

　　2013年3月5日，国务院公布大浪古城遗址为第七批全国重点文物保护单位[5]。

　　2014年12月17日，为了加强"海上丝绸之路·北海史迹"申遗相关遗产点的保护和管理，北海市人民政府颁布了《北海市海上丝绸之路文化遗产点保护办法》，文化遗产点包括合浦汉墓群、草鞋村遗址、大浪古城遗址等[6]。

---

　　[1]　《关于公布我县重点文物和重点革命文物保护单位名单的通知》（合政发〔1981〕120号），1981年9月5日。

　　[2]　《关于公布我县的大士阁、海角亭等二十一处属区级、县级的重点文物保护单位保护范围的通知》（合政发〔1983〕53号），1983年9月19日。

　　[3]　《合浦县人民政府公布关于保护大浪古城遗址的通告》（合政通〔2003〕25号），2003年9月16日。

　　[4]　《广西壮族自治区人民政府关于核定并公布第六批自治区文物保护单位的通知》（桂政发〔2009〕38号），2009年5月4日。

　　[5]　《国务院关于核定并公布第七批全国重点文物保护单位的通知》（国发〔2013〕13号），2013年3月5日。

　　[6]　《北海市人民政府办公室关于印发北海市海上丝绸之路文化遗产点保护办法的通知》（北政办〔2014〕197号），2014年12月17日。

2016 年 10 月 31 日，国家文物局公布合浦汉墓群与汉城遗址（含合浦汉墓群、草鞋村遗址、大浪古城遗址）为"十三五"时期大遗址 [1]。

2016 年 11 月，北海市文物局（今北海市博物馆）委托广西文物保护研究设计中心编制《广西壮族自治区北海市人浪古城遗址保护规划（2016—2030）》文本。

2017 年 11 月 7 日，广西壮族自治区人民政府办公厅公布大浪古城遗址的保护范围：东、南、北三侧边界以古城护城河外沿驳岸为基线，各外延 20 米，西侧以古河道西河岸和村庄道路为基线，外延 10 米为界，四侧围合的区域为保护范围，面积约为 9.64 公顷 [2]。

2019 年 5 月 13 日，2019 年海上丝绸之路保护和联合申报世界文化遗产城市联盟联席会议在南京召开，中国文化遗产研究院建议将 53 处遗产点列入"海上丝绸之路·中国史迹"预备名单，其中包括合浦汉墓群、草鞋村遗址、大浪古城遗址。

2019 年 12 月 18 日，为了加强北海市海上丝绸之路史迹（以下简称"海丝史迹"）的有效保护和合理利用，北海市人民代表大会常务委员会公布了《北海市海上丝绸之路史迹保护条例》，海丝史迹包括合浦汉墓群、草鞋村遗址、大浪古城遗址等 [3]。

2020 年，合浦县开展大浪古城遗址土地征收项目，拟征收总面积为 221.8115 亩。

2020 ～ 2022 年，合浦县申报海上丝绸之路世界文化遗产中心开展大浪古城遗址西城墙、北城墙及码头保护展示项目。

2020 ～ 2021 年，合浦县申报海上丝绸之路世界文化遗产中心开展大浪古城遗址环境整治项目，项目用地位于大浪古城西南面，面积约 20 亩，主要建设内容包括保护管理站及场地环境整治和绿化等。

2021 年 10 月 12 日，国家文物局公布合浦汉墓群与汉城遗址（含草鞋村遗址、大浪古城遗址）为"十四五"时期大遗址，并列为重点任务——国家遗产线路（海上丝绸之路）项目之一 [4]。

[1] 《关于印发〈大遗址保护"十三五"专项规划〉的通知》（文物保发〔2016〕22号），2016年10月31日。

[2] 《广西壮族自治区人民政府办公厅关于公布南宁育才学校旧址等98处全国重点文物保护单位和自治区文物保护单位保护范围的通知》（桂政办发〔2017〕153号），2017年11月7日。

[3] 《北海市人民代表大会常务委员会公告》（十五届第12号），2019年12月18日。

[4] 《国家文物局关于印发〈大遗址保护利用"十四五"专项规划〉的通知》（文物保发〔2021〕29号），2021年10月12日。

后 记

大浪古城2019～2021年度考古发掘，项目负责人是广西文物保护与考古研究所蒙长旺，执行领队是北海市博物馆陈启流，参与发掘和整理的人员有广西师范大学研究生梁香连、合浦县博物馆赖崇景及技工蒙长星、杨智毅、任芸曦、石武、石清强、石清富、蒙长田、叶长玖。器物记录卡由陈启流、梁香连制作，器物拓片和器物摄影由蒙长星、韦永停负责，遗址线图和器物线图由蒙长星、杨智毅、任芸羲测绘，器物拼对和修复由赖崇景、蒙长田、蒙长星、叶长玖完成。数字化模型由广州红烽信息科技有限公司负责。北京大学考古文博学院崔剑锋先生帮助完成了陶瓷器科技分析和碳－14年代测试。

发掘工作得到国家文物局、广西壮族自治区文化和旅游厅、北海市旅游文体局、中共合浦县委、合浦县政府的大力支持，广西壮族自治区文化和旅游厅谢日万副厅长两次亲临发掘现场指导。广西文物保护与考古研究所林强所长、韦革副所长一直关心和支持大浪古城考古工作，李珍、谢广维、王星先生提供了建议和帮助，杨清平先生给予了数字化新技术方面的支持，赖兰芳、黄菊、林洲芮等所内同志提供了后勤保障。合浦县申报海上丝绸之路世界文化遗产中心、石湾镇政府等单位在用地协调、现场文物保护、接待等方面做了很多工作。

中国社会科学院考古研究所徐良高、刘瑞，岳麓书院郭伟民，湖南省文物考古研究院陈斌，浙江省文物考古研究所田正标，广东省文物考古研究院李岩，广州市文物考古研究院张强禄，中山大学郑君雷，广西师范大学周长山、陈洪波，广西壮族自治区博物馆蒋廷瑜、彭书琳、蓝日勇，诸位先生对大浪古城考古工作提出了很好的意见和建议。中国社会科学院考古研究所刘建国先生多次无私提供历史照片等资料。广西民族大学熊昭明先生历年为大浪古城的发掘和保护做了很多工作。合浦县博物馆王伟昭先生耐心讲解以往文物工作情况并提供有关资料。

本报告第一、二、五、六、七章和附录三由蒙长旺、陈启流执笔，第三、四章由陈启流、蒙长旺执笔，附录一由周雪琪、崔剑锋执笔，最后由蒙长旺统稿完成。

本报告的出版得到文物出版社的支持和帮助，责任编辑彭家宇为报告的出版付出了辛勤劳动。英文摘要由四川大学艺术学院副研究员胡听汀翻译。

在此，谨向提供支持和帮助的各个单位、各位领导、先生、同仁致以谢枕！

由于水平的局限，本报告肯定存在许多不足之处，诚望学界同仁批评指正。